T. Berry Brazelton · Mein Kind verstehen

T. Berry Brazelton

Mein Kind verstehen

Entwicklungsprobleme der ersten Lebensjahre

Aus dem Amerikanischen von Hainer Kober

Piper
München Zürich

ISBN 3-492-03042-4

Umschlag: Federico Luci,
unter Verwendung eines Fotos von Renate Dörner
Gesetzt aus der Baskerville-Antiqua
Gesamtherstellung: Clausen & Bosse, Leck
Printed in Germany

Für Chris,
der mich dazu brachte, ihm
zuzuhören und seine Signale
verstehen zu lernen.

Inhalt

Einleitung

Vorübergehende Phasen »problematischen« Verhaltens sind unvermeidlicher Bestandteil der normalen kindlichen Entwicklung. Beispielsweise durchlaufen fast alle Kinder eine Periode des Stotterns, wenn sie sprechen lernen. Bei dem Versuch, sich mit den Eltern zu identifizieren, lassen sich andere Probleme vorhersagen. Oft bestehlen Kinder im vierten oder fünften Lebensjahr ihre Eltern, um sich einen Teil von ihnen anzueignen. Sie belügen die Eltern, um sie auf die Probe zu stellen. Obwohl es sich um vorübergehende Symptome handelt, sind Eltern oft erschreckt. Magenschmerzen bei kleinen Mädchen und Bettnässen bei kleinen Jungen sind eher der Normalfall als die Ausnahme (vgl. Kapitel 10 und 13). Diese Abweichungen von der geradlinigen Entwicklung zum gesunden, vernünftigen und problemlosen Erwachsenen haben ihren Zweck. Die Mehrzahl der Kinder muß solche Abweichungen offensichtlich ausprobieren und erleben, während sie die Grenzen akzeptablen Verhaltens kennenlernen.

Die meisten dieser »normalen Probleme« erweisen sich als zeitlich begrenzt und auf bestimmte Stadien der kindlichen Entwicklung beschränkt. In diesem Zeitraum muß das Kind den Maßstäben einer anspruchsvollen Umwelt gerecht werden. Unser Familienleben schafft hohe Erwartungen, die das emotional gesunde Kind auf keinen Fall enttäuschen möchte. Natürlich braucht es auch Zeit, sich zurückzuziehen, sich über die Situation klar zu werden und neue Kräfte zu sammeln. Ich halte das für eine energiesparende Methode, mit den ständigen Ansprüchen fertigzuwerden. Das vorübergehende Ausweichen in aufsässiges, nicht aktzeptables Verhalten stärkt das Kind für die Zeiten erfolgreicher Anpassung. Solche abweichenden Verhaltensweisen und Tests sind für das Kind also notwendig und wichtig.

Für die Eltern können sie jedoch sehr lästig sein. Unter Umständen wecken sie die Erinnerung an ungelöste Probleme in der Vergangenheit der Eltern – an einen Bruder, der ins Bett gemacht hat, bis er zwölf war, oder an eine Schwester, die einen Blinddarmdurchbruch hatte, weil niemand ihre Bauchschmerzen ernst nehmen wollte. Das »Problemverhalten« kann von den Eltern auch als Symptom für eigenes Fehlverhalten verstanden werden. Solange Eltern nicht begreifen, daß diese Symptome vorübergehend sind und einem vernünftigen Zweck dienen, werden sie wahrscheinlich nach Kräften bemüht sein, sie zu unterdrücken. Sie würden Angst haben, sich mangelnder Fürsorge oder Nachlässigkeit schuldig zu machen, wenn sie sich nicht um solche Symptome kümmern würden. Wenn man zu lange wartete, so ihre Furcht, könnten sie dem Kind zur »schlechten Angewohnheit« werden, entweder um mit ihnen Aufmerksamkeit zu erregen oder um sie als Halt, als »Krücke«, zu benutzen. Aus diesem Grund versuchen Eltern, dem Kind das Daumenlutschen oder Masturbieren abzugewöhnen. Sie neigen auch dazu, die Angst des Kindes bei Beschwerden, etwa bei Magenschmerzen, zu verstärken. Wir wissen heute, daß solche Reaktionen die betreffenden Verhaltensmuster eher festigen als beseitigen. Verständnis und freundliches Entgegenkommen helfen dem Kind, seinen eigenen Weg zu Entwicklung und Fortschritt zu finden. Doch wie vielen Eltern, die sich Sorgen machen, wird diese Erkenntnis mühelos einleuchten?

Im vorliegenden Buch soll versucht werden, einige dieser allgemeinen Fragen anzusprechen. Ich möchte für Eltern darlegen, welche entwicklungsbedingten Gründe es für Ängste, Daumenlutschen, Eß- und Schlafprobleme sowie psychosomatische Beschwerden gibt, und Methoden vorschlagen, wie man sie aufdekken und wie man mit ihnen fertigwerden kann. Ich hoffe, ich kann den Eltern, die dieses Buch lesen, ein objektiveres Bild von ihrer Rolle vermitteln. Vielleicht wird ihr Verhalten dann nicht mehr jene Spannungen und Schuldgefühle vertiefen, die das Kind angesichts seines »abweichenden« Verhaltens empfindet. Spannungen und Schuldgefühle sind eher dazu angetan, das Problem zu komplizieren und ihm Dauer zu verleihen. Wenn Eltern die Entwicklungsbedürfnisse ihres Kindes verstehen, werden sie sicherlich weniger verkrampft und nervös reagieren, so daß sich die natürlichen Tendenzen des Kindes zu einer normalen Entwicklung durchsetzen können.

Zunächst einmal müssen sich alle Eltern klar machen, daß ihre Fähigkeit, das Verhalten des Kindes zu formen, eingeschränkt ist durch individuelle Unterschiede, die von Natur aus vorhanden sind. Es gibt Säuglinge, die von Geburt an auf jedes Geräusch und jeden Reiz überreagieren – sichtbar zusammenfahren, aufschreien, die Farbe wechseln, weinen oder Verdauungsstörungen bekommen –, und all das nur wegen eines einzigen Reizes. Andere Säuglinge bleiben bei dem gleichen Reiz ruhig in ihrem Bettchen liegen, reißen die Augen weit auf, zeigen einen gespannten Gesichtsausdruck, verlieren alle Farbe, und verringern ihre Körperaktivität auf ein Minimum. Sie scheinen ihre gesamte Energie in die aufmerksame Beobachtung des Reizes zu investieren. Beides sind normale Reaktionen an den verschiedenen Enden eines Spektrums. Augenscheinlich ist der ganze Körper beteiligt. Aufmerksamkeit und psychologische Mechanismen sind eng mit physiologischen Reaktionen verknüpft. Wenn die Kinder älter werden, scheint sich diese Verbindung zwischen physiologischen Reaktionen und Persönlichkeit abzuschwächen. Diese Veränderung ist eher scheinbar als real, denn es gibt ausgeprägte psycho-physiologische (seelisch-körperliche) Unterschiede in der Reaktionsbereitschaft bei Menschen aller Altersgruppen. Eine Umwelt, die hohe Anforderungen stellt, wird bestimmte physiologische Reaktionsmuster verstärken, wenn der Säugling versucht, sich der Herausforderung zu stellen. Dabei unterscheiden sich die Mechanismen, deren sich der eine Säugling bedient, deutlich von denen eines anderen. So wird beispielsweise ein Säugling Entlastung durch Weinen suchen – eindringlich und über einen längeren Zeitraum –, etwa um sich gegen die Angespanntheit einer überarbeiteten Mutter abzuschirmen. Ein anderes Kind wird sich mehr und mehr in den Schlaf flüchten. Beide Reaktionen dienen zur Bewältigung von Belastungen, die das System des Säuglings überfordern könnten. Möglicherweise verfestigen sie sich zu Verhaltensmustern, in die das Kind jedesmal zurückfällt, wenn es unter Streß gerät. Im Laufe der Entwicklung können Kinder solche Reaktionsmuster überwinden oder sie als körperliche Reaktionen bewahren, die sich bei äußerer Belastung einstellen: Der eine reagiert mit Wut, Gesichtsröte und anderen Symptomen heftiger Erregung, die alle an der Oberfläche bleiben, während ein anderer vielleicht ruhiger bleibt, in sich zurückgezogen und blaß, aber innerlich leidet, was er nur nicht nach außen hin zeigt. Obwohl der zweite Verhaltenstyp für die Umwelt leichter zu ertragen sein dürfte, wird wohl der erste auf lange Sicht weniger leiden.

Zwar können Eltern an diesen individuellen Unterschieden nichts ändern, aber sie haben es bis zu einem gewissen Grade in der Hand, wie sie auf das Verhalten ihres Kindes reagieren. Häufig schenken übereifrige oder ängstliche Eltern einem normalen Vorkommnis wie dem Daumenlutschen, dem an sich keinerlei Wichtigkeit zukommt, zu viel Aufmerksamkeit und reiten so lange darauf herum, bis es ein Problem ist. Alle Babys lutschen am Daumen und geben es auf, wenn ihr Interesse an anderen Vergnügen wächst (vgl. Kapitel 5). Wenn sich Eltern indessen Sorgen über das Daumenlutschen machen, werden sie versuchen, es zu unterbinden. In dem Bestreben, es dem Kind abzugewöhnen, steigern sie dessen Frustration. Sie setzen den Säugling unter Spannungen, die er möglicherweise nur abbauen kann, indem er am Daumen lutscht. So erreichen die Eltern mit allen ihren Anstrengungen lediglich, daß sie eben das Symptom verstärken, das sie unterbinden wollen, und das Kind bedient sich dieses physischen Aktes, um eine bestimmte Elternreaktion hervorzurufen, um ein Gefühl zu äußern oder um Spannungen abzubauen.

Das Aufstoßen und Ausspucken der Milch nach dem Füttern ist ein anderes häufiges Symptom bei Säuglingen. Da es für Eltern ein Stein des Anstoßes ist, können sie nur schwer einsehen, daß der Säugling Vergnügen daran findet. Es kann aber auch zu einer Möglichkeit werden, Spannungen abzubauen, mit Frustration fertigzuwerden und sogar Befriedigung zu finden – dies vor allem dann, wenn die Umwelt nicht andere, befriedigendere Erfahrungen bereithält. Wenn die Milch aufgestoßen und im Mund bewegt wird, nennt man das Wiederkäuen. Es ist ein seltenes, aber sehr auffälliges Symptom, das bei manchen Säuglingen in der zweiten Hälfte des ersten Lebensjahres auftritt. Wenn sie zwischen den Mahlzeiten im Bett liegen, sorgen sie dafür, daß ihnen die Nahrung hochkommt, kauen darauf herum wie eine Kuh und schlucken die längst sauer gewordene Milch wieder und wieder herunter. Normalerweise bringt man dieses Verhalten mit Kindern in Verbindung, die unter einem Mangel an Sozialkontakt leiden. Erstmals wurde es an Babys beobachtet, deren Umgebung sie nicht mit genügend Reizen versorgte.

Eine andere Gruppe von Wiederkäuern erhält nicht zu wenig Reize von ihrer Umwelt, sondern die falschen. Die ihnen gebotenen Reize sind für sie nicht akzeptabel. Ein Säugling im Kinderkrankenhaus käute jedesmal wieder, wenn wir ihn zu vielen Reizen aussetzten – wenn es zu laut war, wenn zu viel Aufregung herrschte oder wenn ihn eine nervöse, gehetzte Kinderschwester gefüttert hatte. Sobald das Kind die Nahrung aufzustoßen begann, kam die Schwester herbeigestürzt, um es abzulenken, seine Aufmerksamkeit zu fesseln, damit es die Nahrung bei sich behielt. Die Bemühungen unterbanden das Symptom zwar im Augenblick, doch sobald das Kind wieder allein war, gab es die gesamte Mahlzeit von sich – als müsse es sich von der inneren Belastung befreien, die die übermäßige Aufmerksamkeit bedeutet hatte.

Als wir die Entwicklung des Symptoms mit der Mutter rekonstruierten, stellte sich heraus, daß das Kind als Neugeborenes Nahrung aufgestoßen hatte, wie es viele Säuglinge tun. Allerdings hatte es das während der ersten neun Monate beibehalten. Die Familie stand damals unter erheblichem Streß, und das Aufstoßen des Babys wurde zu einer Quelle ständiger Besorgnis für die Mutter. Sie reagierte viel zu heftig, hielt es für etwas ganz Außergewöhnliches und hatte Angst, das Kind könnte daran sterben. Mit Hilfe des Hausarztes versuchte sie, jede denkbare Ursache auszuschließen, ließ sich pausenlos etwas Neues einfallen, hielt das Kind etwa nach dem Füttern lange Zeit aufrecht, ließ den Darm des Kindes röntgen und so fort. Jedesmal wenn dem Kind die Nahrung hochkam, reagierte sie übermäßig, während sich die Tendenz des Kindes, seine Nahrung aufzustoßen, mehr und mehr verfestigte. Zunächst war es wohl eine Reaktion auf Überreizung gewesen. Als sich das Verhaltensmuster verfestigte, wurde es zu einer Reaktion des Babys auf Streß in seiner Umgebung. Sobald wir begriffen hatten, wie sich das Symptom entwickelt hatte, reduzierten wir die Stimulation und Angst, die mit der Nahrungsaufnahme verknüpft waren, und stellten eine besonders liebevolle Kinderschwester ab, die sich zu dem Kind setzte und ihm etwas vorsang. Das Baby reagierte innerhalb einer Woche! Es hörte nicht nur mit dem Wiederkäuen auf, sondern es nahm auch zu. Wir teilten der Mutter unsere Erkenntnisse mit, halfen ihr, die Angst, die sie in bezug auf das Kind hatte, zu überwinden, und führten Mutter und Kind in streßfreien Eßsituationen unter fachkundiger Aufsicht im Krankenhaus zusammen. Nun, da das Symptom die Mutter nicht mehr beunruhigt, finden sie und ihr Kind ungetrübte Freude aneinander. (Zur Erörterung von Ernährungsproblemen und emotionalen Faktoren vgl. Kapitel 8.)

Eltern neigen dazu, sich auf eine der üblichen Entwicklungsabweichungen zu stürzen und sie, ganz gleich in welchem Alter sie auftritt, durch ihre übertriebene Aufmerksamkeit zu einem festen Verhaltensmuster zu machen. In der Regel geschieht das aus Gründen, die den Eltern nicht bewußt sind. Sie werden sich über ihre Rolle nicht klar, bis das Verhalten schließlich zur Gewohnheit geworden ist. Doch auch dann ist es noch nicht zu spät, das Kind von der Spannung zu befreien und den Teufelskreis zu durchbrechen. Die Befreiung von einem beunruhigenden Symptom kann für Kind und Eltern ein beglückendes Erlebnis sein, aus dem sie viel Kraft schöpfen.

Jedes Alter hat seine natürlichen Belastungen, und es würde den Rahmen dieses Buches sprengen, sie alle zu erörtern. Doch es gibt einige altersspezifische physische und psychische Symptome, die regelmäßig auftreten. Wenn Eltern sie als normale, vorübergehende Entwicklungsmerkmale begreifen, können sie vermeiden, daß sie sich zu Problembereichen ausweiten.

Erstes Jahr

Kolik und Weinen – normalerweise zwei bis drei Stunden in den ersten drei Monaten
Aufstoßen und Ausspucken von Nahrung nach dem Essen
Daumen- und Fingerlutschen
Unregelmäßiger Stuhlgang bei einem Säugling, der gestillt wird
Verstopfung – harter Stuhl, der bei Veränderung der Ernährungsweise weicher wird
Nächtliches Aufwachen kurz vor Entwicklungssprüngen
Nahrungsverweigerung und der Wunsch, selbst zu essen, mit etwa acht Monaten

Zweites Jahr

Abweichungen im Ernährungsverhalten – Ablehnung eines Nahrungsmittels nach dem anderen, Aufnahme nur einer einzigen Mahlzeit am Tage
Wutanfälle und Atemnot
Stuhlverhaltung und Probleme mit der Sauberkeitserziehung (gewöhnlich durch zu frühe oder zu strenge Sauberkeitserziehung)

Viertes bis sechstes Jahr

Bei Jungen Kopf- und Magenschmerzen vor Schulbeginn
Bei Mädchen Bauchschmerzen
Ticks, Masturbation, Lügen, Stehlen, Ängste und Alpträume, vor allem bei Jungen, da sie aggressive Gefühle entwickeln, die sie tagsüber nicht in den Griff bekommen können
Vorübergehende Phasen des Bettnässens (Enuresis) bei Jungen

Erste Schuljahre

Überreaktion auf Krankheit und Verletzung
Krankheiten anstelle von Schulängsten
Verstopfung
Gelegentliches Bettnässen bei Krankheit oder Krankenhausaufenthalt
Kopfschmerzen infolge von Spannungen
Magenschmerzen infolge von Spannungen

Jugendalter

Appetitlosigkeit oder Anorexie
Eßsucht
Verzögerter Menstruationsbeginn
Sorgen um das Körperbild mit verfrühter oder verspäteter Entwicklung

Viele der oben genannten Symptome treten in der kindlichen Entwicklung überraschend häufig auf. Oft machen sie auch dem Kind selbst Sorgen. Wenn noch die Überreaktion der Eltern hinzukommt, verdoppeln sich die Ängste des Kindes. Mit der eigenen Angst können Kinder fertigwerden, nicht aber mit der ihrer Eltern. Wenn Eltern die Verständigung etwa dadurch beeinträchtigen, daß sie übermäßig streng sind, dann wird sich das Kind möglicherweise auf körperliche Beschwerden zurückziehen, um sich so auf sichere Weise mit dem Erwachsenen auseinanderzusetzen und seine Aufmerksamkeit zu erregen.

Wenn das Kind über ein Symptom klagt, so gibt es für die Eltern nur einen schmalen Bereich richtigen Verhaltens: Weder dürfen sie die Anzeichen für eine ernsthafte Erkrankung oder wichtige Bedürfnisse des Kindes übersehen noch die Beschwerden zu ernst nehmen und ihre Bedeutung in der Vorstellung des Kindes übersteigern. Wenn ein Kind Schmerzen hat, müssen sich die Eltern zunächst davon überzeugen, daß es nichts Ernstes ist. Durch ihr besonnenes Verhalten und eine sorgfältige Untersuchung können sie das Kind beruhigen und es vor übermäßiger Besorgnis bewahren. Wird das Kind hingegen nicht beachtet, dann wird es unter Umständen seine Bemühungen verstärken, um die Aufmerksamkeit der Eltern doch noch zu gewinnen. (Vgl. die Ausführungen über Magenschmerzen und Kopfschmerzen in Kapitel 10)

Wenn bei älteren Kindern solche Symptome häufiger auftreten und offensichtlich die Aufmerksamkeit der Eltern erregen sollen, so sind sie als Warnsignale zu verstehen, die tiefere Probleme anzeigen. Wenn das Kind seine Konflikte durch ein Symptom zum Ausdruck bringen muß, dann braucht es für seine Probleme die ungeteilte Aufmerksamkeit von Vater oder Mutter. Nehmen wir beispielsweise Kopfschmerzen, die durch schulische Belastungen hervorgerufen werden. Wenn die Eltern dem Kind gestatten, im Bett zu bleiben oder nicht zur Schule zu gehen, so verstärken sie das Problem. Denn das besteht in Wirklichkeit darin, mit der Angst fertigzuwerden, die das Kind empfindet, wenn es von zu Hause fort muß. So kann Hilfe nur von der Schule, den Lehrern und den Gleichaltrigen kommen. Wenn die Eltern helfen wollen, müssen sie herausfinden, was sich hinter den Kopfschmerzen verbirgt. Versäumen die Eltern es, nach der tieferliegenden Angst vor der Trennung oder vor der wachsenden Verantwortung zu forschen, so vergrößern sie die Probleme, die das Kind mit dem Älterwerden hat; möglicherweise verstärken sie auch die Bindungen noch, die zu lösen das Kind schon Schwierigkeiten genug hat. Wenn die Eltern statt dessen mit dem Kind darüber reden, warum es Angst vor der Trennung und der Schule hat, so lassen die Kopfschmerzen häufig nach. Ein Aspirin anstelle eines offenen Gesprächs ist ebenso schlecht wie die Mißachtung des Symptoms in der Hoffnung, es werde sich von alleine geben. Auch Ärzte drücken sich vor ihrer Verantwortung, wenn sie Eltern und Kinder mit Ratschlägen abspeisen wie: »Das gibt sich von alleine, wenn er älter wird.« Meist können die Eltern die Gründe für die Angst entdecken, die sich hinter dem Symptom verbirgt, und sie dem Kind erläutern. Dadurch wird nicht nur der verborgene Kummer auf die Ebene des Bewußtseins gehoben, wo sich beide mit ihm auseinandersetzen können, es zeigt dem Kind auch, daß seine Eltern Anteil nehmen, Verständnis haben und helfen möchten.

Auch wenn sich die wahren Gründe für die Angst oder Verzweiflung eines Kindes kaum durch direkte Fragen aufdecken lassen, so werden die Eltern es doch deutlich merken, wenn sie im Gespräch den empfindlichen Bereich berühren. Kinder lassen durch ihr Mienenspiel oder eine deutliche Veränderung ihrer Haltung erkennen, wenn ein wunder Punkt berührt wird. Sie entspannen sich und lächeln, oder sie wenden sich ab und wechseln das Thema.

Ein gutes Beispiel ist die Angst vor der Schule. Wenn das Problem nicht in Worten zum Ausdruck kommt, kann es auch als körperliche Beschwerde zutage treten, etwa in Form von Bauchschmerzen am Morgen. Gewöhnlich ist es eine Mischung aus der Angst des Kindes, älter zu werden, und der Furcht vor dem, was alles passieren kann, wenn es in der Schule ist. Eltern können diese Gefühle ansprechen und das Kind ermutigen, über sie zu reden. Beispielsweise können sie sagen: »Ich glaube, du fürchtest dich, in die Schule zu gehen. Vielleicht hast du Angst vor deinem Lehrer oder den anderen Kindern. Doch ich glaube, in Wirklichkeit magst du einfach nicht von zu Hause weggehen und von mir. Es ist schwierig, erwachsen zu werden, aber du wirst nun einmal älter, und ich muß dir helfen, groß und unabhängig zu werden«, oder: »Vielleicht machst du dir Sorgen, daß mir etwas zustoßen könnte, wenn du fort bist. Nichts wird passieren. Ich muß allein auf mich aufpassen, das kannst du nicht. Kann sein, daß du dir solche Sorgen um mich machst, weil du dir manchmal wünschst, mir würde etwas zustoßen. Alle Kinder werden von Zeit zu Zeit böse auf ihre Eltern und wünschen, daß ihnen etwas zustößt. Doch wenn man so etwas wünscht, dann geschieht es noch lange nicht. Du brauchst keine Angst vor deinen Wünschen zu haben. Vielleicht möchtest du deshalb manchmal nicht zur Schule gehen.« Wenn das Kind zuhört, anschließend aber das Thema wechselt, kann die Mutter vermuten, daß sie ins Schwarze getroffen hat. Eine solche Deutung kann dem Kind helfen, sich selbst zu verstehen. Die beiden Techniken – aufmerksames Zuhören und Hilfe beim Verständnis für die Gründe eines Symptoms – sind in vielen, vielen Fällen wirksam, vor allem bei Kindern, die sich normal entwickeln. Sie sind wichtig zum Ausbau der verständnisvollen, offenen Gespräche zwischen Eltern und Kind (vgl. Kapitel 2 über Ängste).

Eltern sollten nicht nur wissen, daß sich hinter Symptomen ohne physiologische Ursachen Angst und Anspannung verbergen, sondern auch, daß jede Krankheit durch Angst verstärkt werden kann. Pseudokrupp (vgl. Kapitel 11) ist ein gutes Beispiel. Er ist eine häufige Komplikation bei Erkältungen von Kleinkindern und verursacht akute Atemschwierigkeiten. Stets tritt er plötzlich auf, meist mitten in der Nacht. Das Kind ist sehr heiser und atmet mit einem lauten, krächzenden Geräusch. Infolge seiner Atemprobleme bekommt es Angst. Die Ursache sitzt im Kehlkopf (Larynx) und ist bedingt durch eine Gewebsschwellung, die die Atemwege verengt, so daß weniger Luft in die Lunge gelangt. Da das Kind in Panik gerät, nimmt sein Sauerstoffbedarf zu. Es beginnt flacher und rascher zu atmen. Die Anspannung führt zu einem Larynxkrampf, der die Atemwege noch weiter verengt. Ein sehr wirksames Gegenmittel ist Dampf, der den Krampf löst und die Gewebsschwellung zurückgehen läßt. Die Atemwege weiten sich und lassen wieder mehr Luft hindurch. Wenn Eltern auf das verängstigte Kind beruhigend und tröstend einwirken können und sich mit ihm in ein dampfgefülltes Zimmer setzen, so läßt sich in 95 Prozent der Pseudo-Krupp-Fälle rasche Linderung zu Hause herbeiführen. Wenn dagegen ihre eigene Angst verstärkend zu der des Kindes hinzutritt, so verschlimmert sich der Krampf im Kehlkopf, und die Einweisung ins Krankenhaus läßt sich möglicherweise nicht umgehen. Unglücklicherweise kann das Krankenhaus die Angst des Kindes so steigern, daß nur die Operation als letzter Ausweg bleibt, um die geschlossenen Atemwege wieder zu öffnen. Statt also die eigene Angst auf das Kind zu übertragen, müssen die Eltern sie in den Griff bekommen, um es vor schwerwiegenden Komplikationen zu bewahren.

»Vererbte« psychosomatische Störungen sind noch eher dazu angetan, die Eltern in Angst zu versetzen. Wenn Eltern mit einer bestimmten Krankheit oder einem Symptom selbst Probleme gehabt haben, so ist sehr wahrscheinlich, daß sie es verstärken, wenn es bei einem ihrer Kinder auftritt. Beispielsweise wird ein Kind bei seinem ersten Asthmaanfall von den Atembeschwerden erschreckt sein. Leidet der Vater unter Allergien und hat einst selbst Asthma gehabt, weiß er, wie erschreckend der Zustand ist. Leicht kann er dann in Erregung geraten, überreagieren und die eigene Angst auf das Kind übertragen, wodurch dessen Probleme noch größer werden. Die physische Komponente einer Allergie ist erblich. Diese genetische Prädisposition läßt sich keineswegs in Abrede stellen. Aber die organische (physische) Störung kann durch übertriebene Aufmerksamkeit leicht verschlimmert werden. In einigen Fällen hindert die Angst den Vater oder die Mutter, einfache, wirksame Gegenmittel anzuwenden. Wir erleben viele allergische Eltern, die ihre Angst vor Asthma so nachdrücklich verleugnen, daß sie nicht auf uns hören, wenn wir ihnen vorschlagen, eine Katze oder ein Daunenkissen aus dem Haushalt zu entfernen, um das Kind dem Einfluß der Allergene zu entziehen. Sie geben die Medikamente zu spät, um den Teufelskreis der Angst zu durchbrechen. Sie warten, weil sie hoffen, das Keuchen werde sich von allein legen. Je aufgeregter das Kind wird, desto schwerer atmet es und desto geringer wird die Wahrscheinlichkeit, daß sich der Teufelskreis so ohne weiteres durchbrechen läßt. Im Laufe der Zeit wird das Asthma zu einem Mittel, jede Art von Angst auszudrücken. Wir erleben drei- und vierjährige Kinder, die heftig keuchen, sobald sie das ängstliche Gesicht der Mutter beobachten. Wenn diese das Zimmer verläßt und eine ruhigere Krankenschwester oder Ärztin sich um das Kind kümmert, lassen Angst und Keuchen des Kindes nach. Das hat nichts mit Zauberei zu tun und ist noch nicht einmal besonders schwer zu verstehen. (Zur näheren Erörterung des Asthmas vgl. Kapitel 12)

Im allgemeinen sind Symptome wie die oben erwähnten keine »Täuschung«, kein »Schwindeln« des Kindes. Es hilft auch nicht weiter, wenn man sie als Schwäche des Kindes versteht. Der Versuch, das Kind lächerlich zu machen oder zu bestrafen, ist ganz gewiß falsch und wird die Symptome eher verstärken, weil sie gewöhnlich die Reaktion auf Spannungen sind, die andere Ursachen haben und für die Eltern oft nicht erkennbar sind. Viele dieser Spannungen gehen auf die normalen Probleme des Heranwachsens zurück. Wenn Eltern auf das Symptom mit übermäßiger Aufmerksamkeit oder Angst reagieren, verfestigt es sich zur »Gewohnheit« und wird anstelle von Worten zum Ausdruck von Gefühlen verwendet. Solche Gewohnheiten kann das Kind nicht nach Belieben ablegen.

Wie erwähnt, müssen Eltern das Symptom zunächst überprüfen, um auszuschließen, daß eine ernsthafte physiologische Ursache vorliegt. Als nächstes ist es ihre Aufgabe, die Gründe herauszufinden und zu verstehen, die sich hinter dem Symptom verbergen. Bei Kindern, die in anderen Lebensbereichen keine Probleme haben und für deren Entwicklung allgemein kein Grund zur Besorgnis zu bestehen scheint, empfiehlt es sich in der Regel, abzuwarten, ob das Symptom nicht verschwindet, wenn das Kind die nächste Entwicklungsstufe meistert. Wenn das Symptom so tief verwurzelt scheint, daß korrigierende Maßnahmen unumgänglich sind, stehen den Eltern mindestens drei Möglichkeiten offen. Erstens können sie versuchen, die anderen Zwänge im Leben des Kindes zu lockern, so daß es ein positiveres Vorstellungsbild von den eigenen Kräften gewinnt. Zweitens, sie versuchen die Konflikte zu erkennen, die sich hinter dem Symptom verbergen. Das ist schwieriger, und es gibt viele Gründe, warum Eltern ein Kind nicht immer verstehen. Beispielsweise können sie blind für die Konflikte des Kindes sein, weil diese eigene Probleme berühren und es ihnen außerordentlich schwer fällt, überhaupt zuzugeben, daß das Kind Probleme hat. Sehr häufige Ursachen für Probleme des Kindes sind Spannungen zwischen den Eltern. Sobald sie dann irgendwelche Schwierigkeiten des Kindes zugeben, machen sie sich gegenseitig Vorwürfe. Das vertieft natürlich die familiären Spannungen und damit auch das Problem des Kindes. In einer Vorschule in der Universitätsstadt Cambridge in Massachusetts berichteten die Erzieher, sie könnten an der Zahl der Infektionskrankheiten der Kinder ablesen, welche Väter Doktorarbeiten schrieben und welche Mütter im Examen stünden. Noch auffälliger ist die Häufigkeit von Infektionen der Atemwege bei Kleinkindern, wenn die Eltern eine Reise antreten wollen oder wenn ein Umzug in eine andere Stadt bevorsteht. Möglicherweise ist das einfach auf eine verringerte Widerstandskraft zurückzuführen, die durch normale Spannungen in der Familie bedingt ist.

In einer solchen Situation ist es denkbar schwierig, sich dem Problem offen zu stellen und gemeinsam an einer Lösung zu arbeiten. Ich habe schon einige Möglichkeiten erwähnt, wie Eltern die Ursachen für den Konflikt ihres Kindes in Worte fassen können, um sie dem Kind bewußt zu machen und ihm das Gefühl zu geben, sich selbst zu verstehen und von seinen Eltern verstanden zu werden. Wenn das nicht genügt oder wenn das Kind die Einmischung der Eltern nicht ertragen und auf ihre Bemühungen nicht eingehen kann, so bleibt den Eltern als dritte Möglichkeit, professionelle Hilfe in Anspruch zu nehmen. Das kann ein verständnisvoller Lehrer, Arzt oder Erziehungsberater sein.

Ein Arzt, der das ganze Kind erfaßt und sich für alle seine Probleme interessiert, kann eine unschätzbare Hilfe für Vorbeugung und Heilung sein. Solche Ärzte sind in unserer Zeit der Überspezialisierung sicherlich nicht leicht zu finden, doch es

lohnt sich, einen Arzt zu suchen, der die ganze Familie kennt. Das kann ein Kinder- oder ein Hausarzt sein. Soll der Arzt helfen können, muß zunächst eine Vertrauensbeziehung zu ihm hergestellt werden. Teilen Sie ihm Ihre Sorgen und Ängste mit, und bitten Sie ihn, die Entwicklung Ihres Kindes aus fachkundiger Perspektive zu beurteilen. Bemühen Sie sich, wenn die Kinder älter werden, daß auch diese selbst eine positive, vertrauensvolle Einstellung zu ihrem Arzt gewinnen. Dieser kann die Kinder beobachten, die Gründe erkennen, die sich hinter dem Symptom verbergen, und sie den Kindern auch direkt erklären. Solch eine Vertrauensbasis kann von großer Bedeutung für das kranke Kind sein. Wenn es eine eigene Beziehung zum Arzt hat – nicht nur über die Eltern –, läßt sich der Teufelskreis psychosomatischer Symptome und Krankheiten unter Umständen wesentlich leichter durchbrechen. Es ist immer wieder eindrucksvoll, mit welcher Erleichterung ein Kleinkind den Arzt begrüßt, der kommt, um es »in Ordnung zu bringen«, während die ängstlichen Eltern hilflos dabeistehen. Nach einer Adrenalinspritze hörte eine Sechsjährige auf zu keuchen, sah den Arzt an und sagte:
»Wenn Sie früher hier gewesen wären, hätte ich überhaupt nicht angefangen zu keuchen.« Ein solches Vertrauen entschädigt den Kinderarzt für viel Zeit und Mühe.

Ein Arzt, der die Familie kennt, kann in solch einer Situation eine große Hilfe für die Eltern sein. Leider fühlen sich viele praktische Ärzte nicht in der Lage, Ratschläge zu erteilen, und verstecken sich hinter der Behauptung, sie hätten zuviel zu tun, oder versichern den Eltern wider besseres Wissen, die Schwierigkeiten würden sich schon legen, wenn das Kind älter würde. Wir können besorgten Eltern nur dringend raten, sich von dem Arzt einen Termin geben zu lassen und ihn um einen Rat zu bitten, der sich auf Verständnis und gesunden Menschenverstand gründet. Genügt das nicht, so konsultieren Sie einen Therapeuten, der sich mit den Problemen von Kindern auskennt. Sie können auch in einer großen Klinik um ein psychiatrisches oder psychologisches Gutachten bitten. Wenn die Probleme des Kindes erkannt sind, können sich die Eltern unter Umständen alleine mit ihnen auseinandersetzen. Je rascher dies geschieht, um so geringer die Gefahr, daß die Probleme sich festsetzen, und um so größer die Erfolgsaussichten einer Behandlung. Jeder in der Familie wird davon profitieren. Sobald die anfänglichen Schwierigkeiten, die einer Behandlung im Wege stehen, überwunden sind, werden die Vorteile für das Kind und alle Menschen, die mit ihm zu tun haben, deutlich erkennbar sein. Wenn Eltern sich rechtzeitig um Hilfe bemühen, können sie dem Kind mögliche psychosomatische Probleme im späteren Leben ersparen.

Ich hoffe, die folgenden Kapitel, die jeweils eine für Eltern und Kinder wichtige Frage behandeln, machen deutlich, wie sich Konflikte und Spannungen vermeiden lassen. Die Kindheit kann für jeden Menschen eine schöne und beglückende Zeit sein. Doch allzu besorgte und von hunderterlei Bedenken geplagte Eltern *suchen* geradezu nach problematischen Aspekten in der Entwicklung ihrer Kinder. Ich habe selbst viel zu viele kostbare Stunden mit Bedenken dieser Art vergeudet, während ich mich in Wahrheit unbeschwert an meinen Kindern und ihren Fortschritten hätte erfreuen sollen. Ganz gleich, wie groß der Druck von außen ist, Eltern sollten sich die Zeit, die sie mit dem Kind verbringen, nicht verderben lassen, damit beide Seiten mehr Freude aneinander haben. Eltern, die das Kind und ihre eigenen unvermeidlichen Gefühlsreaktionen verstehen, sind besser in der Lage, die Entwicklungsfortschritte ihres Kindes zu würdigen.

Die in diesem Buch dargelegten Gedanken wurden in meiner dreißigjährigen Tätigkeit als Kinderarzt in Cambridge, Massachusetts, entwickelt. Ich war in der sehr glücklichen Lage, mit den Problemen von Eltern äußerst unterschiedlicher sozioökonomischer Herkunft in Berührung zu kommen. Immer wenn sie von den Verhaltensweisen ihres Kindes berichteten, die ihnen Kummer machten, betrachteten wir das Ganze unter dem Gesichtspunkt der kindlichen Entwicklung und überlegten, was sich hinter den Reaktionen der Eltern auf das Kind verbarg. Sie waren noch eifriger als ich bemüht, das Problem zu verstehen. Wenn wir das Glück hatten, daß sich die Schwierigkeiten im weiteren Verlauf legten, oder wenn sie sich, was seltener der Fall war, verschlimmerten, so daß eine Behandlung erforderlich wurde, dann machten wir uns gemeinsam klar, was geschehen war. Das Ergebnis dieser Gespräche sind die Erkenntnisse, die in den folgenden Kapiteln nachzulesen sind. Die vorgeschlagenen Lösungen sind also nicht mein alleiniges geistiges Eigentum, sondern das Produkt gemeinsamer Erfahrungen mit Tausenden von Familien, die in Cambridge leben oder gelebt haben.

Später hatte ich Gelegenheit, einige dieser Fragen zur Eltern-Säugling-Beziehung im Bostoner Children's Hospital zu untersuchen. Dort haben mich viele namhafte Forscher an ihren Ideen teilhaben lassen und die meinen korrigiert. Es gibt eine ständig wachsende und an Einfluß gewinnende Organisation, die Society for Research in Child Development, die achttausend Mitglieder umfaßt (Psychologen, Soziologen, Schulpädagogen, Erzieher, Ärzte) und die sich mit Forschungsarbeiten zur kindlichen Entwicklung beschäftigt. Die Wissenschaftler, mit denen ich zusammengearbeitet habe, waren wie ich selbst aktive Mitglieder dieser Gruppe.

In den letzten dreizehn Jahren hatte ich Gelegenheit, Kinderärzte als Stipendiaten eines Sonderprogramms für pädiatrische Verhaltenskunde an der Medical School der Harvard University und dem Children's Hospital in Boston auszubilden. In dieser Zeit habe ich meine Vorstellungen mit etwa vierzig intelligenten und interessierten Absolventen dieser Kurse erörtert. Die Kinderheilkunde befindet sich im Wandel. Im Vordergrund steht nicht mehr der fachärztliche Aspekt, die krankheitsorientierte Therapie, sondern die Vorbeugung und Beratung junger Familien. Zur Academy of Pediatrics gehört jetzt auch das Committee of Psychosocial Development of Children and Families. Dieser Ausschuß versucht, Grundkenntnisse über die normale kindliche Entwicklung zu einem festen Bestandteil der kinderärztlichen Ausbildung zu machen. Während wir in unserer Ausbildung bislang ausschließlich mit Krankheiten und ihrer Behandlung befaßt waren, machen wir jetzt wenigstens den Versuch, jungen Ärzten und Kinderschwestern die Voraussetzungen zu vermitteln, die sie brauchen, um die normale Entwicklung von Kindern und Familien zu verstehen und zu fördern. Die Kinderheilkunde erlebt einen sehr wichtigen Abschnitt ihrer Geschichte. Diese jungen Ärzte und Krankenschwestern werden den gesamten Bereich so verändern, daß er den Bedürfnissen junger Familien besser gerecht wird. In unserem Bostoner Ausbildungszentrum kommen Ärzte (neuerdings auch Kinderschwestern und Psychologen) mit einem Zwei-Jahres-Stipendium zusammen, um sich mit der normalen kindlichen Entwicklung und der Rolle, die die Familie dabei spielt, vertraut zu machen. Alle Teilnehmer des Programms (etwa zur Hälfte Frauen und Männer) haben die Ausbildung als Kinderärzte oder Kinderschwestern abgeschlossen beziehungsweise ihr Psychologiestudium erfolgreich beendet. Es sind erwachsene Menschen, die über ausgezeichnete Voraussetzungen verfügen, die Wechselwirkungen zwischen körperlicher und geistiger Entwicklung zu verstehen. Während des Programms machen sie sich mit der umfangreichen Literatur des Forschungsgebietes vertraut und wenden Techniken zur Bewertung der emotionalen, kognitiven und motorischen Entwicklung von Kleinkindern an. Nach unseren Erfahrungen hat sich die Fähigkeit, dem Verhalten des Kindes »zuzuhören«, als eine der besten Techniken erwiesen, um eine gestörte Eltern-Kind-Beziehung zu verstehen und zu verändern. Beobachtet man das Kind beim Spielen, unter Streß, und wie es sich seinen Eltern zuwendet, so kann man erkennen, welche belastenden Faktoren auf die betreffende Familie einwirken. Anschließend werden die Eltern auf die Reaktionen des Kindes aufmerksam gemacht, damit sie verstehen, welches Problem sie mit dem Kind haben und wie sie sich mit ihm auseinandersetzen können.

Wie dieses »Zuhören« aussieht, mag der Fall eines Babys zeigen, das mit Schlafproblemen in unser Beratungszentrum kam. Zuständig war eine junge Kinderärztin, die unser Programm absolvierte:

Lucy war ein siebenmonatiges Baby mit strahlenden Augen und einem Lockenkopf. Sie befand sich in ständiger Bewegung. Weder Mutter noch Vater vermochten sie lange auf dem Arm zu halten, weil sie sofort strampelte, um »abgesetzt« zu werden.

Fast ständig verlangte sie: »Runter« und wand sich verzweifelt, um auf den Boden zu gelangen. Wenn die Eltern ihr nicht nachgaben, nahm ihr Protestgeschrei eine solche Lautstärke an, daß es ihnen peinlich war und sie ihr doch den Willen ließen.

Lucys Eltern waren beide Ärzte. Ihr Vater war vierzig und in der Forschung tätig. Sein Fachgebiet war die Chemie der Körperflüssigkeiten. Die Mutter, siebenunddreißig Jahre, war eine erfolgreiche Internistin und wußte eine Menge über die Krankheiten des Erwachsenen. Beide hatten sie in ihrem Beruf viel erreicht, als sie sich nach zehn Jahren Ehe zu ihrem ersten Kind entschlossen. Eindringlich berichtete Mrs. Thomas, wie schwer ihr dieser Entschluß gefallen war: »Ich wußte, daß ich in einem Bereich meines Lebens erfolgreich war. Warum sollte ich einen Mißerfolg riskieren? Und nun ist er da. Lucy schläft nie. Die ganze Nacht ist sie zugange. Sie kann einfach nicht schlafen. Alle drei Stunden wacht sie auf, und wir müssen nach ihr sehen. Wir haben sogar versucht, mit ihr in einem Bett zu schlafen, doch dann findet keiner von uns beiden Schlaf. Nun wechseln wir uns ab – mal gehe ich, dann mein Mann, dann wieder ich. Doch wir sind mittlerweile so übermüdet, daß ich wahrscheinlich nicht wieder zur Arbeit gehen kann. Ich habe das Gefühl, daß ich als Mutter ein völliger Versager bin. Lucy macht mit uns, was sie will, und das kann ja wohl nicht richtig sein. Was können wir tun?« Verzweiflung lag in ihrer Stimme, als sie diese Geschichte erzählte.

Mr. Thomas hatte während des Berichtes seiner Frau mehrfach bekräftigend genickt und begleitete nun die abschließende Frage seiner Frau mit einem besonders nachdrücklichen Nicken. Er schien völlig mit seiner Frau übereinzustimmen und erklärte, er fühle sich ebenso hilflos wie sie.

Währenddessen nahm Lucy kaum Notiz von ihnen. Eifrig wieselte sie durchs Zimmer, krabbelte von einem Möbelstück zum anderen und kletterte hinauf, wenn sie dort angekommen war. In ihrer motorischen Aktivität war sie ihrem Alter voraus und wirkte darin eher wie ein neun- bis zehnmonatiges Kind. Allerdings machte sie dabei einen etwas verbissenen und nervösen

Eindruck. Einmal verlor sie das Gleichgewicht und schlug mit dem Kopf auf dem Boden auf. Obwohl beide Eltern herbeistürzten, weinte Lucy kaum. Als Mrs. Thomas versuchte, sie auf den Arm zu nehmen und zu trösten, stieß Lucy sie fort und krabbelte rasch davon, um einen anderen Teil des Raumes in Augenschein zu nehmen.

»Sehen Sie, sie verhält sich, als brauchte sie mich überhaupt nicht. Da ist sie in einem völlig fremden Zimmer, und es macht ihr weniger aus als mir. Sie kümmert sich überhaupt nicht um Sie, während es mir ziemlich unangenehm ist, meine Probleme vor Ihnen auszubreiten. Ich habe das Gefühl, Lucy braucht mich nicht als Mutter. Warum haben wir nur beschlossen, unser gewohntes Leben für sie zu ändern?«

Mrs. Thomas konnte ihren Ärger auf Lucys Selbständigkeit ebenso schlecht verhehlen wie ihre Hilflosigkeit und Enttäuschung. Die Kinderärztin meinte, das Verhalten der Eltern Lucy gegenüber sei sicherlich von diesen Gefühlen bestimmt, wenn das Kind sie nachts wecke. Der Vater sagte: »Sie steht so mühelos auf im Bett, daß sie sich halbwach hochzieht und zu schreien anfängt. Wir haben versucht, sie einfach schreien zu lassen, aber sie ist stärker als wir. Lassen wir sie zu lange schreien, dann regt sie sich so auf, daß wir sie nicht wieder zum Schlafen bringen. Wir sind ständig so wütend und übermüdet, daß wir uns weder tags noch nachts richtig mit ihr auseinandersetzen können. Können Sie uns helfen?«

Da schilderten die Eltern, zwei gestandene Ärzte, ihrer wesentlich jüngeren Kollegin ihre Hilflosigkeit und Verzweiflung. Die angehende Kinderärztin Dr. Fines begann sich ebenso hilflos und ängstlich zu fühlen, als sie hörte, was die beiden schon alles versucht hatten, um Lucy zum Schlafen zu bringen. Als die Kinderärztin näher auf das Gefühl der Hilflosigkeit einging, erfuhr sie von den Eltern, daß Lucy sie »von Anfang an« beherrscht hatte. Schon im Mutterleib hatte sie einen ausgeprägten Bewegungsdrang gezeigt. Die Mutter hatte die letzten drei Schwangerschaftsmonate kaum noch geschlafen und Lucy schon vor ihrer Geburt gefürchtet. Als Neugeborenes war Lucy äußerst aktiv und wach. Beide Eltern waren verblüfft, wie vollkommen sie war und wie viele Fähigkeiten sie vom ersten Tage an bewies. Mrs. Thomas sagte: »Sie schien mehr übers Stillen zu wissen als ich. Deshalb überließ ich mich ihrer Führung, und wir hatten Erfolg. So war es immer. Wenn ich tat, was sie wollte, war alles in Ordnung. Doch wenn es nicht nach ihrem Willen ging, lagen wir im Clinch.« Sie sah ihren Mann an, der nickte. »Die erste richtige Krise setzte ein, als Lucy drei Wochen alt war und jeden Abend in nervöse Unruhezustände verfiel. Sie hatte typische Koliken, und wir waren sehr beunruhigt. Lucys Arzt, ein guter Freund von uns, war keine Hilfe. Er meinte nur: ›Das gibt sich von allein, wenn sie älter wird.‹ ›Wenn ihr ruhiger werdet, wird sie es auch.‹ Doch es hat sich nicht gegeben, und wir können nicht ruhiger werden. Sie ist stärker als wir.«

Es wurde deutlich, daß es in dem Kampf zwischen Kind und Eltern nicht nur ums Schlafen ging, sondern auch ums Füttern (sie wollte sich nicht füttern lassen, und es gab schon ernsthafte Ernährungsprobleme), die Erziehung (sie konnten ihr nichts verbieten) und den Tag-Nacht-Rhythmus. Dr. Fines meinte, sie halte das eher für ein Interaktionsproblem, das ihre gesamte Beziehung beherrsche. Beide stimmten zu. Als spürte Lucy das Einverständnis, krabbelte sie zu Dr. Fines und versuchte, auf ihren Schoß zu klettern. Sie streckte die Arme aus, um von der Kinderärztin auf den Arm genommen zu werden. Dann legte sie den Kopf auf die Schulter der jungen Frau, als fühlte sie sich dort sicher und hoffte, sich eine Zeitlang ausruhen zu können. Mit einem Anflug von Eifersucht meinte Mrs. Thomas: »Sie hat sich schon an Sie gewöhnt.«

Die Kinderärztin sprach mit den Eltern über das Baby, das an ihrer Schulter ruhte: »Ich halte sie für ein sehr weit entwickeltes, ja, über ihr Alter hinaus entwickeltes Kind. Andererseits ist sie genauso verzweifelt wie Sie. Sie möchte, daß wir zu irgendeiner Lösung kommen, die ihr hilft.« Lucy schien durch ihr Verhalten zu unterstreichen, daß sie nach einer Situation verlangte, die tröstlicher war als diejenige, in der sie dominierte. Die Eltern waren mit der jüngeren Kollegin einer Meinung, daß es für keinen der Beteiligten wünschenswert war, das Geschehen weiterhin von Lucy bestimmen zu lassen. Sie sprachen nun über die Faktoren, die zu ihrem Gefühl der Hilflosigkeit geführt hatten. Die Mutter redete über Lucys starke, entschlossene und anspruchsvolle Persönlichkeit, der das eigene Gefühl der Unerfahrenheit entspreche. Ergänzt wurde das Gefühl der Unerfahrenheit in ihrer Elternrolle durch das Bewußtsein, daß sie es ja in anderen Bereichen ihres Lebens zu etwas gebracht hatten. Das verstärkte ihre Hilflosigkeit nur und weckte den verzweifelten Wunsch, einer Verantwortung zu entkommen, mit der sie nicht fertigwerden konnten. Dr. Fines fragte sie, ob sie sich erinnern könnten, sich jemals in ihrem Leben so hilflos gefühlt zu haben. Eine solche Erinnerung könnte ihnen helfen, mit der gegenwärtigen Situation umzugehen.

Da platzte es förmlich aus Mrs. Thomas heraus: »Ich wollte nie ein Kind haben, weil ich gesehen habe, wie meine Mutter versucht hat, mit meinem kleinen Bruder fertigzuwerden. Er konnte mit ihr machen, was er wollte. Obwohl ich erst sechs war, als er geboren wurde, konnte ich sehen, daß sie sich von ihm dominiert fühlte. Mein Vater war wütend auf sie und sagte: ›Frauen sind so. Sie wollen beherrscht werden – sogar von einem Baby!‹ Ich haßte ihn deswegen und schwor mir, nie eine solche Frau zu werden. Als mein Bruder vier war, sagte er zu meiner Mutter, wenn sie sich umgezogen hatte und ausgehen wollte: ›Du bleibst zu Hause, du gehörst in die Küche!‹ Diese beiden Erinnerungen haben mich veranlaßt, den Erfolg im Beruf und nicht ›in der Küche‹ zu suchen. Nun tanzt Lucy mir genauso auf der Nase herum wie einst mein Bruder meiner Mutter.« Mit diesen Worten brach Mrs. Thomas in Tränen aus, und sie fügte noch hinzu: »Bisher habe ich zwei und zwei noch nie zusammengezählt, aber ich bin ein getreues Abbild meiner Mutter, nicht wahr?«

Mr. Thomas war von dem Ausbruch seiner Frau überrascht und gerührt. Er erklärte: »Mir war nicht bewußt, wie sehr du meine Hilfe brauchst. Ich kann dir viel mehr helfen, als ich es bisher getan habe. Auch ich habe Verhaltensmuster aus meiner Familie wiederholt. Mein Vater hat nie eine Entscheidung getroffen und nie zu Hause geholfen, sondern alles meiner Mutter überlassen. Ich bin verblüfft, wie passiv ich mich in dieser ganzen Geschichte verhalten habe. Ich glaube, insgeheim habe ich Lucys Energie bewundert. Aber Sie sagen ja, daß sich dahinter zum Teil Angst verbirgt. Ich glaube, Sie haben recht. Wir müssen uns bemühen, ihr zu helfen.«

Nachdem die Eltern einige der Probleme erkannt hatten, die ihr Gefühl der Hilflosigkeit bewirkten, hielt Dr. Fines den Zeitpunkt für gekommen, auf Lucys Bedürfnisse zu sprechen zu kommen. Sie erklärte, daß ein Kind das Bedürfnis hat, von den Eltern Grenzen gesetzt zu bekommen, und daß es zu provozierendem Verhalten neigt, wenn dies nicht geschieht. Dr. Fines erörterte die Möglichkeit, daß Lucys nächtliches Aufwachen, ihre ständige Aktivität und die Weigerung, sich füttern zu lassen, zum Teil Versuche sein könnten, bei den Eltern eine entschiedenere Haltung hervorzurufen. Sie sollten ihrer Rolle ruhig mehr Bedeutung beimessen. Die Ärztin wies auf den Unternehmungsgeist und den Charme des Kindes hin; das Verdienst, beides gefördert zu haben, käme ihnen, den Eltern, zu. Doch sie hätten recht, wenn sie meinten, daß alle Beteiligten gemeinsame Anstrengungen unternehmen müßten, um Lucys Energie und stürmisch sich enwickelnde Persönlichkeit in die richtigen Bahnen zu lenken.

Als Dr. Fines ihnen detaillierte Erziehungsvorschläge unterbreitete und ihnen riet, es dem Kind weitgehend selbst zu überlassen, seinen natürlichen Schlafrhythmus zu finden, zeigte sich allerdings, daß die Thomas die Vorschläge nicht annehmen konnten. Ihr Blick verschleierte sich, und sie schauten ziellos umher.

In unserem Beratungszentrum werden die Absolventen des Programms von einem Mentor beobachtet und betreut, der dem Geschehen von einem Beobachtungsraum aus durch einen Ein-Weg-Spiegel folgt. Wenn die Aufnahme der Fallgeschichte und die Beurteilung des Kindes abgeschlossen ist, schlägt der Trainer den Eltern vor, dem Kind etwas zu essen zu geben, während der Arzt sich mit dem beobachtenden Mentor berät. Bei dieser Unterbrechung haben die Eltern die Gelegenheit, sich zu unterhalten und zu prüfen, ob sie alle ihre Sorgen und Ängste mitgeteilt haben, während der Mentor dem Arzt helfen kann, die Dynamik des Falles zu verstehen und einen Plan zur Lösung der Probleme zu entwickeln.

In diesem Falle hatte es den Anschein, als würden die Thomas von tieferen Ängsten beherrscht, die sie daran hinderten, Ratschläge zum Umgang mit Lucy anzunehmen. Bevor nicht diese tieferen Konflikte angesprochen waren, hatte es keinen Zweck, irgendwelche Ratschläge zu erteilen. Wir waren sicher, daß sie von ihrem Hausarzt solche Ratschläge schon erhalten hatten. Die Tatsache, daß sie ihnen nicht zu folgen vermochten, war ein weiterer Hinweis darauf, daß sich ihre Einstellung zu Lucy ändern mußte. Obwohl die beiden Ärzte ziemlich klare Vorstellungen von den Problemen hatten, die sich hinter den Ängsten der Eltern verbargen, mußten sie mit den Thomas erörtert werden. Unter Umständen waren dazu auch Einzelgespräche mit ihnen erforderlich.

Als sie nach der Pause ins Beratungszimmer zurückkehrten, hielt Mr. Thomas die schlafende Lucy im Arm. Dr. Fines begann mit einer Rekapitulation der bisherigen Erkenntnisse: daß Lucy insgesamt einen gesunden und normalen, aber ängstlichen Eindruck machte und daß diese Angst für die Eltern ein Anlaß sein sollte, ihre Beziehung zur Tochter zu überdenken. Das Kind schien ein Bedürfnis nach klareren Grenzen zu haben. Mrs. Thomas hatte offensichtlich den Wunsch, über ihre Beziehung zu Lucy zu sprechen.

Im Gespräch berichtete Mrs. Thomas, wie glücklich sie mit Lucy gewesen war, daß sie aber das Gefühl habe, genauso unfähig wie ihre Mutter zu sein. Bis zu diesem Tage, da sie darüber spreche, sei ihr nicht recht klar gewesen, daß sie Angst davor habe, wie ihre Mutter zu sein. Und doch sei ihre Mutter bewundernswert gewesen: »Vielleicht habe ich Angst, ich gleiche ihr nicht so sehr, wie ich es gerne möchte.« Hier versicherte Dr. Fines, sie habe dem Baby mit ihren ambivalenten Gefühlen nicht geschadet. Es sei gut entwickelt.

Mr. Thomas erklärte seiner Frau und der jungen Kinderärztin, er habe erkannt, daß er seine Frau stärker unterstützen müsse. Dann baten sie Dr. Fines um speziellen Rat zu Lucys Schlafproblemen (vgl. Kapitel 9). Aufmerksam hörten sie zu und schienen sich kein Wort entgehen zu lassen.

Am Ende der Sitzung nahmen sie Lucy sehr zärtlich auf den Arm und erschienen weniger unsicher, als sie gingen. Als sie nach zwei Wochen wiederkamen, strahlten sie. Sie erklärten Dr. Fines, wie dankbar sie ihr waren. Sie habe ihnen geholfen, die Dynamik ihrer Einstellung zur Elternrolle zu erkennen. Mr. Thomas konnte Lucy jetzt entschiedener in ihre Schranken weisen, wenn seine Frau Hilfe brauchte. Er kümmerte sich auch morgens und abends um Lucy. »Ich habe keine Angst mehr vor ihr«, sagte er. Mrs. Thomas hatte sich verändert, wirkte viel selbstbewußter. Mehrfach wiederholte sie, wie frei sie sich fühle: »Ich kann jetzt in die Haut zweier Menschen schlüpfen – die der Mutter und die meines alten Ichs. Es ist wie ein Wunder. Das haben *Sie* geschafft, indem Sie mir gezeigt haben, daß ich weglaufe und daß ich das gar nicht nötig habe. Lucy ist wie verwandelt. Sie weiß jetzt, wie zufrieden wir mit ihr sind, und braucht uns nicht die ganze Zeit zu provozieren. Und wir haben jetzt soviel Freude! In der ersten Nacht hat Lucy geschrien. Ich ging hin und sagte streng: ›Leg dich wieder schlafen!‹ Sie tat es. Ich wollte es nicht glauben. Sie war glücklicher darüber, daß sie die Nacht durchschlafen konnte, als ich selbst. Mir wurde klar, daß sie wirklich nur ein Baby ist und nicht das Ungeheuer, das ich in meiner Angst aus ihr gemacht habe. Wie glücklich und zufrieden sind wir jetzt mit ihr!«

Für jemanden, der ein Gefühl für die Hilflosigkeit hatte, welche die Konflikte in den Eltern hervorrief, war dies ein gar nicht so schwieriger Fall. Es war einfach notwendig, diese Konflikte aufzudecken und zu verstehen. Viele sind charakteristisch für frischgebackene Eltern, die noch nicht die notwendigen Entscheidungen treffen können, um eine vernünftige Beziehung zu ihrem Kind herzustellen. Hier kann ein Kinderarzt helfen, indem er dem Kind zuhört und die Eltern dazu bringt, sich mit früheren Beziehungen auseinanderzusetzen und sie zu verstehen. Lucys Eltern lernten, mit ihrer Angst umzugehen. So gelang es ihnen mit sehr wenig Hilfe, ihr Verhalten grundlegend zu verändern. Sie schienen sofort zu verstehen, daß ihr Verhalten von alten Einstellungen beherrscht wurde, und sie hatten genügend innere Kraft, nach den Gründen zu suchen, die sich hinter diesen Einstellungen verbargen. Sobald Dr. Fines angedeutet hatte, daß dies für die Lösung der Probleme erforderlich war, die sie mit Lucy hatten, waren sie imstande, die notwendige Arbeit zu leisten, um die Beziehung zu ihrem Kind zu verändern. Natürlich erscheint es wie ein Wunder, daß sie dazu schon nach einem Vormittag fähig waren, aber ihre Bereitschaft und die Verzweiflung, die sie schon vor ihrem Kommen empfunden hatten, machten es möglich. Sie waren reif für die Ratschläge zum Umgang mit den Problemen, vor die sie das Schlaf- und Eßverhalten und die Disziplin ihrer Tochter stellten.

Ich hoffe, daß diese Form psychologischer Kinderheilkunde der Weg der Zukunft sein wird. Die Arbeit an unserem Programm im Children's Hospital gab mir Gelegenheit, die Methode zu erproben und meine Vorstellungen zur Lösung von Problemen in Eltern-Kind-Beziehungen dieser künftigen Elite der Kinderheilkunde zu vermitteln.

Knapper sind die Themen dieses Buches während der letzten sechs Jahre alle zwei Monate in meinen Artikeln in der Zeitschrift *Redbook* behandelt worden. Der Beitrag *»Complaints with an Emotional Element«* in der *Child Health Encyclopedia* des Bostoner Children's Medical Center ist zum Teil in diese Einleitung eingegangen. Wenn sich diese Kapitel als eine Hilfe für junge Eltern erweisen sollten, so gilt mein Dank den vertrauensvollen und aufgeschlossenen Familien, die mir ermöglicht haben, dieses Buch zu schreiben.

Teil I
Liebe und Ängste

Kapitel 2
Wie Kinder die Liebe kennenlernen

Die häufigsten Fragen, die ich in meiner Kinderarztpraxis von jungen Eltern höre, lauten: »Tue ich das Richtige für mein Kind?« und: »Woher weiß es, daß es geliebt wird?« Die erste Frage ist aus dem Wunsch geboren, bei der Kindererziehung alles richtig zu machen in einer Zeit, da sich unsere Kultur nicht mehr einig ist über ihre Erziehungsziele – und in der den Eltern keine sichere Methode zur Verfügung steht, sich Klarheit über diese Ziele zu verschaffen. Sie sind nicht mehr eingebettet in die Großfamilie, von der sie tradierte Ziele übernehmen könnten. Andererseits ist eine sehr große Zahl von Erziehungsexperten dem Beispiel von Spock gefolgt, so daß junge Eltern heute vor einer Fülle widersprüchlicher Ratschläge und ungelöster Fragen stehen: Soll ich das Baby schon früh mit Lernanreizen versorgen oder nicht? Soll ich mit positiver Bekräftigung arbeiten? Soll ich an Schulungskursen für Eltern teilnehmen? Vielleicht ist es in gewisser Hinsicht zu begrüßen, daß es so viele verschiedene Standpunkte gibt. Zumindest haben junge Eltern so nicht das Gefühl, es gäbe nur eine Antwort, und die könnten sie nicht finden. Die Fülle widersprüchlicher Ratgeber veranlaßt sie unter Umständen, nach einer eigenen Lösung zu suchen und sich nicht mit einer vorgefertigten zu begnügen. Ich bin mir schmerzlich bewußt, daß ich mich in eine lange Schlange einreihe und den ohnehin schon überforderten Eltern noch mehr Ratschläge anbiete. Allerdings habe ich keine spezifischen und detaillierten Ratschläge parat. Ich kann nur empfehlen: »Tun Sie das, was für Sie und Ihr Kind am angenehmsten ist und Ihr Zusammenleben möglichst unbeschwert macht.« Auf Parties sind Leute, die nach einfachen Antworten suchen, mit dieser Auskunft natürlich nicht zufrieden und wenden sich rasch ergiebigeren Gesprächspartnern zu. Sucht eine Mutter oder ein Vater ernsthaft nach einer Antwort, kann ich diesen Ratschlag erläutern und ergänzen. Ich rate den Eltern, ihrem »Instinkt« zu folgen – einer Mischung aus Intuition, eigenen Erfahrungen und Informationen über die Probleme, mit denen sie und ihr Kind sich auseinandersetzen. Eine derartige Lösung ist natürlich keine Erfolgsgarantie. Neben guten Phasen wird es auch Konflikte geben. Schwierige Zeiten lassen sich für Neubewertungen und Veränderungen nutzen. Ich glaube, *was* Sie als Eltern tun, ist nicht annähernd so wichtig wie das *Wie* – und die Zuwendung und Fürsorge, die es begleiten. Mit anderen Worten, die Tatsache, daß Sie sich um Ihr Baby sorgen und kümmern, ist die wichtigste Botschaft, die Sie ihm vermitteln können.

Aber – woher soll es wissen, daß es Ihnen am Herzen liegt? Gilt das nicht für alle Eltern und ihre Kinder? Meinen es nicht alle gut und begehen dennoch schwerwiegende Fehler in der Kindererziehung? Wahrscheinlich, doch dürften sie sich in dem Ausmaß, in dem sie sich von den eigenen Problemen freizumachen und auf die Bedürfnisse ihres Kindes einzugehen vermögen, erheblich unterscheiden. Genügend Fürsorge aufzubringen, um über die eigenen Bedürfnisse hinauszusehen und dazusein, wenn das Kind einen braucht, das ist wirklich nichts Geringes. *Dazusein* für das Kind kann weit schwieriger sein, als es auf den ersten Blick erscheinen mag.

Choreographie der Liebe

Um diesen Prozeß zu verstehen, haben wir in einer Arbeitsgruppe am Children's Hospital in Boston untersucht, wie sich die Bindungen zwischen Eltern und ihren Säuglingen in den ersten Lebensmonaten entwickeln. Zusammen mit Edward Tronick und Heidelise Als habe ich versucht, die Anfänge der emotionalen und intellektuellen Entwicklung aufzuzeichnen und zu bewerten, wobei wir von der Annahme ausgingen, daß sich die entscheidenden Botschaften, die dem Säugling von liebevollen und fürsorglichen Eltern übermittelt werden, auffangen lassen. In unserem Labor haben wir Spielsitzungen beobachtet, bei denen sich die Beteiligten gegenübersaßen und ansahen. Wir wissen, daß es den Leuten schwerfällt, mit ihren Babys zu spielen, während sie gefilmt werden, und wir wissen auch, daß ein Laboratorium keine natürliche Umgebung ist. Uns ist also klar, daß die Beobachtungssituation für Eltern und Kinder ziemlich anstrengend und schwierig ist. Trotzdem haben wir herausgefunden, daß die Interaktion zwischen Mutter oder Vater und dem Säugling während der dreiminütigen Sitzung einem vorhersagbaren Muster folgt. Wenn wir das Videoband langsamer laufen lassen, um es untersuchen zu können, so stellen wir einige bemerkenswerte Dinge in all den Fällen fest, in denen das Zusammensein von Eltern und Kindern unbeschwert verlief. Und in den Situationen, in denen das nicht der Fall ist (weil sich das Baby nicht entfalten kann, weil die Mutter oder der Vater ihm nicht die erforderliche Zuwendung entgegenbringen oder weil das Baby in den Eltern negative Gefühle weckt), können wir den Mißerfolg sehr deutlich wahrnehmen.

Das Kind wird in einen Babystuhl mit verstellbarer Rückenlehne an den Tisch gesetzt, die Mutter angewiesen, ihm gegenüber Platz zu nehmen, mit ihm zu spielen und zu sprechen, es aber nicht auf den Arm zu nehmen. Wenn die Mutter hereinkommt, berührt sie das Kind meist zärtlich an Beinen oder Gesäß und fängt dann an, mit ihm zu sprechen. Beim Anblick der Mutter begrüßt das Kind sie mit einem strahlenden Lächeln und wendet ihr verstärkte Aufmerksamkeit zu. Während der nächsten drei Minuten der Sitzung spielen sie miteinander, wobei sie in den Signalen, die sie austauschen, einer Art rhythmischem Tanz folgen. Gewöhnlich legt das Baby den Rhythmus fest durch die Art, wie es die Mutter ansieht, sie anstrahlt, Arme und Beine nach ihr ausstreckt und sich dann still zusammenkauert. Betrachtet man die Augen bei verlangsamtem Bandtempo, erkennt man den übergangslosen Wechsel zwischen wachem Interesse an den Versuchen der Mutter, mit ihm zu spielen, und dem leeren Blick, wenn es sich aus dem Geschehen ausblendet. Oft sieht es fort, um sich von den intensiven Blicken der Mutter zu »erholen«. Aufmerksamkeit und »Abschalten« wechseln sich in einem unauffälligen, aber eindeutigen Rhythmus ab, als müsse das Kind sein zartes, noch nicht ausgereiftes Herz-Lungen-System vor Überlastung schützen. Da in eine Minute vier solcher Zyklen von Aufmerksamkeit und Teilnahmslosigkeit fallen, sind sie nur in Zeitlupe zu erkennen. In direkter Beobachtung sieht man ein ziemlich ruhiges, waches Baby, das die Mutter liebevoll anblickt und in einer Weise auf sie reagiert, die ein beglückendes Gefühl im Beobachter hervorruft.

Beobachtet man die Mutter auf dem Band, so stellt man fest, daß sie sich an dem Spiel von Aus- und Einblenden beteiligt. Zwar blickt sie das Kind meist an, folgt aber im Spiel mit ihm bestimmten Mustern – berührt es, zieht die Hand zurück und berührt es wieder, wobei sie das Kind häufig streichelt und tätschelt – in einem Rhythmus, den sie sich von dem Kind vorgeben läßt. Sie lächelt und vokalisiert in weitgehender zeitlicher Abstimmung mit dem Baby. Sie neigt den Kopf leicht nach vorne, wenn sie das Kind ansieht, und lehnt sich zurück, wenn sie sich ausblendet. Alle Rhythmen und Angebote der Mutter sind zeitlich auf die Aufmerksamkeitszyklen des Kindes abgestimmt. Ohne Zeitlupe ist auch bei der Mutter nur zu erkennen, daß sie ihr Kind zärtlich und ruhig anblickt und es mit »Spielen« unterhält, die auf Lautbildung oder Mienenspiel beruhen.

Diesen rhythmischen Zyklen von Aufmerksamkeit und Erholung liegt ein sehr wichtiges Kommunikationssystem zugrunde, ein sogenanntes »Feedback-System«. Wenn Mutter und Kind eingestimmt sind auf die Signale und Rhythmen des anderen, übermitteln sie einander nicht nur einfache Botschaften. Sie teilen sich auch mit, daß sie wirklich auf Tuchfühlung sind, und das Gefühl der Gleichzeitigkeit sagt ihnen: »Wir sind auf einer Wellenlänge.« Meine Kollegen und ich halten dies für die Grundlage der frühesten emotionalen Kommunikation des Kindes. Durch solches »Feedback« lernt das Kind die Welt, von der es umgeben ist, und sich selbst kennen. Der unmerkliche Rhythmus, dem Mutter und Kind folgen, kann jederzeit von einem der beiden verändert werden. Wenn das Kind ihn durch ein Lächeln wechselt, wird die Mutter wahrscheinlich zurücklächeln. So lernt das Kind etwas über die Wirkung des Lächelns – auf diejenigen, mit denen es zu tun hat, und auf sich selbst. Das gleiche gilt für die Lautbildungen und für das Ausstrecken der Arme; die Mutter wird jeweils auf ihre Weise reagieren. In diesem reziproken System gibt keiner die ganze Zeit den Ton an. Einmal ist es das Baby, ein andermal wieder die Mutter. Jederzeit kann einer der beiden den anderen zum Abschalten veranlassen. Das ist vor allem für das Baby wichtig, das wegen seines noch nicht ausgereiften Nervensystems in der Lage sein muß, der Mutter Einhalt zu gebieten, bevor es von zu vielen Botschaften der Mutter überfordert wird. So haben Mutter wie Kind Einfluß auf den Dialog. Das Kind lernt etwas über sich selbst und über die Wirkung, die es auf wichtige »andere« Figuren in seinem Leben hat. Die Mutter lernt, auf die offensichtlichen und die unauffälligeren Reaktionen ihres Kindes einzugehen.

Der Stil des Vaters

Wir haben festgestellt, daß der Vater ein anderes, aber ebenfalls vorhersagbares Verhaltenssystem mit dem Kind herstellt. Wenn das Kind drei bis vier Wochen alt ist, unterscheidet sich der väterliche Rhythmus deutlich von dem, den Mutter und Säugling entwickelt haben. Suzanne Dixon und Michael Yogman vom Child Development Unit am Boston Children's Hospital haben festgestellt, daß Väter ein spielerisches Verhalten bevorzugen und dazu neigen, das Kind »anzuheizen«, indem sie den vom Baby vorgegebenen Rhythmus erhöhen. In rhythmisch betonten Spielen berühren sie verschiedene Körperteile des Kindes, sprechen in schnelleren Rhythmen und scheinen dem Baby durch ihr übertriebenes Mienenspiel mitzuteilen: »Komm, spielen wir miteinander!« Das Kind betrachtet den Vater zunächst ruhig, bevor es sich auf das Spiel mit ihm einläßt. Dann zieht es die Schultern hoch, bekommt einen interessierten Gesichtsausdruck, lacht laut auf und hüpft schließlich ausgelassen in seinem Stühlchen auf und ab. Dies Verhalten ist so gut vorhersagbar, daß nach unseren Beobachtungen das Kind mit drei Monaten einen erwartungsvollen Blick bekommt, die Schultern hochzieht und sich in seinem Stühlchen nach vorn lehnt, wenn es die Stimme des Vaters hört. Es hat den Anschein, als wüßte es, daß die Gegenwart des Vaters diese besondere, spielerische Form der Kommunikation bedeutet. Umgekehrt lernen Väter rasch, die spielerische Einstellung an Gesicht und Körper des Babys abzulesen und in der erwarteten Weise auf sie zu reagieren. Auch wenn der Vater die primäre Bezugsperson ist, scheint das Kind ein spezielles Spielverhalten für ihn zu reservieren, während der Mutter eine Reihe sanfterer, ruhigerer, weniger aufgeregter Rhythmen vorbehalten sind. Diese vorhersagbaren Muster zeigen, wie wichtig für die Beteiligten solche Verhaltenssignale sind, die dem anderen sagen: »Du bist hier, und ich bin dir nahe.«

Ein leistungsfähiges System

Im Rahmen des Feedback-Systems lernt der Säugling sein Universum kennen. Er lernt, wer mit Zuneigung reagieren kann, er lernt, mit welchen Verhaltensweisen sich bestimmte Reaktionen hervorrufen lassen, und er lernt, daß er diesen beglückenden Interaktionsprozeß nach Belieben in Gang setzen kann. So erfährt er schon sehr früh, welche Möglichkeiten ihm als menschlichem Wesen offenstehen. Innerhalb dieses Systems dürfte er zum erstenmal erfahren, was es heißt, »geliebt zu werden«. Könnte ich den Vätern und Müttern dies nur zeigen, wenn sie zu mir kommen und mich fragen: »Woher weiß das Kind, daß es geliebt wird?«, so würden sie wohl wissen, was ich meine, wenn ich antworte: »Beobachten Sie es, und Sie werden es von ihm erfahren.« Denn Sie können es tatsächlich sehen und spüren, wenn diese rhythmische Interaktion stattfindet.

Dieses reziproke System ist der entscheidende Bereich der Eltern-Kind-Beziehung. Dazusein, wenn Sie gebraucht werden, und dem Kind zu zeigen, daß Sie für es sorgen – das ist Ihre Aufgabe auf der Elternseite des Kommunikationssystems. So kann Ihr Baby lernen, daß es geliebt wird. Ihr Lohn für eine so enge Kommunikation liegt darin, daß Sie »wissen«, wann Sie auf einer Wellenlänge mit Ihrem Baby sind. Der grundlegende Rhythmus von Aufmerksamkeit und Unaufmerksamkeit ist so zwingend, daß er Sie mitreißen wird. Das Kind wird auf jede Anregung von Ihnen so intensiv reagieren, daß Sie von einer großen Freude erfaßt werden bei seinem Lächeln, den Lauten, die es ausstößt, und seinem Zappeln. Schließlich wird es seine Reaktionen einstellen und abwarten, was Sie tun, als wolle es sagen: »Jetzt bist du an der Reihe.« Während solcher Spielphasen sind die Möglichkeiten, voneinander zu lernen, unbegrenzt.

In unserem Forschungsprogramm haben wir die Leistungsfähigkeit dieses Systems unter Beweis gestellt, indem wir es kurzzeitig außer Kraft gesetzt haben. Wir fordern die Eltern auf, ein völlig unbewegtes Gesicht zu zeigen, statt zu reagieren. Das Kind kann es einfach nicht glauben. Seine wiederholten und hartnäckigen Versuche, die Mutter oder den Vater wieder zu dem rhythmischen Spielverhalten zu bringen, zeigen, wie sehr es gelernt hat, sich auf das System zu verlassen. Es wird lächeln, glucksen, die Arme ausstrecken und sich in seinem Stühlchen weit nach vorne beugen, um die passive Mutter zu aktivieren. Nach etwa einer Minute wird sich das Kind schließlich abwenden und seine Hände betrachten oder versuchen zu schlafen, um sich der schmerzlichen Reaktionslosigkeit der Mutter zu entziehen. Da es gelernt hat, Spiel und Kommunikation zu erwarten, steht es der neuen Situation hilflos gegenüber. Deprimierte oder teilnahmslose Eltern können einen verheerenden Effekt auf einen Säugling haben.

Diese Reaktionen sind bei einem Kind von vier bis acht Wochen sehr ausgeprägt. Wenn die Mutter aus ihrer Teilnahmslosigkeit erwacht und wie üblich mit dem Baby spielt, verdoppelt dieses seine Reaktionen in offensichtlicher Freude. Mit anderen Worten, ein Säugling, der geliebt wird, erwartet von beiden Elternteilen eine bestimmte Art von Reaktionsbereitschaft, und wenn es diese nicht erhält, verfügt es über hervorragende Methoden, sich gegen die Enttäuschung zu schützen. Während dieser defensiven Phasen lernt es wichtige Mechanismen zur Bewältigung künftiger Enttäuschungen.

Ein anderes bedeutsames Element dieses intensiven Signalsystems ist die Fähigkeit der Eltern oder des Kindes, es abzuschalten. Nach meiner Überzeugung lernt ein Kind aus Grenzen ebensoviel über sich wie aus jedem anderen Aspekt seiner Welt. Wäre es ständig und ohne Pause in dieses reziproke System eingetaucht, würde sein Tag sicherlich zu aufregend oder zu ereignislos und sogar langweilig sein. So sind die Grenzen des Systems ebenso wichtig wie die Tatsache, daß dieses System existiert. Das Baby lernt, daß es sich an einer solchen Phase intensiver Interaktion beteiligen kann, daß darauf aber notwendigerweise eine Trennung folgt. Diese Erfahrung der Trennung zeigt ihm, daß es ein selbständiges Wesen ist und allein zurechtkommen kann. Das System fördert die Entwicklung des Kindes ebenso, wie es die Enttäuschung über seine Unterbrechung und die Erfahrung, sich selbst überlassen zu sein, tun. Nach meiner Meinung gehört es zur Aufgabe der Eltern, dem Kind auch Gelegenheit zur Selbständigkeit zu geben. Wenn es die Arme nach einem Gegenstand ausstreckt und ihn tatsächlich ergreift, dann kann das noch befriedigender sein, als den Gegenstand ausgehändigt zu bekommen. Manchmal können Sie dem Kind Ihre Liebe also auch dadurch zeigen, daß Sie Grenzen setzen, Nein sagen oder es ihm überlassen, die Antwort zu finden.

Auf diese Weise lernen Kinder früh, wie es ist, zu lieben und geliebt zu werden. An Kindern, die geliebt werden, können wir auf den Krankenstationen des Children's Hospital diesen Rhythmus von Teilnahmslosigkeit und Interesse beobachten. Auch sein Gegenteil können wir feststellen – den starren, leeren, nicht rhythmisierten Blick des Kindes, das keine Liebe erfahren hat.

Bei solchen ein bis zwei Monate alten Kindern geht die Scheu vor Kommunikation Hand in Hand mit einem unstillbaren Bedürfnis nach Kontakt. An der Fähigkeit des Kindes, ein rhythmisches Auf und Ab von Interesse, Lächeln und Gurren aufzunehmen, erkennen wir, ob es zu Hause genügend Zuwendung erfahren hat.

Überempfindliche Säuglinge

Trotzdem gibt es Säuglinge, die sich gegen Zuwendung wehren. Wenn man versucht, sie vorsichtig zu wiegen, versteifen sie sich und biegen sich zurück. Läßt man sich dadurch nicht abhalten, sie zu wiegen, so kommt es zu einer Reihe erschreckter Körperreaktionen, die zu untröstlichem Weinen führen. Blickt man einem solchen Kind ins Gesicht oder spricht man mit ihm, so beugt es sich zurück, sieht ängstlich aus und wendet sich ab. Jeder Versuch, Kontakt zu einem solchen Säugling herzustellen, scheint zu negativen Reaktionen zu führen. Über lange Perioden des Tages weint er und ist nicht zu trösten. Soziale Reize scheinen in diesen Kindern nicht Teilnahme, sondern Teilnahmslosigkeit hervorzurufen. Was können Eltern tun, um Kontakt zu einem solchen Baby aufzunehmen? Fürsorgliche Eltern werden sich automatisch selbst die Schuld daran geben, daß es nicht klappt. Mütter haben mir gesagt, sie *wüßten*, daß es ihre Schuld sei. Dieses Gefühl der Schuld und Unzulänglichkeit kann sich steigern zu Hilflosigkeit und sogar Wut auf das Baby: Wird es mich jemals akzeptieren? Was mache ich falsch? Solche Gefühle rufen Angst hervor und veranlassen Eltern, ihre Anstrengungen zu verdoppeln, um näher an das Kind heranzukommen. Durch diese Anstrengungen fühlt sich das Kind noch stärker überfordert, so daß es sich noch auffälliger zurückzieht. Bei solchen Voraussetzungen kann sich auf beiden Seiten leicht das Gefühl einstellen, versagt zu haben – bei der Mutter das Gefühl, in dieser speziellen Rolle versagt zu haben, und beim Kind die Erwartung, nicht an andere heranzukommen zu können.

Um diesen Prozeß zu verstehen, haben wir auf der Wochenstation eine Gruppe von Kindern untersucht, die alle Merkmale dessen erkennen ließen, was wir als Überempfindlichkeit bezeichnen. Auf der lauten, überhellen Station lagen sie mit leerem Blick und *gefurchter Stirn*. Während wir sie betrachteten, schienen sie, obwohl augenscheinlich wach, fast hypnotisiert und völlig unzugänglich. Wenn man sie freundlich ansprach, berührte, ihnen etwas vorsang oder sie wiegte, sahen sie noch unglücklicher aus. Die Falten vertieften sich, der Blick wurde noch leerer, während sie eigensinnig an uns vorbeisahen. Versuchte man, eine »positive« Reaktion zu erhalten, verstärkte sich ihre Atmung und wurde tief und gleichmäßig. Ließ man nicht locker, wandten sie sich häufig ab. Gelegentlich litten sie an Blähungen oder Aufstoßen. Normale soziale Reize schienen für diese Säuglinge von Anfang an zuviel zu sein. Die Dinge, die Eltern in bester Absicht tun, um solche Kinder zu einer Reaktion zu verlocken, brachten sie nur dazu, sich zu versteifen, abzuwenden und in Teilnahmslosigkeit zu verfallen.

Diese Babys waren meist groß und mager, von etwas trockener Haut. Mit ihren hageren Gesichtern sahen sie aus wie kleine Greise. Aus nicht vorhersagbaren oder erklärbaren Gründen scheinen sie in der Gebärmutter nicht hinreichend ernährt worden zu sein. Obwohl solche Kinder nicht selten unterernährte Frauen, starke Raucherinnen, Alkoholikerinnen und Drogensüchtige zu Müttern haben, fehlen bei vielen der Babys einleuchtende Erklärungen. Die Mutter eines solchen Kindes gibt sich automatisch die Schuld an seinem Verhalten. Da viele der Säuglinge nicht untergewichtig sind (6 bis 6½ Pfund) und nicht frühreif, werden sie vom medizinischen Personal als normal behandelt, so daß die Eltern auch ein normales Verhalten von ihnen erwarten. Solche Reaktionen sind aber nicht normal, und unbewußt ist das den Eltern klar. Die Ursachen dafür, daß es zu keiner liebevollen Interaktion kommt, liegen im Baby begründet. Die Eltern aber glauben, es liege an ihnen, und so sind alle Voraussetzungen für einen verhängnisvollen Anfang gegeben.

Als uns klar wurde, daß diese Kinder schon als Neugeborene

eine Art Überempfindlichkeit an den Tag legten, verstanden wir auch andere Verhaltensweisen, die wir an diesen Kindern beobachteten. Schlechter als die meisten anderen ausgetragenen Kinder vermochten sie ihren Bewußtseinszustand zu kontrollieren. Diese anderen Kinder kamen langsam aus dem Schlaf und waren dann eine Zeitlang interaktionsfähig. Sogar wenn sie weinten, waren sie vorübergehend zugänglich für eine Stimme oder für das Gefühl, auf dem Arm gehalten und gewiegt zu werden. Sie vermittelten einem das Empfinden, daß man das Richtige getan hatte.

Anders dagegen die überempfindlichen Säuglinge! Entweder schliefen sie oder verharrten in einem teilnahmslosen, stumpfen Zustand oder brachen übergangslos in Weinen aus. In allen drei Zuständen waren sie unzugänglich. Die Phasen, in denen sie sich für ihre Eltern zugänglich und reaktionsbereit zeigten, waren kurz und unregelmäßig. Bevor der Vater oder die Mutter ein Feedback-System für eine Interaktion herstellen konnte, entzogen sie sich durch Schreien oder einen finsteren Schlaf jedem weiteren Zugriff. Man wurde nicht glücklich mit diesen Neugeborenen! Wenn sie gefüttert wurden, aßen sie gierig, gaben die Nahrung aber häufig wieder von sich. Versuchte man, während des Fütterns mit ihnen zu spielen, kam es zu einer heftigen Reaktion ihres Magendarmtraktes. Einige hatten Koliken und Durchfall. Von den ersten drei Wochen an taten sie buchstäblich nichts anderes, als zu schlafen, zu essen und während langer Phasen untröstlich zu weinen. Das dauerte an, bis sie mindestens zwölf Wochen alt waren.

Als wir sie untersuchten und ihren unglücklichen Eltern zuhörten, gewannen wir eine neue Vorstellung von der Pflege, die sie brauchten. Um sie nicht gleich zu verschrecken, durfte man immer nur eins: entweder sie *nur* berühren oder *nur* auf dem Arm halten oder *nur* ansehen oder *nur* mit ihnen reden, nicht aber alles auf einmal. Wenn wir uns auf ein solches Kind einstellten, indem wir den Rhythmus, die Qualität und die Intensität des Reizes reduzierten, so daß er nicht nur liebevoll, sondern auch gedämpft war, so konnten wir erkennen, daß sich das Baby nach anfänglichem Zittern und Versteifen entspannte und sich mit leiser werdendem Weinen dem Reiz zuwandte, um ihn aufzunehmen. Zwar war die Reaktion äußerst schwach und kaum wahrzunehmen, doch war sie nicht mehr ausweichend oder negativ. Es war zu erkennen, daß das Baby einen Reiz zur Zeit verkraften konnte, aber auch nicht mehr als einen. Und selbst dieser mußte in seiner Intensität so weit gedämpft werden, daß er die enggezogenen Grenzen dieser Kinder nicht überschritt. Wir hatten einen Weg gefunden, engeren Kontakt zum Kind herzustellen, ohne es sogleich zu verschrecken! Als wir begriffen, welch ungewöhnlich niedrige Reizschwelle diese Kinder haben und welche Anstrengungen es sie kostet, ihre Reaktionen auf einen solchen Reiz zu organisieren, verstanden wir sie allmählich besser. Wir sahen, daß das Kind langsam zur Ruhe kam und auf einen auditiven *oder* visuellen *oder* taktilen Reiz reagieren konnte – auch auf den kinästhetischen Reiz, im Arm gehalten und gewiegt zu werden. Es konnte aber jeweils nur auf einen Reiz zur Zeit reagieren, wollte es nicht überreagieren und jenes Maß an Organisation verlieren, das es so schwer aufrechtzuerhalten vermochte.

Nachdem wir angefangen hatten, diese Säuglinge zu verstehen, konnten wir ihr überempfindliches, zu Überreaktionen neigendes Verhalten auch den Eltern deutlich machen. Statt sich angesichts ihrer Kinder hilflos und unfähig zu fühlen, können sie ihr Verhalten ändern, sehr viel ruhiger werden, die Reizmenge in der Umgebung eines solchen Kindes reduzieren und insgesamt sehr viel gedämpfter mit ihm umgehen. Manchmal hilft Wickeln. Auch ein Schnuller oder Daumenlutschen kann ihnen helfen, sich besser in die Gewalt zu bekommen. Es empfiehlt sich, sie in einem ruhigen, abgedunkelten Raum zu füttern, in dem möglichst alle Reize ausgeschaltet werden können. Ein regelmäßiger Tages- und Nachtrhythmus und die Vermeidung von zuviel Aktivität tun diesen Kindern und ihren Eltern gut.

Die überempfindlichen Säuglinge bilden ein Extrem des Spektrums schwer zu verstehender Kinder. Für den Umgang mit ihnen brauchen die Eltern viel Einfühlungsvermögen. Eltern, die ein süßes, ruhiges, leicht ansprechbares Baby erwartet hatten, müssen ihren Rhythmus, das Reizvorkommen in der Umgebung des Kindes, ihren gesamten Tages- und Nachtrhythmus umstellen, um den Bedürfnissen dieser Säuglinge gerecht zu werden. Das ist eine schwere Aufgabe. Es kann sehr mühsam sein, solchen Kindern beizubringen, wie sie Reize aufnehmen und auf sie reagieren können, ohne die Gewalt über sich zu verlieren. Doch wenn ein solcher Säugling im Laufe der Zeit zugänglicher wird und lernt, mit seiner Umwelt fertigzuwerden, so ist er auf erfolgversprechendem Weg.

Gelingt es nicht, schon im Säuglingsalter engeren Kontakt zu einem solchen Kind herzustellen, so wird es wahrscheinlich mit den gleichen überempfindlichen Reaktionen aufwachsen, mit denen es geboren wurde. Wenn es beispielsweise bei jeder Information aus der Umwelt zusammenfährt und sich abwendet, weil sie für sein empfindliches Nervensystem zuviel ist, dann wird es nicht lernen, solche Information zu integrieren. Das aber ist eine wichtige Voraussetzung für seine Entwicklung. Die Familie versteht dieses »Abwenden« als Hinweis darauf, daß sie versagt hat. Statt zu prüfen, mit welchen Reizen das Kind etwas anfangen kann, haben die Eltern nur den ganz natürlichen Wunsch, möglichst vollkommen zu sein. Sie spüren, daß in der Beziehung zu ihrem Kind etwas nicht stimmt, und ziehen sich in ihrer Sorge von ihm zurück. Dadurch, daß sie sich abwenden, geben sie dem Kind aber immer weniger Gelegenheit, den Umgang mit seinem überempfindlichen Nervensystem zu lernen. Neben dem Mangel an Gelegenheiten zur Interaktion ist auch die Unfähigkeit zu beobachten, Freude an solchen Interaktionen zu finden, wenn sie doch stattfinden. Die Enttäuschung der Eltern überträgt sich auf das Kind. Fast zwangsläufig werden sie es so behandeln, daß es sich wie ein Versager vorkommen muß. In seinem Verhalten wird sich diese Erfahrung des Mißerfolgs spiegeln. Alles, was es macht, wird dazu angetan sein, in seiner Umgebung Unzufriedenheit und Mißvergnügen hervorzurufen. Es wird überreagieren, weinen oder sich abwenden. Später wird es ungeschickt oder provozierend reagieren. Es wird die Möbel beschädigen und scheinbar gleichgültig darüber hinweggehen. Es wird durch sein Verhalten mehr Mißbilligung als Anerkennung bei den Eltern ernten. Die Erwartung zu versagen beginnt im Säuglingsalter und wird von den Eltern verstärkt, deren Liebe und Fürsorge erfolglos bleiben. Es entwickelt sich ein Mißerfolgssystem. Das läßt sich nur verhindern, wenn man die Mechanismen des Nervensystems überempfindlicher Säuglinge versteht. Auch für Eltern mit den besten Absichten sind dies schwierige Babys.

Bei jedem Säugling ist die Hauptaufgabe der Eltern, eine liebevolle Umgebung herzustellen, die sich den individuellen Rhythmen und Reaktionen des Kindes anpaßt, so daß es die entscheidenden Grunderfahrungen mit sich selbst machen kann. Eingehüllt in dieses nährende Medium (*Liebe* genannt), für das (liebevolle) Eltern sorgen, wird es lernen, wie es reagieren und interagieren muß, um sich wieder in die Gewalt zu bekommen, wenn es überreagiert. Das ist für beide Teile keine leichte Aufgabe. Glücklicherweise führt solche liebevolle Zuwendung bei den meisten Babys zu intensiven Reaktionen. So merken die Eltern, daß sie auf dem richtigen Weg sind, und fühlen sich für ihre Mühen belohnt.

Ein Mensch fühlt sich nur geliebt, wenn er sich selbst liebt. Dazu muß er das sichere Gefühl haben, selbständig zu sein, Frustration ertragen zu können und in der Lage zu sein, die festen Grenzen einer liebevollen Umgebung zu verinnerlichen. Deshalb müssen Eltern, die ihr Kind lieben, auch eine Vorstellung von solchen Grenzen vermitteln. Das wird einem nur so lange als negative Botschaft erscheinen, bis man begreift, daß man dem Kind auf diese Weise hilft, *alles* über sich und seine Welt zu erfahren. Das Kind muß lernen, daß es geliebt wird, aber daß Eltern auch manchmal sagen müssen: »Jetzt bist du zu weit gegangen.« Dem Kind diese Erkenntnis zu vermitteln – auch das ist Liebe.

Kapitel 3
Ängste von Kleinkindern

Die Äußerung von Ängsten kann bei Kindern ein Hilferuf sein. Sie berühren eine empfindliche Saite in den Eltern und rufen im allgemeinen eine tröstliche Reaktion hervor. Wiederholen sich solche Äußerungen auffällig häufig, so können sie auf eine tieferliegende Unsicherheit des Kindes verweisen. Unter Umständen müssen dann unnötige Zwänge und Belastungen von dem Kind ferngehalten werden. So dienen die Ängste von Kindern einem doppelten Zweck.

Ängste und Ängstlichkeit sind normaler Bestandteil der Kindheit. Sie bringen das Abhängigkeitsbedürfnis des Kindes zum Ausdruck und kommen vor allem in bestimmten Entwicklungsphasen des Kindes vor. Fast immer sind sie Begleiterscheinungen besonders rascher Fortschritte in einem oder mehreren Entwicklungsbereichen – auf geistigem, emotionalem oder motorischem Gebiet.

Angst vor Fremden

Die ersten Ängste eines Kindes können sich als erhöhte Scheu vor Fremden äußern – eine Empfindlichkeit, mit der zu bestimmten Zeitpunkten während des ersten Jahres zu rechnen ist. Ein Gipfel dieser Scheu und Angst vor Fremden wird erreicht, wenn der Säugling lernt, die wichtigen Menschen in seinem Leben zu erkennen. Mutter von Vater zu unterscheiden und die beiden von »anderen« ist eine wichtige Aufgabe für den Säugling, und er nimmt sie früh in Angriff. So haben beispielsweise unsere Forschungsarbeiten an der Child Development Unit des Bostoner Children's Hospital (unter Beteiligung von Michael Yogman, Suzanne Dixon, Heidelise Als und Edward Tronick) ergeben, daß Kinder im Alter von vier bis sechs Wochen ihren Vater erkennen und sich ihm gegenüber anders verhalten als der Mutter oder Fremden gegenüber. Bereits in diesem Alter vermögen sie also Fremde zu erkennen. Bis zum Alter von vier Monaten wächst ihre Scheu vor allen Menschen, die nicht Mutter oder Vater sind. Sie versuchen engen Kontakt mit Außenstehenden zu vermeiden. Sogar ein vertrauter »anderer« kann Angst hervorrufen. In diesem Entwicklungsstadium zeigt das Kind auch ein waches Bewußtsein für alle neuen Dinge in seiner Umgebung. Alle visuellen und akustischen Eindrücke scheinen plötzlich an Bedeutung zu gewinnen. Dieser geschärfte Sinn für Neues ist Begleiterscheinung eines wohlbekannten kognitiven Entwicklungssprungs, der mit vier Monaten erfolgt.

Man hat mir zum Beispiel oft berichtet, daß vier Monate alte Kinder eine Tante oder einen Onkel lange und sorgfältig betrachten. Nach dieser gründlichen Überprüfung beginnen sie untröstlich zu schreien, wenn sie von dem vertrauten »Fremden« auf den Arm genommen werden. Sie hören erst auf zu schreien, wenn die Mutter oder der Vater sie auf den Arm nehmen. Ist das »Angst« bei dem Säugling? Jedenfalls zeugt das Verhalten von einem erwachenden Empfinden für kleine, aber wichtige Unterschiede. Blikken ihm in diesem Alter die Großeltern, an die es gewöhnt ist, ins Gesicht, bricht es in lautes Protestgeheul aus.

In der Praxis erlebe ich es, daß mich fünf Monate alte Kinder über den Schreibtisch hinweg anlachen, daß sie aber in verängstigtes Weinen ausbrechen, wenn ich ihnen zu nahe komme. Das scheint mir zu zeigen, daß mit fünf Monaten Blick- und Hautkontakt wichtiger sind als früher. Der Säugling reserviert ihn jetzt für ganz wichtige und vertraute Personen wie Mutter und Vater. Diese »Angst« tritt zu einem Zeitpunkt in Erscheinung, da das Empfinden des Kindes für Unterschiede und ihre Bedeutung einen neuen Höhepunkt erreicht.

Auf diesen ersten Gipfel folgt eine Phase noch heftigerer Fremdenangst mit acht Monaten. In diesem Alter haben Kinder in der Regel eine Scheu vor allen fremden Orten und den meisten fremden Menschen. Solange das Baby sich an die Mutter klammern und sein Gesicht in ihrer Kleidung verbergen kann, vermag es die neue Situation zu ertragen. Doch nimmt man es aus den Armen der Mutter, oder zeigt man sich als Fremder zu plötzlich, ist kein Halten mehr. Das laute Geräusch eines plötzlichen Lachens oder die direkte Konfrontation eines Blickkontaktes in einer fremden Situation lösen ein schützendes Geschrei aus. Dieses zweite Stadium der Ängstlichkeit begleiten ein geschärftes Bewußtsein für die vertraute Umgebung und die neue Fähigkeit, diese Umgebung zu erforschen. Das Baby lernt gerade zu krabbeln, selbst umherzulaufen, den sicheren Schutz der Mutter zu verlassen. Für solche Entdeckungsreisen scheint es eine gleichbleibende Umgebung zu brauchen; jede Veränderung bedeutet in dieser Zeit eine Überforderung. Es macht sich immer mehr vertraut mit dem Begriff der »Objektpermanenz«. Mit anderen Worten, wenn Dinge oder Menschen außer Sicht sind, hören sie nicht auf zu existieren und können wiedergefunden werden. Das Kind lernt, daß es der Mutter um die Ecke folgen kann. Seit kurzem hat es einen gewissen Einfluß darauf, ob vertraute Personen und Dinge verschwinden oder nicht. Diesen Einfluß möchte es in vertrauter Umgebung mit vertrauten Personen ausüben. Neue Situationen und neue Menschen gefährden diese Einflußnahme. Harriet Reingold aus North Carolina hat darauf hingewiesen, daß ein Kind nicht ängstlich wird, wenn es selbst bestimmen kann, wann und wie es sich einem Fremden nähert. Nur wenn ihm diese Entscheidung dadurch aus der Hand genommen wird, daß die Annäherung von dem Fremden ausgeht, zeigt das Kind Angst und Furchtsamkeit. Die rasche kognitive Entwicklung des Kindes und sein Wunsch nach Einflußnahme machen es anfälliger für die Angst vor Veränderung, vor Fremden und vor fremden Situationen.

Ist das Kind etwa ein Jahr alt, sorgen die gleichen Störungen des Gleichgewichtes für neue Unruhe. Einige Monate lang war es durch Fremde und durch unbekannte Situationen möglicherweise nicht aus der Ruhe zu bringen. Doch wenn es sich aufrichtet, laufen lernt und anfängt, im Haus umherzurennen, reagiert es erneut auf jede Veränderung empfindlich und ängstlich. Es mag nicht in eine fremde Wohnung mitgenommen werden. Von seinen Eltern abgesehen, läßt es keine Erwachsenen an sich heran. Die Eltern dürfen sein Blickfeld nicht verlassen. Gehen sie in ein anderes Zimmer oder wenden sie ihm den Rücken, bricht es in Tränen aus. Es ist keine Überraschung, daß sein Sinn für »Personenpermanenz« mit seiner neuen Mobilität zugenommen hat. Auch in diesem Alter scheint sich hinter den »Ängsten« des Kindes das Problem der Kontrolle und Einflußnahme zu verbergen. Das Kind möchte derjenige sein, der fortgeht, derjenige, der das Zimmer verläßt oder den anderen den Rücken kehrt. Die Erkenntnis, daß die Situation beeinflußt werden kann, gibt dem Kind die Möglichkeit zu entscheiden: Soll ich fortgehen? Soll ich meine Eltern gehen lassen? Wenn es diese Möglichkeit der Kontrolle verliert, sieht es offensichtlich die neu entdeckten motorischen Fertigkeiten und die damit verbundenen kognitiven Errungenschaften gefährdet.

Angesichts solcher Probleme tagsüber kann man nachts mit Unruhe rechnen. Unter Umständen wird das Kind in diesem Alter zwei- bis dreimal in der Nacht aufwachen und schreien. Noch halb im Schlaf steht es im Bettchen und schluchzt, als hätte es einen bösen Traum gehabt.

Der unruhige Schlaf dieses Stadiums hat gute Gründe. Die neuen Fertigkeiten setzen das Kind einer Fülle von Erlebnissen aus, die es nur schwer verarbeiten kann. Die Frustrationen des Tages äußern sich auch nachts, und die Ängste sind Hilferufe. Nächtliche Angstzustände am Ende des ersten Lebensjahres sind eine normale Reaktion auf die Aufregungen, die das Erlernen so vieler neuer Dinge mit sich bringt.

Unruhe im zweiten Jahr

Einen neuen Höhepunkt erreichen diese Ängste am Ende des zweiten Lebensjahres oder in der ersten Hälfte des dritten. Das Kind kann plötzlich Furcht vor lauten Geräuschen haben – Feuerwehrwagen, Staubsaugern, Waschmaschinen. Lautes Gelächter eines alten Familienfreundes kann es aus der Fassung bringen. Wird es unversehens mit einer neuen Situation konfrontiert, so führt das möglicherweise zu einer Schreckreaktion statt zu dem üblichen Wutanfall. Betrachten wir wieder die zugrundeliegenden Mechanismen.

Besonders ausgeprägt ist die Unruhe im Alter von zwei bis zweieinhalb Jahren. Das Kind ist hin- und hergerissen zwischen Ja und Nein, rein oder raus, »Soll ich?« oder »Soll ich nicht?« Häufig interessiert es niemanden in der Umgebung des Kindes, für welche Alternative es sich entscheidet, für das Kind aber ist es von höchster Bedeutung – von so großer Bedeutung, daß es mit seiner Unruhe nicht fertig wird. Laute Geräusche und plötzliche Veränderungen bringen ihm plötzlich die innere Unruhe zu Bewußtsein, die es spürt und auf die es so wenig Einfluß hat. Protestgeschrei ist eine Möglichkeit, sich Hilfe zu verschaffen. Wutanfälle sind in solchen Zeiten ein Mittel der Erleichterung. Ein extravertiertes Kind, das sich mit Wutanfällen erfolgreich Ausdruck verschafft hat, kann diese Anfälle auch dazu benutzen, seine Angst zu äußern. Ein stilles, introvertiertes Kind wird seine Angst sicherlich weniger kraß zum Ausdruck bringen und die Unterstützung der Erwachsenen auf zurückhaltendere Weise suchen. In beiden Fällen kommen die Ängste völlig überraschend für die Eltern. Sie müssen als natürlicher Bestandteil der neuen Entwicklungsphase hingenommen werden.

Wenn sich die Ängste zu zeigen beginnen, müssen die Eltern die Situation richtig einschätzen und entsprechend reagieren. Beim extravertierten, seine Stimmungen aggressiv zum Ausdruck bringenden Kind finden die Ängste wahrscheinlich mehr als ein Ventil. Es wird mit seiner Unruhe alleine fertig werden. Wenn das Kind hingegen zur stillen Sorte gehört, die Schwierigkeiten hat, Gefühle und Stimmungen zum Ausdruck zu bringen, können die Ängste für die Eltern eine Gelegenheit sein, dem Kind zu helfen, mehr aus sich herauszugehen, seine Gefühle offener zu äußern.

Ängste und Aggression

Mit dreieinhalb bis vier Jahren begleiten Ängste den Beginn normaler Aggression. Bei den meisten Kindern gehören aggressive Gefühle zum Prozeß des Älterwerdens und zur Erprobung der eigenen Möglichkeiten. Der Psychoanalytiker Erik Erikson hat beschrieben, wie aggressive Gefühle mit vier bis fünf Jahren zutage treten. Doch bevor sie eingestanden oder ausgelebt werden können, stauen sie sich im Inneren. Das Kind erlebt komplizierte Gefühle, wenn es eine Spielzeugwaffe sieht oder sich vorstellt, es verwende eine. Wenn es jemanden schlagen möchte, das aber nicht wagt, stehen ihm nicht allzu viele Möglichkeiten zur Verfügung, diese immer wieder aufkommenden Gefühle zu bewältigen. Ängste helfen ihm, sie unter Kontrolle zu halten. Selma Fraiberg hat in ihrem wundervollen Buch *Die magischen Jahre in der Persönlichkeitsentwicklung des Vorschulkindes* * für Eltern beschrieben, wie diese Ängste bei drei- bis sechsjährigen Kindern entstehen und wie sie sich entwickeln. Allen Eltern von Kindern dieser Altersgruppe sei dieses Buch ans Herz gelegt. Ein Beispiel aus meiner Praxis mag diese Art von Ängsten erläutern: »Mein Dreieinhalbjähriger hat plötzlich vor allem Angst. Er fürchtet sich vor der Feuerwehr und vor lauten Geräuschen. Besondere Furcht empfindet er vor der Dunkelheit und vor dem Zubettgehen, wenn er allein ist. Wenn mein Mann und ich das Haus verlassen, muß er wissen, wohin wir gehen, warum und mit wem wir zusammensein werden – und ich kann ihm das gar nicht oft genug erzählen. Es erinnert mich an die Angst, die ich als Halb-

* Reinbek, 1972 (Rowohlt TB).

wüchsige hatte, wenn ich allein zum Tanzen oder auf eine Party mußte. Er scheint sich dann von uns verlassen zu fühlen. Ist das normal? Was muß ich tun, damit er nicht so unglücklich ist?«

Während Mrs. Holmes das mit besorgter Miene berichtete, betrachtete Alfred sie bekümmert aus großen grauen Augen. Bevor sie auf dieses Thema zu sprechen kam, hatte er im Sprechzimmer lautstark und heftig gespielt. Nachdem er zunächst Lastwagen hatte ineinanderkrachen lassen, hatte er einen Meterstab geschultert, als wäre er ein Gewehr. Fast im Paradeschritt marschierte er durchs Sprechzimmer, wobei er sich mit einem »Eins, zwei, eins, zwei« so laut begleitete, daß wir ihn um Ruhe bitten mußten. Als ich ihn bei seinem militärischen Spiel beobachtete, mußte ich an ein Gespräch denken, das ich einmal mit seinen Eltern gehabt hatte. Es war um die Frage gegangen, ob man Jungen mit Waffen spielen lassen soll. Mr. und Mrs. Holmes waren Pazifisten und wollten auf keinen Fall, daß Alfred Waffen oder Spielsachen hatte, in denen sich Aggression symbolisierte. Ich bemerkte Mrs. Holmes' Verlegenheit, als sie Alfreds Spiel unterband, weil sie es als Angeberei mir gegenüber verstand. Entschuldigend meinte sie: »Er muß es aus dem Fernsehen haben.«

Ich erinnerte mich, daß Alfred, der ein kesser, lauter Junge ist, vor diesem ziemlich provozierenden Verhalten »Hallo, Doktor!« gerufen hatte, als er mich sah, und dann fröhlich in das Sprechzimmer gelaufen war, um die Spielzeugecke in Angriff zu nehmen. Sein Gruß war so fröhlich und offen gewesen, daß ich ihn kaum als »gestört« ansehen konnte. Sein Verhalten ließ sich am ehesten so verstehen, daß er sich über das aggressive Spiel mit den Gefühlen auseinandersetzte, die er in der Praxis des Arztes hatte, wo er sich preisgegeben und schutzlos fühlte. Mir war klar, daß sich unter seiner aufgesetzten Keckheit eine Angst verbarg, die unter den gegebenen Umständen normal war.

Routineuntersuchungen sind für mich, wenn sie nicht mit Injektionen oder anderen traumatischen Ereignissen verbunden sind, stets günstige Gelegenheiten festzustellen, wie sich das Kind verhält. Da der Besuch beim Arzt immer eine Streßsituation darstellt, beobachte ich, ob das Kind nervös oder besorgt ist, wenn es das Sprechzimmer betritt, und wie es mit der völlig natürlichen Angst fertig zu werden versucht, die ihm diese Situation einflößt.

Meine kleinen Patienten wissen, daß ich sie mag und daß ich am Ende jedes Besuchs eine Belohnung für sie bereithalte. Aber sie wissen auch, daß ich ihre Eltern nach ihnen fragen werde – und sie sind unruhig bei dem Gedanken an das Gespräch, das die Erwachsenen über sie führen werden. Gewöhnlich hören sie aufmerksam auf das, was ihre Eltern mir erzählen. Alles, was »falsch« ist, wird in ihrer Vorstellung rasch mit »böse« gleichgesetzt, und wenn sie krank sind oder ein anderes körperliches Problem haben, dann sind sie der Überzeugung, daß ich sie für ungezogen halte. Von Zeit zu Zeit muß ich ihnen versichern, daß ich ganz und gar nicht dieser Meinung bin.

Sie wissen auch, daß sie sich ausziehen müssen und untersucht werden. Ob sie das für schmerzhaft halten oder nicht, ist nicht der entscheidende Punkt. Auf jeden Fall halten sie es für einen Übergriff und für ein Eindringen in ihre Privatsphäre. In Alfreds Alter haben sie darüber hinaus Angst, daß ich etwas finden könnte, was nicht in Ordnung ist, und es »reparieren« müßte. Natürlich verbinden sie mit dem Besuch beim Arzt »eine Spritze zu bekommen«, und natürlich haben sie Angst, daß ihnen weh getan wird. Üblicherweise konzentriert sich die Besorgnis der Kinder auf die Frage, ob sie eine Injektion bekommen, und immer wieder lautet die erste Frage, wenn sie mein Sprechzimmer betreten: »Muß ich eine Spritze haben?« Ob sie sich beruhigen und wie lange sie dazu brauchen, nachdem ich ihnen versichert habe, daß keine Spritze erforderlich ist, gibt mir einen Anhaltspunkt für die Angst, die sie im allgemeinen angesichts von Streßsituationen empfinden.

Ich suchte bei Alfred nach Anzeichen für Angst, als er sich auszog, und versuchte festzustellen, wie abhängig er war, ob er bereit war, seiner Mutter von der Seite zu weichen, und wie er meine beruhigenden Worte hinsichtlich der bevorstehenden Untersuchung aufnahm. Das schien ihm alles nicht viel auszumachen. Voller Vertrauen ließ er sich von mir auf den Untersuchungstisch heben. Ruhig legte er sich hin und zuckte nicht zusammen, als ich ihn untersuchte. Sogar als ich seine Unterhose herunterzog und seine Genitalien untersuchte, schien ihm das nichts auszumachen.

Alfred war überhaupt nicht aufgeregt, das merkte ich. Er schien grenzenloses Vertrauen zu mir zu haben. Unabhängigkeit und Abhängigkeit von der Mutter standen in einem vernünftigen Gleichgewicht. Ich fand, daß er ein unbeschwertes Kind war und keine außergewöhnliche Angst empfand. So hatte ich keine Schwierigkeiten, Mrs. Holmes ihre Sorgen auszureden und sie davon zu überzeugen, daß sie als Mutter nichts falsch machte.

Mir fiel jedoch auf, daß in den Fragen, die mir Mrs. Holmes gestellt hatte, eine Besorgnis über Ängste anklang, die alle Kleinkinder erleben. Um zu verhindern, daß sie Alfreds Ängste unnötig verstärkte, schien es mir geboten, ihr zu erklären, was sich hinter diesen Ängsten verbirgt.

Ich versuchte ihr zu erläutern, daß Alfreds Ängste eine Phase seines Lebens bezeichneten, in der er eine Fülle von Erkenntnissen über sich selbst gewann. Er lernte, was es heißt, aggressive Gefühle zu haben. Diese Entwicklungsphase verlangt von einem Kind eine besondere Anpassungsleistung. Wie soll es lernen, seine Aggressionen unter Kontrolle zu halten? Die Erfahrungen, die das Kind in dieser Zeit mit sich selbst macht, kosten ihren Preis. Sobald es sich seiner neuen Gefühle bewußt wird, gerät das innere Gleichgewicht aus den Fugen, und es kann zeitweilig überempfindlich auf Dinge und Ereignisse in seiner Umgebung reagieren. Die gesteigerte Empfindlichkeit kann sich in Form von Furchtsamkeit oder auch konkreten Ängsten äußern. Sie sind ein Ausdruck der normalen Unruhe, die sich einstellt, wenn sich die Vorstellungen des Kindes verändern und es sich seiner aggressiven Gefühle bewußt wird. Wenn ein Kind Ängste äußert, so bittet es unter Umständen die Menschen in seiner Umgebung um Hilfe – sie sollen ihm helfen zu erkennen, wo die Grenzen dieser neuen Gefühle liegen, aber auch, wo die Grenze seiner Fähigkeit liegt, die Situation zu bewältigen.

Diese Aufgabe, so erklärte ich Mrs. Holmes, erfüllten die Ängste für Alfred – sie halfen ihm, seine Aggression unter Kontrolle zu bringen. Ich versicherte ihr, Alfred wäre ein aufgeschlossener kleiner Junge, der mir gegenüber unbefangen und keß war, seine aggressiven Gefühle an Spielsachen und an seinen Brüdern ausließ – oder indem er ihr, der Mutter, gegenüber unartig war. Doch der emotionale Preis in Form der Schuldgefühle, die sich daraus entwickelten, war hoch. Ein Eingeständnis der Schuldgefühle und des inneren Aufruhrs erschien zu gefährlich, deshalb äußerten sie sich mittels seiner Ängste. Die Angst erlaubte ihm die Regression in einen hilfloseren Zustand, mit dem er sich die ersehnte Aufmerksamkeit der Eltern verschaffen konnte. Damit projizierte er alle diese erschreckenden aggressiven Gefühle auf etwas außerhalb seiner selbst, woraufhin er vor der Aggression anderer in seiner Umgebung Angst haben konnte.

Ich konnte der günstigen Gelegenheit nicht widerstehen und bat sie, ihre Versuche, Alfreds aggressives Verhalten zu unterbinden, einzustellen, denn damit verstärke sie seine Ängste. Stöcke als Spielzeugpistolen zu verwenden ist eine natürliche Form aggressiven Spiels in diesem Alter, und ich war mir ziemlich sicher, daß sie mit dem Verbot solcher Spiele seine aggressiven Gefühle nur unterdrückte. Das wiederum mußte seine Ängste verstärken. Ich schlug ihr vor, sich zu überlegen, was für akzeptable aggressive Spiele es gab, die für ihn den gleichen Zweck erfüllen konnten – nämlich sich selbst kennenzulernen. Ängste, so konnte ich ihr versichern, waren von entscheidender Bedeutung für Alfreds Entwicklung.

Es besteht allerdings die Gefahr, daß Eltern auf einen solchen Hinweis überreagieren. Wie Mrs. Holmes neigen viele Eltern zu der Auffassung, daß sich in solchen Ängsten schwerwiegende Probleme spiegeln. Wenn sie auftreten, kann das Vertrauen der Eltern auf die gesunde Entwicklung des Kindes erschüttert werden, und das zu einem Zeitpunkt, da es dieses Vertrauen mehr als sonst braucht. Wenn die Eltern diese Ängste ernster nehmen als notwendig, verstärken sie sie möglicherweise. Dies gilt vor allem dann, wenn die Ängste des Kindes sie an eigene erinnern. Können sie indessen auf die Ängste verständnisvoll eingehen und sie auf ihren realen Kern reduzieren, wird das Kind sich in der Regel leicht beruhigen lassen. Doch wenn das Kind zuhört, ohne daß sich die Angst legt, sind die Eltern oft frustriert und verstärken damit die Furchtsamkeit des Kindes. Eltern, die sich in dieser Situation befinden, müssen sich klar machen, daß sie nicht die Aufgabe haben, ihrem Kind diese Konflikte zu ersparen, sondern ihm ein sicherer Halt zu sein. Die Heftigkeit der Ängste zeigt, wie wichtig die Mechanismen sind, die ihnen zugrunde liegen.

Die Auseinandersetzung mit Ängsten

Da Eltern spüren, daß die Ängste ihres Kindes auf heftige innere Konflikte oder Zwänge zurückgehen, neigen sie unter Umständen zu größerer Nachgiebigkeit. Sie lassen dem Kind zu viele Freiheiten und verwöhnen es. Das kann die Situation verschlimmern. Wenn das Kind nicht weiterhin die Sicherheit der gewohnten Grenzen spürt, bekommt es möglicherweise Angst vor sich selbst – vor seinem provozierenden und expressiven Verhalten. Grenzen können ihm helfen – auch wenn sie ihm im Moment nicht zusagen mögen –, die Probleme zu lösen, die sich hinter seinen Ängsten verbergen. Es bleibt zwar die Aufgabe des Kindes, mit seinen Ängsten fertigzuwerden, doch das gelingt ihm in der Regel besser, wenn es in seinen Eltern eine zuverlässige und tröstliche Stütze hat.

Unter Umständen müssen die Eltern sich der Angst des Kindes gemeinsam mit diesem direkt stellen, damit ihr Sohn oder ihre Tochter wieder genügend Selbstvertrauen findet. Wenn die Tochter beispielsweise Angst vor Hunden hat, dann muß man sie genauer über Hunde informieren. Vielleicht muß sie wissen, daß Hunde bellen, weil sie einen begrüßen, aber auch, weil sie einen auf Distanz halten wollen. Der Vater oder die Mutter könnte sagen: »Wir wollen mal zusammen versuchen, was über Hunde herauszufinden. Mal sehen, was ein Hund zu sagen versucht. Er wedelt mit dem Schwanz? Können wir wagen, ihn zu streicheln?« Das eigentliche Problem ist jedoch nicht kognitiver Natur. Das heißt, die Ängste werden wahrscheinlich nicht einfach verschwinden, wenn dem Kind einige Informationen über das angsteinflößende Objekt zugänglich gemacht worden sind. Das Kind muß genauso wissen, daß es in Ordnung ist, wenn es sich vor dem Bellen des Hundes fürchtet. Es muß wissen, daß es mit seiner Angst umgehen kann.

Nach der direkten Auseinandersetzung mit den Ängsten wird das Kind noch immer seine tieferliegenden Gefühle zu verstehen lernen müssen. Es ist kein Zufall, daß ein Kleinkind in einer Familie mit einem Neugeborenen Angst zu zeigen beginnt. Die Rivalität, in der es sich plötzlich zu dem neuem Kind befindet, weckt mit Sicherheit wütende und aggressive Gefühle. Sie werden sich als Ängste äußern, wenn das Kind versucht, alle negativen Gefühle in sich einzukapseln.

Die ödipalen Gefühle gegenüber dem Vater, die sich bei einem Jungen zwangsläufig einstellen, und die Rivalität, die das Mädchen von vier oder fünf Jahren der Mutter gegenüber empfindet, sind zu schmerzlich, als daß die Kinder sich direkt mit ihnen auseinandersetzen könnten. Statt dessen wird der Junge nachts von der Vorstellung heimgesucht, daß Ungeheuer im Schrank sitzen. Das kleine Mädchen wird im Bett hochschrecken, weil es träumt, daß Hexen kleine Mädchen verschlingen oder sie aus ihren Familien rauben. So verschaffen sich die Schuldgefühle, die verbotene Wünsche begleiten, ein Ventil. Sie werden auf »Ungeheuer« oder »Hexen« projiziert, vor denen einen die Eltern schützen können.

Ängste und aggressive Träume sind bei vier- bis sechsjährigen Kindern Ausdruck einer gesunden Entwicklung. Wenn Eltern sie gelten lassen und für Trost und Geborgenheit sorgen, können sie dem Kind helfen, diese Entwicklungsphase zu verarbeiten. Der Versuch, die Aggression des Kindes zu unterdrücken oder zu beseitigen, beruhte auf einem tragischem Mißverständnis. Jugendliche, die ihren Aggressionen freien Lauf lassen, sind in diesen frühen Jahren sehr häufig entsprechend unterdrückt worden. Viel besser ist es, dem Kind zu zeigen, wie es auf akzeptable

Weise mit aggressiven Gefühlen umgehen kann. »Hast du gesehen, wie Papa sich verhält, wenn er zornig oder wütend ist? Wenn er böse auf uns alle ist, geht er hinaus und mäht den Rasen, und dann fühlt er sich wieder besser.« Oder »Mami behält ihren Zorn hier drinnen, und das ist nicht gut. Wenn ich böse bin und dann darüber weg bin, sage ich: ›Tut mir leid‹, das ist dann sehr viel angenehmer für dich, und auch ich fühle mich besser.« Durch solche Äußerungen kann sich das Kind mit den Methoden identifizieren, die andere Familienmitglieder anwenden, um mit Wut und aggressiven Gefühlen fertigzuwerden. In diesem Alter kann der Sport als eine Möglichkeit zur Kanalisierung von Konkurrenzgefühlen außerordentlich wertvoll sein.

Richtlinien

Wenn ein Kind Angst hat, würde ich folgendes empfehlen:

1. Betrachten Sie die Ängste als Teil natürlicher Entwicklungssprünge. Bei einem älteren Kind können Ängste eine Begleiterscheinung der Anpassung an schulischen oder häuslichen Streß sein. Sie können auch in Zeiten auftreten, da das Kind versucht, Aggression oder Rivalitätsgefühle zu bewältigen. Wenn Eltern die Ängste ihrer Kinder auf diese Weise verstehen, dann werden sie sich von den Symptomen des Kindes weniger leicht in Schrecken versetzen lassen und die das Symptom begleitende Angst abbauen können.
2. Beruhigen Sie das Kind in Hinblick auf die eigene Person und (direkter) in Hinblick auf die gefürchteten Gegenstände. Versuchen Sie, sich ehrlich und direkt mit ihnen zu befassen, aber erwarten Sie davon keine Heilung. Letztlich soll das Kind die tieferen Gründe seiner Angst verstehen. Doch diese lassen sich nur schwer in Worte fassen. Oft sind sie leichter indirekt zum Ausdruck zu bringen – auf eine Weise, die dem Kind erlaubt, seine Aggression auszuleben oder seine Ängste und Rivalitätsgefühle zu verbalisieren. Wenn man ihm akzeptable Möglichkeiten zeigt, seine aggressiven Gefühle zu äußern, und

wenn man es in Hinblick auf diese Gefühle beruhigt, dann ist das für das Kind möglicherweise eine große Hilfe.

3. Verzichten Sie nicht auf Disziplin und Grenzen, aber machen Sie dem Kind erneut klar, warum die Grenzen erforderlich sind und daß sie gerade jene Gefühle unter Kontrolle halten, vor denen es unter Umständen Angst hat. Beglückwünschen Sie das Kind, wenn es ihm gelingt, sich an diese Grenzen zu halten, und zeigen sie Geduld und Verständnis, wenn es das nicht schafft. Machen Sie ihm klar, daß es sich um einen Lernprozeß handelt, der seine Zeit braucht. Kein Mensch lernt *gerne* solche Grenzen.
4. Zeigen Sie dem Kind akzeptable Möglichkeiten, negative oder aggressive Gefühle auszuleben. Sprechen Sie offen darüber, wie andere Familienmitglieder oder Freunde, die Ihr Kind schätzt, mit aggressiven Gefühlen umgehen. Machen Sie das Kind mit Sportarten oder anderen Verhaltensweisen vertraut, die akzeptable Ausdrucksformen solcher normalen Gefühle sind.
5. Helfen Sie dem Kind, sich zu äußern und zu verstehen, warum es solche negativen, wütenden und aggressiven Gefühle hat. Damit legen Sie unbezahlbare Kommunikationsmuster an, die Sie später zur Verständigung über unvermeidliche Entwicklungsschwierigkeiten, etwa in der Adoleszenz, nutzen können. Ängste lassen sich als Fenster verstehen, die den Blick freigeben auf die unvermeidlichen Phasen der Anpassung, durch die alle Kleinkinder hindurchmüssen.

Kapitel 4
Wenn ein Kind traurig ist

Wenn das Kind traurig ist, so ist das etwas ganz anderes, als wenn es weint. Weinen ist ein aktiver Zustand voller Protest, während Traurigkeit ein passiver, gedämpfter Zustand ist. Weinen kann vielen Zwecken dienen – es kann Wut sein, Protest, ein Hilferuf oder nur ein Ventil für all das, was sich im Laufe des Tages angesammelt hat (vgl. das Kapitel über Weinen in meinem Buch *Doctor and Child*). Wenn das Weinen vorüber ist, wird jemand reagiert und sich mit der Notlage befaßt haben, so daß sich alle Beteiligten besser fühlen. Das Leben kann wieder seinen normalen Gang gehen. Anders verhält es sich mit der Traurigkeit. Sie ist ein sehr viel dauerhafterer Zustand für das Kind. Es wird auf dieses Gefühl in der Regel mit einem Mindestmaß an Aktivität und Körperveränderungen reagieren. Die depressiven Gefühle äußern sich nicht von alleine und lassen sich auch nicht so leicht mildern. Da bei solchen Gefühlen keine sofortige Abhilfe möglich ist, wirken sie viel erschreckender auf Eltern. Diese neigen dann zu Überreaktionen, versuchen, das Kind aus seiner »Stimmung« herauszureißen, oder nehmen sie nicht zur Kenntnis. Alle diese Verhaltensweisen werden nur vorübergehende Besserung bringen. Denn Traurigkeit bedeutet bei einem Kind in der Regel einen dringenden Hilferuf.

Wie sollen Eltern solche Perioden der Traurigkeit beurteilen, und wie können sie dem Kind helfen, sich aus ihnen zu befreien? Zunächst einmal würde ich vorschlagen, den Zeitpunkt zu berücksichtigen. Fallen diese Perioden in einen Zeitraum, in dem es reale und verständliche Gründe für die Traurigkeit gibt? Gibt es

Ereignisse, die von dem Kind nur schwer zu verstehen oder zu bewältigen sind? Wenn dem so ist, dann sind die Aussichten schon sehr viel besser, dem Kind beim Verständnis der Gründe für seine Traurigkeit zu helfen.

Meine nächste Frage würde lauten: »Wie tief sitzen diese Zustände?« Ist das Kind völlig unzugänglich, oder ist es durch interessante Ereignisse aufzuheitern? Trifft ersteres zu, so zeigt das möglicherweise, wie tief das Kind betroffen ist. Doch auch wenn das Kind sich aufheitern oder aus seiner Stimmung reißen läßt, heißt das noch lange nicht, daß man diese Stimmung unbeachtet lassen darf. Sie kann durchaus einen Hinweis auf Vorgänge geben, die unsere Aufmerksamkeit verdienen.

Schließlich bleibt zu fragen, inwieweit diese Traurigkeit auch andere Lebensbereiche des Kindes ergreift, vor allem seine Beziehungen zu anderen Menschen. Nimmt sie ihm den Wunsch, mit seinen Freunden zu spielen, oder meiden die Freunde das Kind, weil es traurig ist? All dem kann man entnehmen, wie stark das Kind unter dem Eindruck der Traurigkeit steht, und man kann danach entscheiden, was in dem betreffenden Falle zu tun ist.

Trauer und Verlust

Meist ist Traurigkeit kein ernstes und kein dauerhaftes Symptom. Traurigkeit ist eine häufige Kindheitserfahrung. Eltern würden ihren Kindern solche Stimmungen gerne ersparen, aber das ist leider nicht möglich. Mit drei Jahren versteht das Kind bereits die Abwesenheit eines Elternteils, einer wichtigen Person aus seinem Leben oder eines Haustiers – ein Ereignis, welches das Kind sehr bekümmern kann. Die Einsamkeit und Niedergeschlagenheit, die auf eine Trennung folgen, sind durchaus vergleichbar mit den entsprechenden Empfindungen des Erwachsenen.

Kürzlich kam in meine Praxis ein dreieinhalbjähriger Junge, der einen klappriger, aber offensichtlich heißgeliebten Lastwagen an einer schon reichlich mürben Schnur hinter sich herzog. Als der Strick an der Türschwelle riß, begann das Kind zu weinen. Ich war betroffen von der Trauer in diesem Weinen. Es hatte nichts zu tun mit dem Protestgeschrei, das man hätte erwarten können. Ich teilte meine Beobachtung der Mutter mit, die mir zustimmte. Sie sagte: »Danny ist in letzter Zeit nicht mehr der alte. Seine Großeltern waren einen Monat hier. Sie haben sich so rührend um ihn gekümmert, daß die Welt für ihn zusammenbrach, als sie fortfuhren. Ein paarmal am Tag ist er in ihr Zimmer gegangen, um nachzusehen, ob sie wiedergekommen waren. Seine ›Lieblingsverwandten‹ nennt er sie. Mit ihrer Abreise hat sich sogar sein Gang verändert. Seine Fröhlichkeit und sein Schwung scheinen ihn verlassen zu haben. Ich bete, daß er endlich mal wieder einen Wutanfall hat. Er ist so unglücklich, daß ihn jedes Ereignis aus der Fassung bringt und er sich überhaupt nicht wehrt. Als die Katze ihn aus Versehen gekratzt hat, hat er genauso geweint wie jetzt. Dies traurige Weinen geht mir durch und durch; am liebsten würde ich mitheulen. Früher hätte er sich die Katze genommen und sie am Schwanz gezogen, um es ihr heimzuzahlen. Was kann ich für ihn tun? Ich möchte meinen alten Danny wiederhaben. Ich bin so besorgt, daß ich seine Großeltern noch nicht einmal zu erwähnen wage. Tue ich es doch, blickt er mich so vorwurfsvoll an, als hätte ich sie fortgeschickt. Das habe ich natürlich nicht. Sie fehlen mir auch.«

Wir sprachen über die positiven Aspekte aller dieser Vorgänge: Danny vermochte jetzt auch zu Menschen, die nicht seine Eltern waren, so feste Bindungen zu entwickeln, daß sie ihm wirklich fehlten. Hatte er noch andere schwerer wiegende Verluste erlebt? Die Mutter erinnerte sich, daß es ihn traurig gestimmt hatte, wenn der Vater auf Geschäftsreisen ging. Doch das hatte nie lange gedauert, und die Mutter hatte diese Zustände nicht weiter ernst genommen. Weiter fiel ihr ein, daß sie vor ein paar Monaten ihren Hund verloren hatten. Da sie nicht wußte, wie sie es ihm verständlich machen sollte, hatte sie sich mit der Hoffnung getröstet, er würde den Hund gar nicht vermissen. Die Katze hatten sie als Ersatz für den Hund besorgt. Danny hatte den Hund nie erwähnt, geschweige denn gefragt, wo er geblieben sei. Die Katze hatte er zunächst nicht beachtet, doch dann hatte er angefangen, sie zu ärgern und am Schwanz zu ziehen. Sie hatten ihn getadelt, weil er sie quälte, woraufhin er sich, wie die Mutter erinnerte, in eine Art Traurigkeit zurückgezogen hatte. »Natürlich ist vor kurzem auch seine Schwester geboren worden«, fuhr die Mutter fort. »Vielleicht ist er wütend auf sie, aber auch das hat er nie gezeigt. Er scheint sie wirklich zu mögen. Allerdings habe ich viel mit ihr zu tun, und vielleicht vermißt er die Zeiten, als ich mich mehr mit ihm beschäftigen konnte. Mir ist es eigentlich nie richtig aufgefallen – aber seine Großeltern haben viel mit ihm unternommen, wenn ich mit dem Baby beschäftigt war. Ich habe mir alle diese Dinge vorher nie so richtig klargemacht. Danny hat wohl in letzter Zeit eine ganze Menge zu verkraften gehabt.«

In wenigen Minuten hatte Mrs. Gamble drei mögliche Ursachenstränge für Dannys Traurigkeit geknüpft. Der erste und wichtigste war sicherlich die Geburt der Schwester und der Verlust zumindest eines Teils der Mutter. Die Reisen des Vaters beunruhigten ihn, doch alle Welt erwartete von ihm, daß er damit fertigwurde, und er wurde es. Dann verschwand der geliebte Hund. Der Tatsache, daß er darüber noch nicht einmal sprechen konnte, entnahm ich, daß er einige quälende Fragen und Gefühle zum Problem des Verlustes ganz allgemein in sich verschlossen hatte. Der Besuch der Großeltern hatte sie ihm vermutlich alle zu Bewußtsein gebracht und ihm die Möglichkeit gegeben, seine Verlustgefühle zu offenbaren. Die Traurigkeit, die er in der Praxis seiner Mutter und mir gegenüber zum Ausdruck brachte, bedeutete einen Appell – den Wunsch nach einer Gelegenheit, über einige dieser Verluste zu sprechen und sich mit ihnen auseinanderzusetzen. Die Mutter fühlte sich schuldig, daß sie ihn noch nicht vorher darauf angesprochen hatte. Ich wies darauf hin, daß er sicherlich auch gelitten hätte, wenn sie alle diese Ereignisse offener mit ihm durchgesprochen hätte. Allerdings könne sie ihm helfen, diese Geschehnisse besser zu verstehen. Mrs. Gamble erkannte, daß sie jetzt die Möglichkeit hatte, alle diese Verluste noch einmal mit ihm durchzugehen und sie nacheinander mit ihm zu erörtern. Auf diese Weise konnte sie alle Ursachenstränge seiner Traurigkeit mit ihm zurückverfolgen. Wenn ihr das gelang, so half sie ihm, sie zu verstehen und zu bewältigen. Vor allem aber konnte sie ihm helfen, seine eigenen Gefühle zu verstehen.

Traurigkeit ist ein Symptom, das nicht vermieden zu werden braucht und nicht vermieden werden kann. Für mich ist eine der faszinierendsten Eigenschaften von Kindern ihre Fähigkeit, mit ihren Kräften und Energien hauszuhalten. Sie können eine Familienkrise wunderbar überstehen, ohne allzu viel Hilfe von ihren Eltern zu verlangen, obwohl alle Familienmitglieder unter großem Streß stehen. Erst wenn die Situation wieder sicherer geworden ist, die Eltern sich erholt haben und wieder über genügend Energie verfügen, fordern die Kinder die nötige Aufmerksamkeit ein. Traurigkeit ist Ausdruck einer solchen Forderung. Sehr häufig geht sie zurück auf einen früheren Verlust oder ein zurückliegendes Ereignis, von dem das Kind seinerzeit überfordert war und das es deshalb verdrängt hat. Wenn es nun auftaucht, so ist es nicht zu spät, mit dem Kind seine Erinnerung durchzugehen, diese Erlebnisse herauszufinden und sie aufzuarbeiten. So lernt es sich selbst kennen und seine Fähigkeit, ein schmerzliches Erlebnis zu bewältigen. Es lernt für künftige Erlebnisse. In einer wieder sicher gewordenen Situation nach einem solchen Verlusterlebnis lernt das Kind, sein Gedächtnis anzuwenden und seine Erfahrung in Worten auszudrücken. Wenn ein Kind schon früh die Erfahrung macht, daß es mit den Eltern über schmerzliche Verluste sprechen kann, so entwickelt es die Fähigkeit, sich den unvermeidlichen Verlusten und Enttäuschungen zu stellen, die zur Textur des Lebens gehören. Wird Traurigkeit offen angesprochen, so wird die Familie daraus möglicherweise Kraft gewinnen und fortan besser in der Lage sein, mit schmerzlichen Gefühlen umzugehen.

Wenn es in der Familie zu einem Verlust kommt, sind die Eltern oft zu sehr von ihrem eigenen Schmerz in Anspruch genommen, um dem Kind viel Trost bieten zu können. Sogar der Verlust des Hundes trennte die Gambles voneinander. Bei jedem noch bedeutsameren Verlust hätten sie sich noch weiter voneinander zurückgezogen, so daß Danny seinem Schmerz ganz allein überlassen gewesen wäre. Eltern brauchen unter Umständen Zeit, um selbst mit ihrem Kummer fertigzuwerden. Das Kind wird sich notgedrungen mit ihrem Kummer identifizieren und dadurch in Schrecken versetzt und überfordert sein. Doch es kann dabei weiterhin ganz unbeschwert wirken, weil es Abwehrmechanismen benutzt wie etwa das Verleugnen. Es kann weiterhin ganz normal mit seinen Spielsachen und Spielkameraden umgehen. Es kann sogar versuchen, die Eltern aufzuheitern. Später können die Gefühle dann als Alpträume zutage treten. Das kann mit solcher Verzögerung geschehen, daß die Eltern, die sich inzwischen gefangen haben, Schwierigkeiten haben, das gegenwärtige Verhalten des Kindes mit dem zurückliegenden Ereignis in Verbindung zu bringen. Doch das Symptom ist der Preis für die Verleugnung des Schmerzes oder andere ähnliche Schutzmechanismen zu einem Zeitpunkt, da die Eltern relativ unzugänglich waren.

Schlimm wäre es, würden Eltern allzu große Schuldgefühle entwickeln, wenn dies geschieht – wenn sich zu einem späteren Zeitpunkt die Traurigkeit des Kindes zeigt und die Eltern erkennen, daß auch das Kind gelitten hat. Denn dann lassen sie die Gelegenheit, die sich bietet, möglicherweise ungenützt vorübergehen. Traurigkeit ist eine Bitte um Kommunikation und Hilfe. Zu lernen, wie man mit seelischem Schmerz umgeht, wie man sich den Menschen zuwendet, denen man vertraut, ist eine wichtige Aufgabe für alle Kinder und Eltern. Wenn man schon in der Kindheit lernt, daß man einander verlieren, sich gegenseitig vermissen, sich elend fühlen, aber auch wieder zu sich selbst finden kann, dann hat man einen großen Schritt getan.

Mrs. Gamble wird in der Lage sein, Danny eine solche Gelegenheit zu bieten. Die Erfahrung, daß er sich an seine Eltern wenden kann und Gehör findet, wird ihm eine wichtige Lehre sein. Gleichzeitig haben die Eltern die Möglichkeit, ihre tief sitzenden Einstellungen zu Verlusten zu überprüfen. Sie können die eigenen Methoden, mit solchem Schmerz umzugehen, überdenken und dann versuchen, die Kraft, die sie daraus gewonnen haben, dem Kind zu vermitteln.

Ein Blick hinter die Traurigkeit

Manchmal ist Traurigkeit weniger eine direkte Reaktion auf einen Verlust als ein Versuch, andere Gefühle zu bewältigen. Gefühle der Unzulänglichkeit äußern sich häufig in dieser Form. Wenn die Versuche eines Kindes, mit seiner Welt fertigzuwerden, ständig erfolglos sind, kann es im Inneren niedergeschlagen und nach außen hin traurig werden.

Bei einem Praxisbesuch mit ihrem vierjährigen Sohn bat mich Mrs. Ransom um ein Gespräch unter vier Augen über ihren anderen, neunjährigen Sohn. Als die Untersuchung des Vierjährigen abgeschlossen war, schickte ich ihn hinaus ins Wartezimmer, wo er mit dem Schaukelpferd spielen konnte. Mrs. Ransom ist eine große, tüchtige Frau, die früher Grundschullehrerin war und heute als Beraterin einer Lehrmittelfirma tätig ist. Sie hatte den Lehrerberuf aufgegeben, um sich besser um die Kinder kümmern zu können, hatte aber viel Erfolg in ihrer Beratungstätigkeit. Zu Recht war sie stolz auf ihre vier großartigen Kinder, deren ältestes der neunjährige Matthew war. Während sie sprach, hörte ich in ihrer Stimme eine tiefe Sorge: »Er ist jetzt immer so traurig. Nichts scheint ihn aufheitern zu können. Er redet sogar davon, sich das Leben zu nehmen, und das erschreckt uns zu Tode. Ich kann mich sehr gut daran erinnern, daß ich in seinem Alter ähnliche Gefühle hatte. Dabei ist er immer ein so glückliches Kind gewesen. Er hatte viele Freunde, aber jetzt wollen sie nicht mehr kommen, weil er nur Trübsal bläst, wenn sie da sind. Seine Leistungen in der Schule und seine Sportbegeisterung haben nachgelassen. Mein Mann und ich sind mit unserer Weisheit am Ende. Können Sie uns helfen?«

Auch ich war erschreckt, denn solche Berichte höre ich selten. Es ist überraschend, daß nicht mehr Kinder depressiv werden, denn solche Dinge sagen sie selten, und wenn, dann nur in kurzen Ausbrüchen. Aber alle Kinder fühlen sich hin und wieder so einsam, enttäuscht, wütend oder verlassen, daß sie sehr traurig sind. Alle möchten sie ihre Umwelt für diese Traurigkeit bestrafen. Und ich nehme an, die meisten haben die Vorstellung, daß die wirksamste Bestrafung der eigene Tod wäre. Ich erinnere mich, daß ich als Kind mehrfach gedacht habe, ich könnte meine Eltern für tatsächliche oder eingebildete Kränkungen dadurch bestrafen, daß ich mich umbrächte. Doch diese Augenblicke der Traurigkeit waren vorübergehend, und die Wirklichkeit des Selbstmordes viel zu erschreckend. Und doch konnte ich mich an diese Gefühle erinnern und Mrs. Ransom ihre Sorge über Matthews ständige Depression sehr gut nachfühlen. Am meisten störte mich, daß diese Depression so tief und hartnäckig war, daß sie seine Freundschaften und Schulleistungen beeinträchtigte. Eine vorübergehende Phase des Selbstmitleides, in der er seinen Eltern das Leben schwergemacht hätte, wäre normal und zu erwarten gewesen. Doch wenn eine solche Stimmung auf alle anderen Beziehungen übergreift und das ganze Leben eines Kindes beeinträchtigt, so läßt sich daraus schließen, daß ein ernsteres Problem vorliegt. Immer wenn ich mir nicht sicher bin, ob die Störung eines Kindes ernsterer Natur ist, befasse ich mich mit den Reaktionen der Altersgenossen. Kinder reagieren äußerst empfindlich auf emotionale Probleme anderer Kinder. Sogar Kleinkinder spüren tiefer sitzende Angst oder Spannung bei einem Spielkameraden und ziehen sich zurück, wenn sie ihn nicht aufheitern können.

Mrs. Ransom erzählte, wie betrübt seine Freunde anfangs gewesen waren und wie sie versucht hatten, ihn abzulenken. Als sie keinen Erfolg hatten, zogen sie sich allmählich zurück. Beide Eltern hatten versucht, gemeinsam mit ihm herauszufinden, was sich hinter seiner Traurigkeit verbarg, doch sie waren gegen Mauern gerannt und brauchten selbst Hilfe. Sie wußten beide, daß seine Depression durch ihre Angst um ihn verstärkt worden war. Ich verabredete mich mit beiden Eltern zu einem Gespräch und richtete es so ein, daß ich den Jungen unter dem Vorwand der jährlichen Routineuntersuchung alleine sprechen konnte.

Matthew war ein großer, schlanker, hübscher Junge. Von den Untersuchungen, die in unregelmäßigen Abständen stattgefunden hatten, hatte ich ihn als freundliches und aufgeschlossenes Kind in Erinnerung. Jetzt war er reserviert. Auf Fragen zu seiner Person antwortete er einsilbig und mit einer Hoffnungslosigkeit, die mich veranlaßte, dazu Stellung zu nehmen. Ich fragte, ob er wisse, warum er sich so traurig und hoffnungslos fühle. Er zuckte mit den Achseln. Ich hatte keine organischen Ursachen für seine Stimmung gefunden und teilte ihm das mit. Vorübergehend hellte sich sein Gesicht ein bißchen auf, und er meinte: »Ich habe damit auch nicht gerechnet, aber meine Mutter hat gehofft, es wäre da etwas, was Sie heilen könnten.« Ich fragte: »Und *du* hast das nicht gehofft?« Mit einem dankbaren Blick antwortete er: »Ich wollte, Sie könnten dafür sorgen, daß ich mich besser fühle.« »Nehmen wir an, Matt, wir könnten einen Arzt finden, der von solchen Sachen bei Kindern etwas versteht und der sich mit dir unterhalten würde. Würdest du zu ihm gehen wollen?« »Sie meinen einen Psychiater? Bin ich verrückt? Ich habe mich das auch schon gefragt. Ich bin die ganze Zeit so traurig. Mich interessiert gar nichts mehr. Alle behandeln mich, als wenn ich verrückt wäre. Vielleicht bin ich es auch.«

Ich habe in meiner Praxis selten erlebt, daß ein Kind dieses Alters eine so bewußte Einstellung zu seinen Ängsten hat. Ich versicherte ihm, daß ich ihn nicht für verrückt hielt. Ich konnte ihm auch versprechen, daß der »Arzt, der von solchen Sachen etwas versteht«, ihm helfen könnte und würde. Ich ersah das aus der Art, wie er mich um Hilfe bat. Wenn ein Kind so offen darüber sprechen kann, ist der erste und wichtigste Schritt bereits geleistet.

Wir vertrauten Matthew einem erfahrenen Kinderpsychiater an, und seine Therapie machte rasche Fortschritte. In unserem kurzen Gespräch hatte er nicht nur um Hilfe gebeten, indem er seine Traurigkeit zum Ausdruck gebracht hatte, sondern er hatte auch seine Bereitschaft gezeigt, etwas dagegen zu tun. Matthew war ein ungewöhnlich nachdenklicher, ernsthafter Junge, der die Dinge, die ihn bedrückten, lange Zeit in sich verschlossen hatte.

Als Kleinkind und während der ersten Schuljahre hatte er hervorragende Leistungen gezeigt. Nach jeder Erkältung oder körperlichen Anstrengung hatte ihn Asthma geplagt, was er innerlich stets als Versagen oder Schlechtigkeit verstanden hatte. Seine Leistungen in der Schule hatten infolge einer leichten Lernbehinderung nachgelassen, die sich erst in der zweiten und dritten Klasse zeigte. Auch für diesen Mißerfolg gab er sich die Schuld. Der Vater und die Brüder leisteten Außergewöhnliches, so daß sich für den sensiblen und ehrgeizigen Jungen eine zusätzliche Belastung ergab. Die inneren und äußeren Belastungen, die Matthew als Mißerfolge verstand, häuften sich dergestalt, daß sich die Symptome der Traurigkeit ausbildeten. Die Traurigkeit verdeckte gewissermaßen die Enttäuschung über sich selbst. Durch die Therapie sah er diese Dinge klarer und konnte sich offener und wirksamer mit ihnen auseinandersetzen. Ein Jahr später war Matthew ein ganz anderes, glücklicheres Kind.

Matthews Fall bietet zahlreiche Anhaltspunkte für Eltern, die sich um die Symptome eines Kindes Sorgen machen. Vor allem war sein Alter von größter Bedeutung. Mit neun Jahren müßte ein Junge, der so beliebt und erfolgreich ist, wie er es war, mit sich selbst sehr zufrieden sein. Die Altersgenossen sind in diesem Alter äußerst wichtig für das Selbstbild. Die Tatsache, daß ihm das wenig zu bedeuten schien und daß ihre Bedenken ihm gegenüber sie veranlaßten, sich von ihm zurückzuziehen, zeigten, wie tief Matts Traurigkeit saß. Daß die Eltern ihm trotz größter Mühe nicht zu helfen vermochten, war ein weiteres Anzeichen für das Ausmaß seiner Probleme. Ein anderes Signal war die Dauer seiner Traurigkeit. Der wichtigste Faktor jedoch, der wesentlichen Anteil am Erfolg der Therapie hatte, war seine eigene Erkenntnis, daß er Hilfe brauchte. Die Tatsache, daß er darüber sprechen konnte, als ich ihm in der Praxis die Möglichkeit dazu bot, bewies, wieviel Kraft und Lebenswillen dieser Junge trotz seines Unzulänglichkeitsgefühls besaß. Matts Fall zeigt, wie wichtig es ist, daß Eltern und Ärzte die Sorgen eines Kindes ernst nehmen.

Richtlinien

Was sollten Eltern tun, wenn ein Kind traurig erscheint?

1. Nehmen Sie das Kind ernst. Wenn Sie versuchen, das Kind mit billigem Trost oder Scherzen aus seiner Stimmung herauszureißen, fühlt es sich nicht ernst genommen. Wenn die Traurigkeit nicht offensichtlich dazu benutzt wird, überflüssige Aufmerksamkeit zu bekommen, sollte man sie als wichtigen Anhaltspunkt verstehen. Oft können Eltern dadurch, daß sie diese Stimmung ernst nehmen, dem Kind helfen, sie zu verstehen.
2. Beobachten Sie, wann die Traurigkeit auftritt. Zeigt sie sich, wenn kein Anlaß dazu besteht, oder sehr häufig im Laufe eines Tages? Unterbricht das Kind das Spiel mit Altersgenossen, wenn es traurig ist? Wenn es auf Tadel oder Enttäuschung mit Traurigkeit reagiert, kann das durchaus normal und ohne tiefere Bedeutung sein. Reagiert es jedoch auf jede kleine Enttäuschung mit Traurigkeit, sollten die Eltern die Möglichkeit in Betracht ziehen, daß das Kind empfindlicher als notwendig ist, und sehr sorgfältig auf seine Gefühle hören. Wenn, was noch schwerwiegender ist, die Traurigkeit auch auf die freudigen Erlebnisse übergreift, ist es höchste Zeit, die Symptome ernst zu nehmen.
3. Versuchen Sie, die Ursachen herauszufinden, die hinter dem Symptom stehen. Wenn Sie als Vater oder Mutter eine Reihe offensichtlicher und akuter Gründe sehen, können Sie dem Kind wahrscheinlich helfen, sich selbst zu verstehen. Wenn es schwerer erkennbare oder tiefer liegende Ursachen gibt, die Sie als Vater oder Mutter nicht erkennen können, dann brauchen Sie und Ihr Kind wahrscheinlich das Urteil und die Hilfe eines Außenstehenden.
4. Auf jeden Fall braucht ein Kind, das traurig ist, Liebe und Fürsorge. Versuchen Sie, mehr Zeit für das Kind zu haben und die Beziehung zu ihm noch enger zu knüpfen. Wie in vorhergehenden Kapiteln erwähnt, empfehle ich Eltern stets, zumindest einmal in der Woche einen bestimmten Zeitraum für

das Kind zu reservieren. Der darf mit keiner anderen Person geteilt werden, sondern muß dieser Zweierbeziehung vorbehalten sein. Wenn Sie die übrige Woche von diesem Zeitraum sprechen, wird er zum Symbol der liebevollen Beziehung, die Sie beide herstellen wollen. Das Kind wird vermutlich nicht in der Lage oder gewillt sein, seine Geheimnisse aufzudecken, solange die Traurigkeit zu stark ist. Es ist noch nicht einmal empfehlenswert, das Kind zu drängen, seine Schutzvorkehrungen in dieser Weise aufzugeben. Doch der symbolische Wert der Aussage: »Ich bin für dich da und versuche, dich zu verstehen, weil ich dich liebe«, ist nicht zu überschätzen.

5. Sie müssen sich klarmachen, daß viele Gefühle, die wichtige Elemente der kindlichen Persönlichkeit sind – Gefühle des Verlustes, der Einsamkeit, der Unzulänglichkeit, der Wut, der Depression –, alle als Traurigkeit zum Ausdruck kommen können. Die Eltern können sich mit den alltäglichen Ereignissen im Leben des Kindes beschäftigen, um herauszufinden, ob es Dinge gibt, die das Kind überfordern könnten. Traurigkeit muß als Hilferuf verstanden und als Gelegenheit begrüßt werden, dem Kind zu helfen. Obwohl die Kindheit für die meisten Kinder kein vollkommen glücklicher, sorgenfreier Zustand ist, wie manchmal behauptet wird, sollte sie doch ein Lebensabschnitt sein, in dem die Lust an dem, was man über sich und die Welt erfährt, die Belastungen und Probleme überwiegt. Die Kindheit – oder zumindest ihr größter Teil – sollte ein erfreulicher Lebensabschnitt sein.

Kapitel 5
Daumenlutschen und Schmuseobjekte: Stationen auf dem Weg zur Unabhängigkeit

Unsere Gesellschaft verlangt vom Säugling ein hohes Maß an Unabhängigkeit, ein Zwang, der mit der Geburt beginnt. In anderen Kulturen tragen Mütter oder andere Bezugspersonen den Säugling tagsüber mit sich herum, nachts behalten sie ihn im Schlaf bei sich. Wenn er wach wird, wird seine Aktivität durch Nahrungszufuhr unterbunden, meist gibt ihm die Mutter die Brust. Wenn er gegessen hat, hat er Gelegenheit, sich umzublikken und den allgegenwärtigen Bezugspersonen zu lauschen. Gewöhnlich wird er umhergetragen oder gewickelt, so daß seine Gliedmaßen in ihrer Bewegungsfreiheit stark eingeschränkt sind. Nie läßt man ihn schreien, nie muß er nach Möglichkeiten suchen, sich selbst zu trösten, nach beruhigenden Verhaltensmustern, die ihm erlauben, umherzublicken und zu lauschen. Alle seine Bedürfnisse werden befriedigt, und Unabhängigkeit wird nicht von ihm erwartet.

Unsere Gesellschaft hat andere Ziele. Die Eltern eines Säuglings sind sich schon früh darüber im klaren, daß er als Kleinkind Unabhängigkeit lernen muß, um sich gegenüber den aggressiven Altersgenossen der Spielgruppe durchsetzen zu können. Mit drei oder vier Jahren muß er mit der Erzieherin, der Vorschullehrerin (oder auch der Mutter) zurechtkommen, die von ihm verlangt, daß er bis in die Spitze eines Klettergerüstes emporsteigt oder das Alphabet hersagt. In der ersten Klasse wird von dem Kind erwartet, daß es seinen natürlichen Bewegungsdrang und seine Freude an lebhaftem Spiel bezwingt, mit einer Gruppe anderer Sechsjähriger still am Tisch sitzt und auf einen gestreßten Lehrer hört. Das ist erforderlich, damit es jenen langen Lernprozeß aufnehmen kann, in dessen Verlauf es die komplexen Fertigkeiten erwirbt, die von unserer Gesellschaft verlangt werden. Es *muß* dann soweit sein, und alle Eltern wissen das. Über die meisten Erziehungsziele mag Verwirrung herrschen – nicht aber über diesen Punkt: Wir *wissen*, daß wir unsere Kinder auf eine hohe geistige Leistungsfähigkeit vorbereiten müssen. In unserer gegenwärtigen Gesellschaft sind die Kinder, die noch nicht soweit sind, schon im Alter von drei oder vier Jahren Versager.

Was für eine schreckliche Verantwortung lädt dieses Erziehungsziel auf die Schultern junger Eltern! Sie müssen nach Möglichkeiten suchen, schon den Säugling mit geistigen Anregungen zu versorgen, und sich um Spielsachen bemühen, die bestimmte Lernmuster so früh wie möglich anlegen. Und der menschliche Säugling zeigt eine erstaunliche Anpassungsfähigkeit. Er kann dazu gebracht werden, mit neun Monaten zu gehen, mit zwei Jahren eine lange Reihe von Zahlen aufzusagen, mit drei Jahren Wörter zu lesen und mit vier Sätze zu tippen oder zu drucken. Er kann sogar lernen, mit den Zwängen fertigzuwerden, die hinter diesen Erwartungen stehen. Doch die Kinder in unserer Kultur brauchen auch jemanden, der ausruft: »Und zu welchem Preis das ganze?«

Säuglinge, Kinder und sogar Erwachsene haben ein natürliches Feedback-System, das sie belohnt, wenn sie eine neue Aufgabe bewältigen und dabei feststellen, daß sie es geschafft haben, sich also sagen können: »*Ich* habe das geschafft!« Diese Rückmeldung, von Piaget »Leistungsbewußtsein« und bei Robert White »Kompetenzgefühl« genannt, treibt den Säugling zur nächsten Leistung. Jeder Schritt wird mit dem stolzen Gefühl abgehakt, ihn gemeistert zu haben und in der Lage zu sein, auf ihm aufzubauen. Schon bei Säuglingen von vier oder fünf Monaten läßt sich das beobachten, wenn sie an den Armen hochgezogen werden, um das erste Mal zu stehen. Wenn sie gerade auf beiden Beinen stehen, strahlen sie, als wollten sie sagen: »Ich kann das! Ich stehe!« Und von diesem Augenblick an sind sie dem Ziel verpflichtet, sich aufzurichten.

Wenn dieser innere Drang zum Lernen von außen unterstützt wird, wird jener mächtige Prozeß aus Zwang und Belohnung in Gang gesetzt, aus dem sich alles Lernen speist. Säuglinge reagieren auf diese Zwänge mit allen ihren Kräften und werden dann für jeden Erfolg belohnt. Deshalb ist es ein Irrtum zu meinen, daß Säuglinge, die faszinierende, neue Fertigkeiten lernen, in irgendeiner Weise zu kurz kommen. Doch sie legen Verhaltensweisen an, die unter Umständen einen hohen Preis kosten. Deswegen sind diese Kinder darauf angewiesen, Möglichkeiten zu finden, die inneren und äußeren Zwänge auszugleichen, mit denen sie leben müssen.

Suche nach Ruhe und Trost

Die Abhängigkeit von »Schmuseobjekten« oder Schnullern ist eine Möglichkeit eines solchen Ausgleichs. Ein Säugling könnte kaum mit seiner Welt fertigwerden, wenn er nicht bestimmte Techniken lernen würde, sich selbst zu trösten, sich zu beruhigen und den Kreislauf von Aktivität und immer neuen Fertigkeiten zu durchbrechen, in den ihn unsere Gesellschaft hineintreibt. Achten Sie einmal darauf, wie ein neugeborenes Kind seine Hand zum Mund führt, um sich zu beruhigen, damit es sich umblicken und lauschen kann. Ältere Säuglinge und Kleinkinder sind auf andere Hilfsmittel angewiesen. Sie sind als wichtiger Bestandteil jenes Zyklus zu verstehen, in dessen Verlauf das Kind die Gipfel der Aufregung und Faszination erreicht, die wir anbieten und fördern, und sich dann wieder ruhigere und selbstgenügsamere Phasen der Ruhe und Erholung verschafft.

Nehmen wir beispielsweise ein Neugeborenes, das friedlich in seinem Bettchen schläft. Beim Erwachen zuckt es und wirft die Arme nach vorn. Beim ersten Zucken kommt es ein bißchen zu sich, dämmert wieder ein, wenn auch in einen leichteren Schlaf. Nach dem nächsten Zucken beginnt es sich in seinem Nest aus Bettzeug etwas lebhafter zu drehen und winden. Dabei flattern seine Augenlider kaum wahrnehmbar. Es sieht aus, als versuche das Baby sie zu öffnen und sich umzusehen. Schließlich veranlaßt eine seiner Bewegungen es, im Bett hochzuschnellen und Arme und Beine im sogenannten Moroschen Reflex nach vorne zu strecken. Davon ist das Baby beunruhigt, und es beginnt zu weinen. Dadurch können weitere Bewegungen ausgelöst werden, die von kurzem Weinen unterbrochen sind. Während Sie das Kind beobachten, versucht es, sich in die Gewalt zu bekommen. Nun wird sein Zustand immer aktiver, und es versucht, den Kopf nach einer Seite zu drehen, wodurch es den Nackenstellreflex auslöst, der einer Fechtstellung ähnelt. Der Arm wird ausgestreckt, der Körper zurückgelehnt. Das Kind versucht die Bewegung des ausgestreckten Armes unter Kontrolle zu bringen und die Hand zum Mund zu führen. Wiederholt enden die Versuche damit, daß die Faust in der Nähe der rechten Wange landet. Stellt sich schließlich Erfolg ein, und berührt die Hand den Mund, hören die Bewegungen auf. Die Augen weiten sich, und das Kind blickt zufrieden um sich. Gelingt es ihm gar, den Daumen oder einen Finger mit dem Mund zu schnappen und daran zu saugen, so kann es lange Zeit friedlich liegen, umherblicken und auf die Geräusche in seiner Umgebung lauschen.

Dies ist eine Form der Selbststeuerung, die dem Säugling angeboren ist. Mit ihrer Hilfe bringt er sich zur Ruhe, damit er die Bilder und Geräusche seiner neuen Welt aufnehmen kann, wenn er sich selbst überlassen ist. Wir wissen heute, daß schon der Fötus die Hand zum Mund führen kann, und wir vermuten sogar, daß diese Bewegung auch in der Gebärmutter ihren Zweck erfüllt, denn von Geburt an handelt es sich um ein vollständig ausgebildetes und fest eingeführtes Verhaltensmuster. Wenn die trostspendende Wirkung des Saugverhaltens so ausgeprägt und von der Nahrungsaufnahme so unabhängig ist, wie es den Anschein hat, verdient es eine ganz neue Aufmerksamkeit von seiten der Erwachsenen, die sich um das Baby kümmern.

Eine Arbeitsgruppe unseres Forschungszentrums beobachtete die Bewegungen eines fünf Monate alten Fötus im Mutterleib. Man machte sie für uns in der Bostoner Frauenklinik sichtbar, wobei man sich der neuen Ultraschalltechnik bediente, die heute bei der intrauterinen Diagnose von Störungen und Krankheiten längst Routine ist. Wir sahen, wie der Fötus eine Hand zum Mund führte, sich um diese Hand zusammenkrümmte, einen Finger ausstreckte und begann, an diesem winzigen Finger zu saugen. Den Finger konnte ich kaum sehen, wohl aber die Saugbewegungen. Als er zu saugen begann, wurde er zu unserer Verblüffung und zum Entzücken der Mutter ruhig und friedlich. Sie sagte: »Er ist manchmal so lebhaft, daß ich wirklich froh bin zu sehen, daß er weiß, wie er sich beruhigen kann.« Sie berichtete uns, daß sie bereits ein älteres, hyperaktives Kind hatte, das sich nur schwer zu beherrschen vermochte, und daß sie Angst vor einem zweiten Kind dieser Art hatte. Als sie sah, wie der Fötus sich beruhigte, sah sie seiner Geburt mit größerer Zuversicht entgegen. Das Fingerlutschen war für beide von Vorteil – für Mutter und Kind.

Die Mutter hatte damit eine der wichtigsten Aufgaben des Daumenlutschens genannt: Es hilft dem Säugling, sich in schwierigen Zeiten zu beherrschen. Auf der Wochenstation sehe ich manchmal Säuglinge, die auf alle Reize in ihrer Umgebung überempfindlich reagieren, die beim geringsten Geräusch und der leisesten Bewegung zusammenzucken und sofort zu schreien anfangen. Eine solche Überempfindlichkeit kann später zum Problem werden. Im frühen Säuglingsalter führt sie leicht zu häufigem, untröstlichem Weinen. Babys, die zu solchen Überreaktionen neigen, sind für ihre Eltern eine harte Belastungsprobe, da sie während der ersten Monate lange Zeit hindurch weinen und durch nichts zu beruhigen sind. Am Ende des dritten Monats, wenn das Weinen allmählich nachläßt, nehmen sie eine fast pausenlose Aktivität auf, die nur eine andere Form der Überreaktion auf die Ereignisse in der Umwelt darstellt. Später wird ein solches Kind leicht ablenkbar sein und Schwierigkeiten haben, sich auf eine Aufgabe zu konzentrieren, wenn ein neuer Reiz auftritt. Eine solche Vorhersage läßt sich oft schon aus dem Verhalten des Säuglings ableiten, und unlängst habe ich die Mutter eines dieser Babys gedrängt, ihrem Kind das Daumenlutschen »beizubringen«. Sobald das Kind die Hand-zum-Mund-Bewegung beherrscht, kann die Mutter ihm helfen, sich des Daumens zu bemächtigen. Daraufhin wird sich sein allgemeines Aktivitätsniveau reduzieren, und es wird sich besser in der Gewalt haben. Solange der Daumen fest im Mund bleibt, kann das Kind seine Aufmerksamkeit den Dingen in der Umgebung zuwenden, ohne die Fassung zu verlieren. Wenn es den Daumen verliert, wird es wahrscheinlich zu der alten Form hektischer Aktivität zurückkehren. Die Eltern eines sehr aktiven und empfindlichen Babys stellen häufig fest, daß das Daumenlutschen das wichtigste Mittel zur Beruhigung des Kindes ist. Ein Kind, das zu Überaktivität und Überreaktionen neigt, braucht eine solche Technik, mit der es sich selbst beruhigen kann, mehr als die meisten anderen Kinder.

Elternsorgen

In unserer Kultur gelten Daumenlutschen oder die Abhängigkeit von Schmuseobjekten – Decken, Kissen oder Stofftieren – als schlechte Angewohnheiten. Eltern, deren ein- oder zweijährige Kinder sich beruhigen, indem sie an ihren Fingern lutschen, sprechen davon, als handle es sich um eine Entwicklungsstörung: »Wie kann ich ihn dazu bringen, das Daumenlutschen aufzugeben?« oder »Wann kann ich ihr die Schmusedecke wegnehmen?«

Ich habe die Mütter oft gefragt, warum sie glaubten, dergleichen tun zu müssen. Erstaunt über eine solche Frage, erwiderten viele: »Es sieht doch so aus, als wären wir keine guten Mütter. Und stellen Sie sich vor, er braucht die Schmusedecke noch, wenn er zur Schule geht! Er macht sich doch zum Gespött der anderen Kinder.« Wenn ich mich davon überzeugt habe, daß das Kind seine »Gewohnheit« nicht dazu benutzt, den Ereignissen oder Menschen in seinem Leben aus dem Wege zu gehen, kann ich der Mutter versichern, daß diese Gewohnheit ganz normal ist. Da viele kontaktgestörte Kinder sich hinter ihrem Daumen verbergen, um die Umwelt zu vermeiden, der sie sich nicht gewachsen fühlen, ist auch die ganz normale Gewohnheit in Verruf geraten. Ein Kind, das sein Schmuseobjekt dazu benutzt, sich an die Welt zu gewöhnen, ist keineswegs gestört.

Fast alle Kinder in unserer Kultur brauchen eine Krücke, um mit dieser Kultur zurechtzukommen. Wir setzen uns ehrgeizige Ziele und ziehen unsere Kinder mit uns auf diesen Weg. Unsere Babys und Kinder sind zu erstaunlichen Leistungen fähig. Sie fügen sich dem Druck, den wir auf sie ausüben. Sie lassen sich von den eigenen Leistungen faszinieren und beflügeln. Mit Vergnügen werden sie den an sie gestellten Erwartungen gerecht. Ihr Leistungsvermögen wird zu einer eigenen Antriebskraft, und sie fangen an, hohe Ansprüche an sich selbst zu stellen. Am Ende des ersten Lebensjahres kommt ihr eigener Leistungswille dem ihrer Eltern gleich.

Das Bedürfnis nach solchen zur Selbsttröstung bestimmten Verhaltensmustern wie Daumenlutschen oder Hinwendung zu einem Schmuseobjekt wird deutlich, wenn man beobachtet, wie Kleinkinder sich dieser Objekte bedienen. Sind sie müde, aber so überdreht, daß sie nicht zur Ruhe kommen können, dann halten sie sich an eines dieser vertrauten Verhaltensmuster, um die Ruhe zu finden, die sie brauchen.

Mit großen Augen spielte die hübsche Sarah in meinem Sprechzimmer. Sie hüpfte buchstäblich vor Freude über jedes neue Spielzeug, das sie entdeckte und ausprobierte. Laut ließ sie die Sirene des Feuerwehrautos aufheulen und stemmte sich mächtig in die Steigbügel des Schaukelpferdes. Zwar hatte sie solche Spielsachen schon viele Male gesehen, doch das tat ihrer Freude keinen Abbruch. Sie entschädigte sich für das mangelnde Interesse der Mutter – diese unterhielt sich mit mir –, indem sie sich nach Kräften in meinem Spielzimmer amüsierte. Sie brachte der Mutter und mir zwar gelegentlich Spielsachen, damit wir sie begutachteten, aber sie respektierte auch die Tatsache, daß die Mutter sich mir zuwendete. Es war entzückend, diesem kleinen Mädchen beim Spielen zuzusehen. Nach einiger Zeit verlor sie die Lust und wandte sich ihrem Daumen zu. Auf dem Boden sitzend und mit der linken Hand ein Puzzle legend, lutschte sie mechanisch am Daumen der andern Hand. Es war offensichtlich, daß ihre Energien verbraucht waren und sie unsere Aufmerksamkeit nötig hatte. Sobald wir uns ihr zuwandten, ließ sie den Daumen fahren und strahlte uns an. Sie hatte sich erholt und war zu neuen Taten bereit.

Als es an der Zeit war, Sarah zu untersuchen, ging die Mutter sie holen. Sarah erkannte, was die Stunde geschlagen hatte, und legte sich flach auf den Rücken, als wollte sie dagegen protestieren. Die Mutter sagte: »Nicht doch, Sarah! Du weißt doch, der Arzt möchte dich untersuchen. Komm her, setz dich auf meinen Schoß!« Ohne weiteren Widerstand ließ Sarah sich aufheben, Arme und Beine schlapp herunterhängend. Als sie auf dem Schoß der Mutter ausgezogen wurde, wurden ihre Gesichtszüge schlaff, abermals wanderte der linke Daumen in den Mund. Jedem Kleidungsstück, das ihr ausgezogen wurde, blickte Sarah hinterher, als gäbe sie damit eine weitere Schutzschicht preis. Der Daumen blieb im Mund. Als auch das letzte Kleidungsstück fallen sollte, sagte ich: »Du kannst die Unterhose anbehalten.« Bei diesem Anflug von Verständnis für ihr Elend warf Sarah mir einen dankbaren Blick zu. Als ich mich zu Füßen der Mutter hinhockte, das Stethoskop und die anderen Instrumente in der Hand, brachte ich ihr auch den schmutzigen, nicht mehr ganz frisch riechenden und über alles geliebten Stoffhasen mit. Sie umklammerte ihn mit der rechten Hand, während sie weiterhin am Daumen saugte. Ohne Protest erlaubte sie mir, sie und ihren geliebten Hasen zu untersuchen. Zunächst blieb der Daumen im Mund, doch mit zunehmendem Interesse an der Untersuchung rutschte er allmählich heraus. Hier schaltete sie sich aktiv ein, indem sie mir den Hasen in die Hand drückte, damit ich ihn untersuchte. Sie lächelte sogar, als ich sagte: »Aber dein Hase weiß ja gar nicht, wie er den Mund öffnen soll. Kannst du ihm das zeigen?« Nach einer Weile wanderte der Daumen wieder zurück in den Mund. So kurz diese Erholungspausen auch waren, sie schienen mir große Bedeutung für das Kind zu haben. Deshalb war ich erstaunt, als die Mutter sagte: »Sehen Sie! Da nimmt sie schon wieder den Daumen. Was kann ich dagegen tun?«

Die Art und Weise, wie sich Sarah ihres Daumens bediente, war nicht nur verständlich, sie war auch wirksam und positiv. Nicht Schwäche schien sich darin zu äußern, sondern Stärke. Wenn sie sich von einer unbekannten Situation überfordert fühlte, dann griff sie zu ihrer Krücke und schaffte es mit deren Hilfe. Wenn sie zu saugen begann, bekamen ihre Augen einen leeren Blick, und sie sank in sich zusammen. Danach war sie wieder bereit, sich der Welt zuzuwenden, ganz gleich, was diese für sie bereithielt. Dank der Krücke konnte sie sich den nächsten Anforderungen stellen – eine bemerkenswerte Mischung aus Unreife und Lebenstüchtigkeit.

Saugen: Ein universales Bedürfnis

Da das Bedürfnis eines Kindes nach einer solchen Krücke Schuldgefühle in den Eltern zu wecken scheint, habe ich mich gefragt, wie man die Funktion dieser Hilfsmittel am besten erklären kann. Um mir zunächst einmal selbst Klarheit zu verschaffen, habe ich vor vielen Jahren eine Gruppe von Babys untersucht, die offensichtlich normal entwickelt waren und von ihren Eltern geliebt wurden. Ich konnte feststellen, daß alle diese gesunden Babys am Daumen lutschten. Die Kinder dieser Untersuchung wurden weder vernachlässigt oder mißhandelt noch in ungewöhnlicher Weise von den Eltern unter Druck gesetzt. Ich bat die Eltern, täglich festzuhalten, wie lange und unter welchen Umständen die Säuglinge an ihren Daumen oder Fingern saugten. Diese Untersuchung war für mich sehr aufschlußreich.

Zunächst einmal ist zu beobachten, daß sich fast alle Babys mit irgendeinem Körperteil oder einem Schmuseobjekt trösteten. Kinder, die gestillt wurden, saugten *mehr* als diejenigen, die mit der Flasche ernährt wurden. Ich fragte mich, wie das kam, und die Mütter berichteten: »Das Saugen scheint ihm Freude zu machen, und selbst wenn es fast eine Stunde lang saugt, lutscht es nach dem Stillen noch am Daumen. Es ist, als wollte es zwei Dinge zugleich – die Brust aufgeben, wenn es satt ist, und weitersaugen, weil es ihm Vergnügen bereitet. Wenn es an der Brust weitersaugt, trinkt es zuviel. Wenn es den Daumen nimmt, ist es oft sehr viel zufriedener.«

Ich stellte fest, daß das Fingerlutschen beim Neugeborenen begann und Übergangszeiten vorbehalten war – Schlafengehen, Aufwachen, Ausruhen nach aufregendem Spiel oder Beendigung des Essens nach Sättigung. Später fand es Anwendung, wenn sich das Kleinkind zu sehr aufregte und sich erst einmal beruhigen mußte. Das Fingerlutschen schien dem Kind dazu zu dienen, sich den vielfältigen Anforderungen seiner Welt anzupassen.

Mit vier Monaten erreichte dieses Trost- und Ruheverhalten eine Dauer von bis zu vier Stunden pro Tag (vgl. Abb. S. 87). Dann begann seine Häufigkeit und Intensität abzunehmen. Wenn die Kinder neue Fertigkeiten wie Greifen, Aufsitzen, Krabbeln oder Gehen lernten, nahm das Verhalten während der frustrierenden Lernphase wieder zu. Doch wenn der neue Entwicklungsschritt schließlich erfolgreich abgeschlossen war, begann es wieder zurückzugehen. Nach dem Krabbeln nahm es im verbleibenden Teil des ersten Jahres stetig ab. Nach meinen Beobachtungen benutzten nur sehr wenige Kinder ihren Daumen noch mit fünf oder sechs Jahren – ausgenommen in wirklichen Streßsituationen oder Übergangsphasen. Sie hielten an dem »unreifen« Abhängigkeitsmuster nur fest, wenn die Eltern zuvor versucht hatten, es ihnen abzugewöhnen. Hatten die Eltern einen solchen Versuch unternommen, dann schien die darin zum Ausdruck gekommene Mißbilligung das Bedürfnis des Kindes nach seiner »Sicherheitsgewohnheit« zu verstärken. Die Tatsache, daß sie sich trotz der Bemühungen der Eltern hielt, zeigt, welche Bedeutung diese Stütze für das Kind hatte. Jedenfalls schien es falsch, sie dem Kind allzu früh nehmen zu wollen.

Daß Säuglinge zu bestimmten Zeitpunkten an Daumen oder Finger saugen, ist natürlich und sogar wünschenswert. Wenn ein Säugling bei Ermüdung, Langeweile oder Frustration am Daumen lutscht, um sich zu trösten und zu beherrschen, dann zeigt er damit, daß er sich zu helfen weiß. Mit diesem Hilfsmittel kann er sich den Reizen und Aufregungen seiner Welt entziehen und

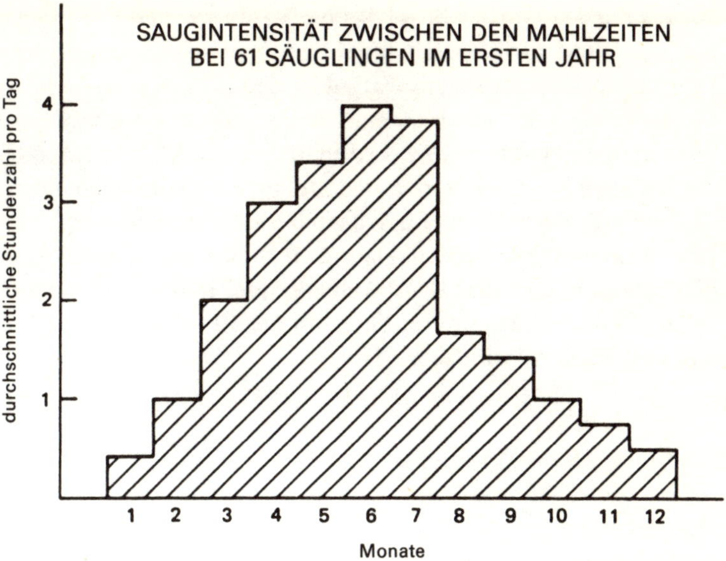

sich wieder sammeln. Er kann dösen, sich erholen und auf die nächste aufregende Interaktion mit der Welt vorbereiten. So kann er die Frustrationen vergessen, die beim Erlernen neuer Aufgaben oder bei neuen Anforderungen seiner Umwelt unvermeidlich auf ihn zukommen, und Kräfte sammeln für den nächsten Versuch. Solange das Daumenlutschen nicht zuviel Raum im Leben des Säuglings beansprucht oder von ihm dazu benutzt wird, sich Zwängen aller Art zu entziehen, brauchen sich die Eltern keine Sorgen zu machen. Ich kann nicht recht verstehen, warum das Daumenlutschen derart verpönt ist. Es gab einmal eine Zeit, da versuchten es Eltern um jeden Preis zu unterbinden, wodurch sie es als Gewohnheit erst recht anlegten. Heute trifft man die »Gewohnheit« bei Kindern nach dem fünften oder sechsten Lebensjahr kaum noch an, weil die Eltern nicht mehr so besorgt sind und nicht mehr so leicht eingreifen. Sogar Zahnärzte sehen die Sache heute gelassener und sind zu einer vernünftigeren Haltung bereit. Nach ihrer Ansicht lassen sich Kieferverformungen, die bis zu einem Alter von fünf Jahren auftreten, leicht beheben. Vielleicht ist das bei Verformungen der Psyche nicht so leicht. Grundsätzlich würde ich meinen, daß im ersten Jahr das Daumenlutschen relativ viel Zeit in Anspruch nehmen dürfte, weniger im aktiven zweiten Lebensjahr und noch weniger im dritten und vierten, wo das Kind in dieses Verhalten nur noch zurückfallen wird, wenn es müde, unglücklich oder gelangweilt ist. In dieser Form kann es sich noch bis ins sechste oder siebente Jahr zeigen. Wenn jedoch Daumenlutschen und Rückzug zu häufig vorkommen und als Abwehrmechanismus dienen, so sind sie als Warnzeichen zu verstehen: In der Regel wird das Kind dann unglücklich sein.

Schnuller und Schmuseobjekte

Viele Eltern sehen es lieber, wenn das Kind einen Schnuller statt des Daumens nimmt. Wahrscheinlich dienen Schnuller dem gleichen Zweck und lassen sich in gleicher Weise verwenden. Trotzdem bin ich für das Daumen- oder Fingerlutschen, weil die Ausrüstung stets vorhanden ist – das Kind hat sie, wenn es sie braucht. In den ersten Jahren ist das Kind auf andere angewiesen, um den Schnuller zu bekommen. Gewiß können die Eltern ihn dem Kind ans Handgelenk binden oder mit einem Band am Bett befestigen, damit er leichter erreichbar ist. Das sollte geschehen, wenn er bereits zum Trostmittel des Kindes geworden ist. Trotzdem bleibt es damit von den Entscheidungen Dritter abhängig. Wenn alle anderen Bedingungen gleich sind, scheinen mir Daumen oder Finger diesen Zweck besser erfüllen zu können. Doch die Bedingungen sind nicht immer gleich, und viele unruhige, nervöse Babys können ihre Finger nicht finden, um daran zu saugen. Für sie und ihre Eltern erweisen sich Schnuller als äußerst segensreich – als eine Möglichkeit für das Kind, die störende motorische Aktivität auszuschalten, die es daran hindert, sich mit den Eltern und der Umgebung auseinanderzusetzen. Wenn der Schnuller dann aber zu seinem Hilfsmittel, seiner »Krücke«, geworden ist, dann ist es nicht fair, ihn dem Kind wegzunehmen, sobald Sie meinen, nun sei es genug. Denn es verhält sich wie mit dem Daumenlutschen: Das Kind braucht die Krücke im zweiten und dritten Jahr genauso nötig wie als Säugling. Sie zu entfernen, bevor es eine enge Beziehung zu einem anderen Schmuseobjekt hat herstellen können, wäre grausam. Nach meinen Erfahrungen läßt sich ein Kind im dritten Lebensjahr relativ einfach dazu bringen, einen Teddy oder ein Stofftier als Schmuseobjekt zu akzeptieren. Doch dieser Austausch muß langsam vonstatten gehen. Das Tempo muß vom Kinde bestimmt werden, nicht von den Eltern!

Ich schlage in solchen Fällen vor, daß der Schnuller eine Zeitlang an dem neuen Schmuseobjekt festgebunden wird, so daß sich das Kind langsam auf den Austausch vorbereiten kann. Nachdem man darüber gesprochen hat, nachdem Einigung erzielt ist und *erst wenn* das Kind drei Jahre alt ist, kann die Puppe oder das Stofftier in der Regel den Platz des geliebten Schnullers einnehmen. Hüten Sie sich auf jeden Fall vor einem plötzlichen Wechsel. Er wäre ebenso unfair wie unklug und könnte Ängste heraufbeschwören, mit denen das Kind unter Umständen nicht fertig wird. Es muß auf den Schnuller rechnen können, wenn es ihn braucht und solange es ihn braucht.

Damit das Kind lernt, seine »Krücken« nur noch zur rechten Zeit und am rechten Ort zu benutzen, können die Eltern, sobald das Kind drei ist, die Benutzung des Schnullers oder Schmuseobjektes auf das Kinderzimmer oder das Bett beschränken. Die meisten Kinder sind bereit, bis zum Schlafengehen auf die Krücke zu warten. Wenn dem Kind eine besondere Belastung bevorsteht, eine Reise etwa oder ein Arztbesuch, dann sollte man ihm natürlich erlauben, den Schnuller oder das Schmuseobjekt mitzunehmen.

Ein Plädoyer für Schmuseobjekte

Wenn ein Kind seine Phantasie oder seine überschüssige Liebe auf eine Puppe, einen Teddybären oder eine Schmusedecke zu richten vermag, so kann man, wie ich finde, seiner Zukunft getrost entgegensehen und darf darauf vertrauen, daß es in der Lage sein wird, andere Menschen und andere Dinge zu lieben. Bei Hausbesuchen freue ich mich, wenn ich ein schmutziges, abgegriffenes und schon leicht riechendes Stofftier vorfinde, das sich offensichtlich schon lange der Liebe und Zuwendung des Kindes erfreut.

Als ich den dreijährigen Mark in der nahegelegenen Wohnung der Mutter aufsuchte, war er verstört und klammerte sich an die Mutter. Ich vermutete Ohrenschmerzen. Bei der letzten Untersuchung in meiner Praxis hatten wir uns recht gut angefreundet. Doch heute hatte ich es nicht mehr mit dem aufgeschlossenen kleinen Jungen zu tun, den ich damals erlebt hatte. Ich brauchte ihm nur etwas näher zu kommen oder ihn anzusehen, schon heulte er auf und vergrub den Kopf im Schoß seiner Mutter. Wenn es mir nicht gelang, ihm seine Besorgnis zu nehmen, stand uns eine schwierige Untersuchung bevor.

Ich sah mich um und fand einen sehr schmutzigen, schäbigen Teddybären in einer Ecke. Er verlor schon sein Innenleben und besaß nur noch eines seiner Glasaugen. Als ich ihn aufhob, bemerkte ich aus den Augenwinkeln, daß Mark mich aufmerksam beobachtete. »Nein, nein!« rief er aus, als näherte ich mich nicht einem ziemlich armseligem Spielzeug, sondern einem Teil seiner selbst. Seine Mutter beruhigte ihn, und ich sagte: »Mark, kann ich deinen Freund auf den Arm nehmen und ihn dir bringen? Er ist so traurig, daß du krank bist, und er möchte dich trösten. Möchtest du ihn auf den Arm nehmen?« Liebevoll drückte Mark das Stofftier an sich. Mir war klar, daß ich das richtige Spielzeug gefunden hatte, um eine Brücke zwischen uns zu schlagen. Während seine Mutter ihn auf dem Arm hielt, hielt er den Teddy im Arm, damit ich ihn untersuchen konnte.

Zunächst näherte ich mich dem Teddy mit dem Stethoskop.

Ganz kurz und sehr vorsichtig setzte ich es dem Spielzeug auf den Bauch. Dann probierte ich es an der Brust der Mutter aus. Dort drückte Mark es weg. Mehrfach wechselte ich mit dem Stethoskop vom Spielzeug zur Mutter und zurück, bis endlich Marks angestrengtes Atmen und die Angst in seinen Augen nachzulassen begannen. Unter beruhigendem Zureden konnte ich ihm das Stethoskop endlich auf die Brust setzen, dann auf den Bauch, den Hals und schließlich auf die Ohren, wobei ich ihm jeweils am Teddy demonstrierte, was ich mit ihm vorhatte. Obwohl die Untersuchung auf diese Art ein paar Minuten länger dauerte, hatte ich nicht nur mit einem ruhigen Kind zu tun, sondern auch Marks Vertrauen gewonnen. Die Untersuchung des Halses hatte ich bis zuletzt aufgespart. Zunächst leuchtete ich dem Teddy in den Mund. »Mark, er kann seinen Mund nicht öffnen und die Zunge herausstrecken. Kannst du ihm das zeigen?« Gehorsam öffnete Mark den Mund. Ich bat die Mutter, ihm zu zeigen, wie man die Zunge bei weit geöffnetem Mund herausstreckt. Er beobachtete sie und tat es ihr nach. So hatte er die ganze Untersuchung dank seines geliebten Teddys ohne eine einzige Träne überstanden.

Wenn ein Kind krank ist, kann ihm das Schmuseobjekt helfen, sich mit dem elenden und unangenehmen Zustand abzufinden. Ich bestehe immer auf Mitnahme des Schmuseobjektes, wenn ein Kind ins Krankenhaus eingewiesen und in dieser fremden, unpersönlichen Umgebung alleingelassen wird, denn ich weiß, daß dem Kind die Eingewöhnung mit seinem Schmuseobjekt leichter fallen wird.

Soll man das Kind dazu anhalten, sich ein Schmuseobjekt zuzulegen? Ich denke ja. Doch wenn Sie sich dazu entschließen, dann denken Sie daran, daß Sie eine solche Beziehung nicht fördern können, indem Sie das Kind in seinem Bettchen mit einer Vielzahl von Spielsachen umgeben. Deshalb würde ich Ihnen dringend raten, schon frühzeitig ein Abkommen mit Ihrem Kind zu treffen, welches seiner Spielsachen zum »Schmuseobjekt« erkoren werden soll. Mit ihm geht das Kind dann schlafen, das Schmuseobjekt leistet ihm Gesellschaft, wenn es allein sein muß, wenn es Trost braucht oder wenn kein anderer Gefährte zur

Hand ist. Und wenn die Gesellschaft ihm und seinem Schmuseobjekt mit ihrer unvermeidlichen Mißbilligung zusetzt, so gibt es viele Möglichkeiten, das Kind und sein Schmuseobjekt zu schützen. Ist es eine Decke, die zu groß und zu schmutzig ist, dann teilen Sie sie in der Mitte durch, und waschen Sie jeweils die Hälfte. Ist es ein Teddybär, und geht er entzwei, dann nähen Sie ihn zusammen. Wenn er mit Stroh, Roßhaar oder Kapok gefüttert und wenn das Kind gegen die Füllung allergisch ist, dann stopfen sie den Teddy einfach mit Schaumgummi aus. Mit anderen Worten, Sie sollten die Liebesbeziehung des Kindes respektieren und ihm diese Erweiterung seiner selbst so lange lassen, wie es sie braucht. Mit sechs oder sieben Jahren ersetzen die meisten Kinder die Beziehung zum Schmuseobjekt durch andere Kinder und interessantere Spielsachen. Aber wie schön, ein solches Objekt zu haben, das fast ein Teil von einem selbst ist.

Wenn ein Daumen oder ein Schmuseobjekt dem Kind über seine Entwicklungsschwierigkeiten hinweghilft, dann sollte man diese Objekte auch in Ehren halten. Wenn die Kinder älter werden, treten andere Liebesbeziehungen und Interessen an die Stelle der Schmuseobjekte, doch die innere Sicherheit und Selbständigkeit, die dank dieser frühen Beziehung gelernt wurden, werden auch später von Nutzen sein.

Richtlinien

Es folgen einige Vorschläge, die es den Eltern möglicherweise erleichtern, diese »Gewohnheiten« bei ihren Kindern zu tolerieren:

1. Fördern Sie rechtzeitig ein »Schmuseobjekt«, eine Krücke, die Sie später akzeptieren können. Wählen Sie sich eines, das Sie während der ersten Jahre ohne Widerstände ertragen können. Denn wenn Ihr Kind sein Herz erst einmal daran gehängt hat, dürfen Sie es ihm nicht wieder wegnehmen.
2. Geben Sie Ihrem Kind keine Flasche Milch ins Bett. Wir wissen heute, daß ein Kind seine künftigen Zähne ruinieren kann,

wenn es die ganze Nacht über Milch im Mund hat. Die bleibenden Zähne eines Sechsjährigen können farblos und voller Löcher sein, weil ihm die Eltern in den ersten Jahren die Milchflasche ins Bett gelegt haben. Wenn das Kind die Flasche als Schmuseobjekt braucht, dann füllen Sie sie mit Wasser. Mag das Kind sie so nicht, dann geben Sie ihm ein anderes »Schmuseobjekt« – ein Spielzeug oder eine Decke –, oder erlauben Sie ihm, den Daumen zu benutzen.

3. Die Wahrscheinlichkeit spricht dafür, daß Säuglinge ihr Herz an ein Stück Stoff oder eine Decke hängen, wenn sie zum Schlafen oder zur Ruhe in ihr Bettchen gelegt werden. Geben Sie dem Kind etwas, das Sie waschen und in kleine Stücke schneiden können. Es wird zum Beispiel eine große Decke mit sich herumschleppen, die rasch schmutzig wird. Wenn Sie sie in kleinere Stücke zerschneiden, so kann das Kind ihr lange genug seine Liebe zuwenden, um sie mit all den Gerüchen zu sättigen, die sie ihm so vertraut machen. Doch Teile von ihr können von Zeit zu Zeit gewaschen werden, ohne daß all ihre Vertrautheit schwindet.
4. Ist es Ihnen als Mutter oder Vater lieber, daß sich Ihr Kind, wenn es älter wird, an ein Spielzeug oder einen anderen akzeptableren Gegenstand bindet, dann offerieren Sie ihm einen solchen Gegenstand von Anfang an als Schmuseobjekt. *Ein* Spielzeug ist wichtiger als das ganze Bett voller Spielsachen. Auch wenn der Säugling einen ganzen Arm voller Spielsachen ins Herz zu schließen scheint, wird eines von ihnen besondere Bedeutung gewinnen, wenn es als »das« Schmuseobjekt herausgestellt wird. Eine neue Puppe mag Ihnen großartig erscheinen, aber Sie müssen daran denken, daß Ihr Kind sie auch noch lieben wird, wenn sie zerlumpt und schmutzig ist. Das schmutzigste und zerlumpteste Spielzeug ist immer dasjenige, das am meisten geliebt wird. Man sollte die Bedeutung dieses Freundes würdigen und das Schmuseobjekt als einen Teil des Kindes in Ehren halten.
5. Wenn beim Kleinkind der Wechsel von der Flasche zu einem »reiferen« Schmuseobjekt erforderlich wird, dann suchen Sie

eines, an dem das Kind die nächsten Jahre hindurch festhalten kann. Sprechen Sie zunächst von diesem Spielzeug, so daß es für das Kind an Bedeutung gewinnt. Binden Sie das neue Spielzeug jeden Abend an die Flasche, und kündigen Sie dem Kind an, daß es »eines Tages« das Schmuseobjekt anstelle der Flasche mit ins Bett nehmen wird. Inzwischen kann es, während sich die Gerüche der beiden mischen, seine Bindung von dem alten auf das neue Objekt übertragen. Nach dieser Vorbereitung und nach längeren Gesprächen kann die Flasche zugunsten des neueren Schmuseobjekts aufgegeben werden.

Kapitel 6
Familienplanung

Während sich die Liebesbeziehung zum ersten Kind zu schönster Blüte entfaltet, stellt sich die Frage: »*Muß* ich ein zweites Kind haben?« Wenn die ersten Monate des Eingewöhnens und der Koliken vorüber sind, erleben die frischgebackenen Eltern das Hochgefühl der Liebe zu ihrem Kind. Jedesmal wenn sie ihre vier Monate alte Tochter ansehen, lächelt sie hingebungsvoll zurück. Ein Laut der Eltern ruft als Antwort einen Seufzer oder ein »Oh« des Kindes hervor. Es zappelt und windet sich in dem Bestreben, eine Verständigung mit den entzückten Eltern herzustellen. Es gibt nur wenige Augenblicke im Leben, die so beglükkend sind wie diese Minuten der wechselseitigen Kommunikation mit einem wachen, vokalisierenden Säugling. Die Eltern haben das Gefühl, die Situation im Griff zu haben und ihrer Rolle gerecht zu werden.

Allerdings wird einem die Freude an dieser intensiven Liebesbeziehung durch die heimliche Angst vergällt, daß das ungetrübte Glück irgendwann ein Ende finden muß. Wir leben alle in der Sorge, daß wir früher oder später für unser Glück zahlen müssen. Die Ängste, mit denen Eltern vor der Frage stehen, ob sie die Liebesbeziehung zum ersten Kind mit einem zweiten teilen sollen, sind überraschend heftig. Während für junge Eltern einerseits der Druck wächst, die Familiengröße zu beschränken, leiden sie andererseits unter dem Gefühl, ein Einzelkind könnte »verwöhnt« werden oder unter dem Geschwistermangel »leiden«. Hinzu kommt die Furcht, das Kind könnte zu einsam sein, wenn beide Eltern arbeiten. Sie glauben, sie müßten ein zweites

Kind bekommen, damit das erste einen Freund und engen Verwandten hat. Deshalb ist für viele Menschen heute das Ideal die Familie mit zwei Kindern. Frauen, die der Familie wegen ihre Berufstätigkeit unterbrechen, sind der Meinung, sie müßten ihr zweites Kind möglichst rasch bekommen, um »ins Arbeitsleben zurückkehren« zu können. Ein weiterer Grund, der das Denken junger Eltern beherrscht, ist weniger bewußt. Da das erste Kind eine Dreierbeziehung hergestellt hat und beide Elternteile das Kind haben möchten, liegt der Gedanke nahe, daß sie bei zwei Kindern jeder eines für sich hätten. Deshalb ist die Vorstellung sehr verbreitet, erst mit zwei Kindern sei die Familie vollständig. Daß sich dieser Gedanke mitten in dem glücklichen Jahr mit dem ersten Kind meldet, ist kein Zufall.

Das Ende der Glückseligkeit

Wenn das erste Kind einen bestimmten Entwicklungsabschnitt erreicht hat, wird mir in meiner Praxis häufig die Frage nach einer vernünftigen zeitlichen Planung des nächsten Kindes gestellt. Meist taucht diese Frage auf, wenn das Kind die ersten Unabhängigkeitsbestrebungen zeigt. Da fragt etwa die junge Mutter eines fünf Monate alten Babys: »Jetzt wo Jean größer wird – wann soll ich nun das zweite Kind bekommen?« Das Widerstreben, Jean aufzugeben, zeigt sich in dem Wort »soll«, als sei das zweite Kind eine Art Buße für die Freude, die die Mutter am Umgang mit Jean findet. Betrachtet man Jean, so erscheint der Zeitpunkt der Frage höchst unpassend. Sie ist ein rundliches, weiches Bündel aus Falten und Grübchen. Während sie auf dem Untersuchungstisch liegt, blickt sie sich aufmerksam in dem Raum um und mustert jeden neuen Gegenstand mit ernstem Gesicht. Etwa jede Minute sieht sie die Mutter oder den Vater an, die neben ihr an den Tisch gelehnt stehen und sich mit mir unterhalten. Wenn sie sie ansieht, geben sie ihr einen beruhigenden Blick zurück. Ihr Gesicht legt sich in Fältchen, ihr Blick wird friedlich, und sie lächelt die Eltern zufrieden an, ja sogar die

Arme und Beine zappeln ein bißchen, als wollte sie ihnen mit ihrem ganzen Körper danken. Das dauert nur ein paar Sekunden.

Von neuem wendet sie sich der Aufgabe zu, die Informationen über die unbekannte Umgebung zu verarbeiten, während die Eltern sich wieder auf das Gespräch mit mir konzentrieren. Doch in diesem winzigen Augenblick ist deutlich geworden, wie tief die Beziehung ist, die sie miteinander verbindet. Alle waren sie einen Moment lang überwältigt von dem intensiven Gefühl ihrer Liebe, und alle haben sie gespürt, wie wichtig ihnen die Gegenwart des anderen ist. Das Baby hat den Eltern durch seinen Blick zu verstehen gegeben: »Ihr seid mein Halt, und ich kann es aushalten, in dieser fremden, gefährlichen neuen Umgebung zu sein, weil ihr da seid und ich euch anblicken kann!« Die Eltern konnten erleben, wie wichtig sie für dieses neue Wesen waren.

Erstaunlicherweise fragen Eltern in dieser Zeit: »Sollen wir ein zweites Kind bekommen?« Oder die stillende Mutter möchte wissen: »Wann soll ich sie entwöhnen?« Wenn ich solche Fragen mit ihnen durchspreche, stellt sich heraus, daß sie noch gar kein zweites Kind möchten und daß die Mutter ihr Kind noch nicht entwöhnen will. Doch mit Fragen dieser Art wehren sich die Eltern gegen zuviel Fürsorglichkeit und eine immer enger werdende Bindung. Im übrigen hat Jean schon von sich aus begonnen, diese Bindung abzuschwächen. Immer wieder unterbricht sie das Stillen, blickt umher, lauscht, wie nebenan eine Tür geschlossen wird, gluckst zur Mutter empor und wirft dem Vater quer durchs Zimmer ein strahlendes Lächeln zu. Für die Mutter sind das Signale, daß Jean sie nicht mehr so dringend braucht. Für Jean ist es ein aufregender Abschnitt ihrer kognitiven Entwicklung, ein Ansturm neuer Interessen und das Eindringen der Umgebung in ihr Bewußtsein. In gewisser Weise markieren diese Signale den Beginn der Unabhängigkeit. Für die Eltern scheinen sie Vorboten einer Zukunft zu sein, in der Jean tatsächlich von ihnen unabhängig sein wird.

Über alle diese Gefühle muß man sich klarwerden, bevor man das nächste Kind plant. Für die Mutter ist der Gedanke an die

Trennung vom ersten Kind besonders schwer zu ertragen. Ich habe erlebt, wie Mütter in meinem Sprechzimmer völlig die Fassung verloren, als sie mir mitteilten, daß sie zum zweiten Male schwanger waren. Die Vorstellung, das erste Kind um des zweiten willen »im Stich lassen« zu müssen, erscheint ihnen unerträglich. Sie sind deprimiert bei dem Gedanken, die Intensität dieser ersten Beziehung lockern zu müssen. Deshalb rate ich Eltern, das erste Jahr dem ersten Kind zu widmen, damit sie sich ganz auf das Kind konzentrieren können und auf die Freude, die sie an ihm finden. Sogar ein Fötus kann das Glück dieser Beziehung beeinträchtigen.

Rasch aufeinanderfolgende Kinder

Bei stillenden Müttern ist das Risiko einer ungewollten zweiten Schwangerschaft besonders groß. Ich habe viele solcher Fälle erlebt. Die Mutter glaubt sich durch das Stillen geschützt und vermag den Eisprung nicht vorherzusagen, weil die Periode noch nicht wieder eingesetzt hat. Wenn sie sich nicht vorsieht, kann sich das zweite Kind schon ankündigen, noch bevor sie bereit ist, das erste loszulassen. Zwei Kinder im Abstand von zehn bis achtzehn Monaten sind fast wie zweieiige Zwillinge, im Englischen werden sie sogar »irische Zwillinge« genannt. Natürlich können sie alle Fürsorge und Zuwendung erhalten, die sie brauchen. Sie werden ihren Eltern Freude machen, ihnen aber auch, solange sie klein sind, ein hartes Stück Arbeit bereiten. Wenn man für zwei abhängige Geschöpfe verschiedenen Alters sorgen muß, so ist das nicht nur eine körperliche, sondern auch eine seelische Anstrengung. Die Gefahr für die Kinder liegt darin, daß die erschöpfte Mutter nicht differenziert genug auf sie eingeht. Sie wird entweder dazu neigen, sie so zu behandeln, als wären sie gleichaltrig, oder das etwas größere Kind altersmäßig überfordern. Wenn dieses sich dagegen wehrt, indem es sich wie ein Kleinkind verhält, nimmt die Mutter unbewußt die Anforderungen übel, die da an sie gestellt werden, und zwingt das ältere

Kind, eine Verantwortung zu übernehmen, die es noch nicht tragen kann. Wenn sie schließlich älter sind und die Mutter nicht mehr in so hohem Maße beanspruchen, wird es allerdings leichter, individuell auf sie einzugehen. Und der geringe Altersabstand ist eine gute Voraussetzung dafür, daß auch die Beziehung der Kinder untereinander besonders eng wird.

Bei der Familienplanung sollten die Eltern unbedingt ihre Energie und Belastbarkeit berücksichtigen. Die Gründe, die sie selbst haben, um einen kürzeren oder weiteren Abstand zwischen den Kindern zu wünschen, sind vermutlich die besten Ratgeber. Eine Mutter, die ihre Kinder rasch hintereinander bekommen möchte, damit sie in ihren Beruf zurückkehren kann, wird möglicherweise unzufrieden sein, wenn sie zu lange an das Haus gefesselt ist, und diese Gefühle indirekt an ihrer Familie auslassen. Ein Vater, der das Gefühl hat, er brauche für jedes Kind eine gewisse Zeit, um ihm eine angemessene finanzielle Zukunft zu sichern, kommt möglicherweise zu dem Ergebnis, daß er nur die Verantwortung für ein Kind zur Zeit übernehmen kann. Das Problem der meisten Familien besteht darin, daß sie bei ihrer Planung ihre Energie und Belastbarkeit falsch einschätzen.

Warten auf die Unabhängigkeit

Wenn Sie das Empfinden haben, daß Sie sich Ihrem ersten Kind lange und intensiv genug zugewandt haben und daß es sich eindeutig auf dem Weg zur Unabhängigkeit befindet, dann wird es Ihnen leichter fallen, es mit dem nächsten Kind zu teilen. Die Unabhängigkeit im zweiten Lebensjahr erleichtert den Gedanken an das nächste Kind. Zwangsläufig wird dieses neue Kind Ihre Zeit und Ihre seelische Energie beanspruchen. Fast unausweichlich wird die Mutter das erste Kind drängen, rascher unabhängig zu werden, sobald sie das nächste hat. In Kulturen der Dritten Welt ist die Entwöhnung des älteren Kindes bei erneuter Schwangerschaft der Mutter gewöhnlich mit einem Ritual verbunden. Öffentlich überträgt sie die Verantwortung für das ältere Kind einem anderen Familienmitglied – der Großmutter, einer Tante oder einem älteren Geschwister. Wieder und wieder ruft sie dem Ritual entsprechend aus: »Nun muß ich mich von dir abwenden, damit ich mich dem neuen Kind widmen kann.« Obwohl das oft sehr barsch geschieht, habe ich beobachtet, wieviel Beklemmung die Mutter zu verbergen sucht, wenn sie ihr Kind abgibt. Aber sie weiß, daß sie sich zu dieser »Abwendung« zwingen muß, weil sie sonst nicht genügend Energie hätte, das nächste Kind großzuziehen.

Trotz zunehmender Unabhängigkeit im zweiten Jahr braucht das Kind Zeit, um sich über seine Wünsche klarzuwerden. Möchte es wirklich unabhängig werden? Meint es nein, wenn es nein sagt, oder meint es vielleicht doch ja? Nach einem wilden Wutanfall ist es so erschöpft, daß es die Hilfe der Eltern braucht, um sich über die Gründe für den Ausbruch klarzuwerden und um zu lernen, sich selbst Grenzen zu setzen. Wer sonst könnte ihm die Kraft geben, die Anstrengungen zu unternehmen und sich die Beschränkungen aufzuerlegen, die erforderlich sind, um eine unabhängige Persönlichkeit zu werden? Wenn die Mutter in dieser Zeit nicht zur Verfügung steht oder diesen Kampf um Unabhängigkeit nicht als wichtig und entscheidend begreift, wird das zweite Lebensjahr für sie und das Kind voller Frustrationen sein. Wird die Mutter von dem zweiten Kind zu sehr in Anspruch genommen, kann sie den Humor verlieren und diese wichtige Zeit des Lernens und Ausprobierens möglicherweise nicht mehr in ihrer ganzen Bedeutung erkennen. Im Idealfall bekommt die Mutter das zweite Kind, nachdem ein Teil der Probleme dieses zweiten Jahres gelöst sind.

Eltern, die zwei bis drei Jahre zwischen den Kindern verstreichen lassen, haben vielleicht Sorge, die Kinder seien im Alter zu weit auseinander, um sich anzufreunden, wenn sie älter werden. Haben sie einen Halt aneinander? Nach meiner Erfahrung ist das Verhältnis zwischen den Kindern besser, wenn die Eltern eine positive Einstellung zum Altersabstand haben. Stehen die Eltern unter Streß, weil die Kinder zu dicht aufeinander folgen, werden diese den größten Teil ihrer Kindheit mit Geschwisterrivalität beschäftigt sein. Gegenstand von Geschwisterrivalität sind immer die Eltern. Die Rivalität zwischen den Kindern ist unvermeidlich, und wenn sich die Eltern nicht einmischen, setzen die Kinder sich allein mit ihren Konkurrenzgefühlen auseinander. Gibt die Rivalität der Kinder den Eltern das Gefühl, sie seien nicht allen Kindern gerecht geworden, dann wird die Rivalität *verstärkt* und kann die positiveren Gefühle zwischen den Geschwistern verdrängen. Das ist ein weiterer Grund für Eltern, sich bei der Planung ihrer Kinder nach ihrer eigenen Belastbarkeit zu richten. Oft entspricht ein Abstand von zwei oder drei Jahren diesen Bedürfnissen. Mit zwei oder drei Jahren dürften die meisten Kleinkinder eine grundsätzliche Unabhängigkeit erreicht haben. Sie können sich selbständig umherbewegen, ihr Spiel ist phantasievoll und unabhängig, sie müßten unabhängige Eß- und Schlafgewohnheiten angenommen haben, und viele verstehen allmählich, welche Vorteile die Sauberkeitserziehung hat.

Ferner sind Kinder mit zwei Jahren fähig, in Gruppen von Altersgenossen zu spielen. Eine solche Gruppe von Gleichaltrigen kann ein Höhepunkt in der Woche eines Kleinkindes sein. Der Lernprozeß, der sich im Spiel mit den anderen vollzieht, die Entladung von Spannungen und die Auseinandersetzung mit dem Negativismus, der in kleinen Spielgruppen auftreten kann, zeigt, wie mühelos Kinder dieses Alters schon Zugang zueinander finden. Eine Mutter kann also mit anderen Müttern zusammen eine Spielgruppe einrichten, die sich regelmäßig trifft. Sie kann das Kleinkind aber auch *getrost und zum Nutzen des Kindes* in einer Tageseinrichtung unterbringen, in der das Kind mit einer solchen Gruppe zusammenkommt, während sie sich dem neuen Säugling zuwenden kann. Ein Abstand von zwei bis drei Jahren zwischen den Kindern kann also für alle Familienangehörigen angenehm und nützlich sein.

Umgang mit jüngeren Geschwistern

Unter Umständen ist es auch sehr nützlich, Kinder in einem Abstand von mehr als drei Jahren zu bekommen. Im Alter von vier oder fünf Jahren ist ein Kind durchaus fähig, sich an der Betreuung eines Neugeborenen zu beteiligen. Es hat schon ein Empfinden dafür, daß das Baby zu ihm gehört. Das Kind kann lernen, den Säugling zu füttern, auf dem Arm zu halten, zu wiegen, zu wickeln, zu trösten und mit ihm zu spielen. Sobald sich das ältere Geschwister von der Enttäuschung erholt hat, daß der Familienzuwachs nicht in seinem Alter ist und noch nicht an den Spielen teilnehmen kann, die es sich ausgemalt hat, kann es sich mit Hilfe der Eltern mit dem Neugeborenen vertraut machen und verfolgen, wie es einen Entwicklungsschritt nach dem anderen bewältigt. Eines Tages kam der fünfjährige Leslie in mein Sprechzimmer gestürzt und erklärte: »Dr. B., gucken Sie mal, wie mein Baby läuft! Es fällt nicht mehr hin.« Mit diesen Worten lief er hinüber zu seinem elf Monate alten Bruder und hielt ihm die Hand hin. Dieser strahlte über das ganze Gesicht, weil ihm sein Held soviel Aufmerksamkeit schenkte. Dankbar und eifrig ergriff er Leslies Hand und zog sich empor. Nur mühsam die Balance haltend, klammerte er sich an den ausgestreckten Arm des Bruders und wackelte durchs Zimmer. Leslie, der den Bruder führte, war eitel Stolz und Wonne: »Gucken Sie! Ist er nicht großartig?« Während mir hier eindringlich vor Augen geführt wurde, daß ein älteres Kind dem jüngeren Geschwister nicht nur das Gehen beibringen, sondern ihm auch vermitteln kann, wie aufregend Lernen sein kann, dachte ich, welches Glück eigentlich ein jüngeres Kind hat, wenn sich ihm eine solche Gelegenheit bietet, die Faszination des Lebens kennenzulernen. Leslie und sein Bruder lernen nicht nur bestimmte Fertigkeiten von- und aneinander, sie lernen auch, was es heißt, sich aufeinander verlassen zu können.

Mit vier oder fünf Jahren verfügt ein Kind über die natürlichen Voraussetzungen, um sich um ein kleineres Kind kümmern und es unterweisen zu können. Margaret Mead hat mir einmal erklärt, eine der empfindlichsten Lücken in unserer Kultur sei die Tatsache, daß Kinder im Alter von vier bis sieben Jahren so selten Gelegenheit haben, für jüngere Kinder zu sorgen. In den meisten Kulturen der Erde erwarte man von den älteren Geschwistern, daß sie sich um die jüngeren Kinder kümmern. Dadurch lernen sie, was alles dazugehört, ein Kind großzuziehen, und sind auf die eigene Elternrolle besser vorbereitet. Ein zeitlicher Abstand von einigen Jahren zwischen den Kindern sorgt automatisch für eine solche Erfahrung. Und für ein jüngeres Kind ist die Möglichkeit, von einem älteren Geschwister zu lernen, ein wahrhaftes Privileg. Unser letztes Kind hat die meisten seiner Fertigkeiten und Wertvorstellungen aus der sorgfältigen und geduldigen Unterweisung der älteren Geschwister gelernt. Sein Bestreben, von ihnen zu lernen, gründete sich auf eine Art blinder Anbetung, die von ganz anderer Art ist als die Gefühle des Babys, wenn die Eltern ihm die gleichen Dinge beizubringen versuchen. Ich bin immer wieder gerührt über den eifrigen, sehnsüchtigen Gesichtsausdruck, mit dem ein Säugling oder Kleinkind ein älteres Kind beobachtet. Und es verblüfft mich, zu welch hohem Maß an Nachahmungslernen ein Kleinkind fähig ist, wenn sich ein älteres Kind die Zeit nimmt, ihm eine neue Fertigkeit beizubringen.

Teilen lernen

Teilen zu lernen ist unter Umständen die schwierigste Aufgabe, vor die das Kind beim Heranwachsen in seiner Familie gestellt wird. Aber es ist auch die wichtigste Sache, die man in der Kindheit lernen kann, denn wer teilen kann, der hat gelernt, die Gefühle anderer Menschen zu verstehen. Immer wenn ich mit einem Kleinkind zu tun habe, das andere an den Haaren zieht oder beißt, fordere ich die Eltern auf, nach einem anderen Kleinkind zu suchen, das an den Haaren zieht oder beißt, und die beiden aufeinander loszulassen. Eines wird das andere angreifen. Dasjenige, das den Angriff über sich ergehen läßt, wird zu Tode erschrocken aussehen – ihm ist plötzlich klargeworden, daß es weh tut, wenn man gebissen oder an den Haaren gezogen wird. Es wird nie wieder beißen oder an den Haaren ziehen. Dies kann die erste bleibende Erkenntnis über die Auswirkungen des eigenen Verhaltens auf andere sein. Teilen zu lernen kann schmerzlich, aber auch befriedigend sein.

Eltern haben ihre eigenen Probleme mit dem Teilen. Bei dem Gedanken an ein weiteres Kind fühlen sich nur wenige Eltern wirklich in der Lage, für mehr als ein Kind zu sorgen. Und dieses Empfinden der Unzulänglichkeit kann sich dem ersten Kind durchaus als die Angst mitteilen, ihm nicht mehr zur Verfügung stehen zu können. Mehr als ein Kind zu haben bedeutet, daß die Eltern ihre Aufmerksamkeit teilen müssen. Wichtig ist in diesem Falle nicht nur, daß man für den Säugling da ist, sondern daß man auch noch Zeit für das ältere Kind hat.

Wenn Sie das nächste Kind erwarten, dann müssen Sie das ältere Kind auf die Trennung und die Veränderungen in Ihrer Beziehung vorbereiten. Lassen Sie es teilhaben an Ihrer Situation und sich mit Ihnen als Bezugsperson für das zukünftige Baby identifizieren. Statt es wegzuschieben, »um das Neugeborene zu schützen«, lassen Sie es lernen, wie man vorsichtig und fürsorglich ist, wie man es auf dem Arm hält und wiegt, wie man es füttert. Das ältere Kind wird dann das Gefühl haben, daß es auch sein Baby sei.

Wenn der Säugling nach Hause kommt und viele Dinge Ihre Zeit und Energie in Anspruch nehmen, dann nehmen Sie sich trotzdem einen bestimmten Zeitraum für das ältere Kind oder die älteren Kinder, und zwar nur für sie *alleine*, ohne daß sich das Baby irgendwo in der Nähe befindet. Jedes ältere Kind braucht einen Zipfel von der Zeit jedes Elternteils, welcher gegen alle Einflüsse von außen geschützt sein muß. Die Länge des Zeitraums spielt keine Rolle, die Qualität ist entscheidend. Eine Stunde wöchentlich von jedem Elternteil für jedes Kind kann reines Gold für die Fortdauer Ihrer Beziehung sein. Sie muß aber für dieses Kind *allein* bestimmt sein, und es muß ihm freistehen, sie in jeder Weise zu nutzen, die ihm gefällt. Und man sollte den Rest der Woche darüber sprechen: »Auch wenn ich keine Zeit habe, so werden wir uns unsere Stunde nehmen. Und das ist dann ganz allein unsere Stunde (ohne das Baby), denn du bist mein erstes Baby und immer noch mein Schatz.« Oder der Papa: »Am liebsten würde ich nicht zur Arbeit gehen, sondern bei dir bleiben. Aber du weißt ja, das geht nicht. Doch wir werden in dieser Woche noch Zeit füreinander haben – unsere Zeit. Dann tun wir all die Dinge, die *uns* Spaß machen. Du bist schließlich mein Mädchen (oder mein Junge), und ich wünschte, wir könnten die ganze Woche zusammensein.« Solche Sonderzeiten mögen kurz sein, doch ihre Intensität schweißt eine Familie zusammen.

Plant man eine große Familie, kann die Frage des Abstands zwischen den Kindern noch größere Bedeutung gewinnen. Für mich gibt es keinen Zweifel, daß ältere Kinder von enormem Wert für jüngere sind. Ein drittes oder viertes Kind besitzt fast immer den Vorteil der elterlichen Erziehungserfahrung und älterer Geschwister, von denen es lernen und an die es sich halten kann. Große Familien werden heutzutage immer seltener; dafür gibt es gute Gründe, aber die Kinder in kleinen Familien büßen in der Regel etwas ein. Ältere Kinder in einer großen Familie haben die Möglichkeit, für die kleineren Geschwister zu sorgen und die Eltern zu beobachten, wie sie für die jüngeren Brüder und Schwestern sorgen. Aus zahlreichen Untersuchungen geht hervor, daß es Menschen deutlich leichter fällt, für die eigenen Kinder zu sorgen, wenn sie in großen Familien aufgewachsen sind und miterlebt haben, wie die kleineren Geschwister großgezogen wurden. Mütter, die gesehen haben, wie die eigenen Mütter ein Neugeborenes gestillt haben, gelingt es fast immer besser, die eigenen Babys zu stillen. Indes werden zu viele Kleinkinder mit ihren natürlichen Ansprüchen an die Mutter möglicherweise zum Alptraum. Ein Abstand zwischen den Kindern von mindestens zwei Jahren, besser noch von drei bis fünf Jahren, kann eine große Familie zu einer positiveren Erfahrung machen.

Wie verhält es sich mit Frauen über fünfunddreißig, denen die Zeit ihrer Gebärfähigkeit begrenzt erscheint? Sollen sie sich beeilen und ihre Kinder so rasch wie möglich bekommen? Ich würde entschieden davon abraten. Eine ältere Mutter empfindet jedes Baby als anstrengend, kraftraubend, aber auch außerordentlich beglückend. Für eine Frau dieses Alters ist es wahrscheinlich noch wichtiger als für jüngere Mütter, sich an jedem Kind ganz bewußt und konzentriert zu erfreuen, damit sie eine Entschädigung für die größere körperliche Belastung hat.

Die Planung der Kinder sollte eine »egoistische« Entscheidung sein, bei der die eigene Belastbarkeit und die eigenen Bedürfnisse so weit als möglich berücksichtigt werden.

Richtlinien

1. Passen Sie auf, daß die Probleme, die Sie selber mit der Trennung vom älteren Kind haben, Ihnen nicht den Blick auf die Einsamkeitsgefühle des Kindes verstellen.
2. Bereiten Sie das ältere Kind darauf vor, daß eine Trennung bevorsteht, daß Sie fortgehen werden, um noch ein Kind zu bekommen. Wählen Sie dafür einen geeigneten Zeitpunkt – zu früh kann frustrierend sein. Doch es ist wichtig, daß Sie offen über die Zeit sprechen, in der Sie fort sein werden.
3. Bringen Sie dem älteren Kind ein besonderes »Schmuseobjekt« mit, wenn Sie nach Hause kommen, mit dem es spielen und Sie nachahmen kann, wenn Sie für das Baby sorgen.
4. Schaffen Sie für das ältere Kind Extragelegenheiten, das Neugeborene auf den Arm zu nehmen und es zu versorgen.
5. Reservieren Sie Extrazeiten für das ältere Kind, in deren Planung das Neugeborene nicht berücksichtigt ist.
6. Reden Sie möglichst oft über diese Extrazeiten, so daß sie zum Symbol für die schmerzliche Lücke werden, die der Verlust der ursprünglichen Beziehung zu diesem Kind in Ihnen hinterlassen hat.
7. Wenn die Geschwisterrivalität keine zu große Belastung für die Eltern ist, sollte das Kind seine Gefühle zum Ausdruck bringen können. Es erträgt die Situation dann leichter.
8. Seien Sie auf die Entwicklungsregressionen gefaßt, die bei dem

älteren Kind zu erwarten sind – zum Beispiel verstärkter Negativismus und Wutanfälle, erneutes Bettnässen, Babysprache, der Wunsch, wie ein Baby behandelt zu werden usw. Das ältere Kind wird gewöhnlich auf die Stufen regredieren, die es gerade überwunden hat, doch die Regression kann auch weniger auffallend und weniger typisch sein. Die Aufgabe der Eltern ist es, zu helfen, nicht zu strafen oder Enttäuschung zu zeigen. Dauert die Regression zu lange an, können die Eltern dem Kind erklären, daß man an ihr erkennen kann, wie sehr es sich mit dem Neugeborenen identifiziert. Dem Kind zu helfen, sich selbst zu verstehen, kann therapeutische Wirkung haben.

9. Wenn man besondere Rücksicht darauf nimmt, daß das ältere Kind ein Bedürfnis nach anderen Ventilen hat, wird sich das sicherlich auszahlen. Im zweiten und dritten Jahr kann ein Kleinkind viele seiner häuslichen Probleme in einer Spielgruppe von Gleichaltrigen ausleben. Der natürliche Negativismus des zweiten Jahres kann eine gemäße Äußerungsform im Nachahmungsspiel mit anderen negativen Zweijährigen finden.
10. All das unterstreicht, wie wichtig es ist, daß sich Eltern bei der Entscheidung, wann sie ein zweites Kind bekommen wollen, nach der körperlichen und seelischen Energie richten, die ihnen für dieses nächste Kind bleibt. Wenn sie bei der Planung des zeitlichen Abstandes eine glückliche Hand zeigen, wird sich das ältere Kind mit jeder neuen Konstellation abfinden können.

Teil II
Allgemeine Fragen

Kapitel 7
Disziplin

Einem Kleinkind Grenzen zu setzen ist eine der schwierigsten, aber auch der wichtigsten Aufgaben, die Eltern gestellt sind. In den fünfziger Jahren, einer Zeit ausgeprägter Permissivität, waren die Eltern bemüht, diese Aufgabe von sich zu schieben. Sie rationalisierten das, indem sie erklärten, jedes Kind müsse seine individuelle Persönlichkeit entfalten und seine Grenzen selbst entdecken. Durch Aufhebung der Grenzen, so meinten die Eltern, erhalte das Kind die Möglichkeit, sich und seine Welt in Freiheit zu erfahren. Erwuchsen daraus Probleme, machte man Dr. Spock verantwortlich. Doch der diente nur als Sündenbock, denn er hat nie eine solche Permissivität gepredigt.

Ich erinnere mich noch gut daran, wie fürchterlich es war, in den fünfziger Jahren zu einem Abendessen eingeladen zu sein. Man nahm allen Mut zusammen, um einen Abend lang die Kinder der Freunde zu ertragen. Zu fortgeschrittener Stunde kletterten überdrehte Kinder mit verstörtem Blick auf den Besuchern, den Möbeln, dem Eßtisch herum. Wenn sie sich in einem Wutanfall mitten im Zimmer zu Boden warfen, schienen sie förmlich darum zu betteln, daß sich irgend jemand erbarmte und sagte: »Hört jetzt damit auf, und geht zu Bett!« Es war schrecklich, untätig dabeizusitzen und zuzusehen, wie sie völlig die Fassung verloren. Man war versucht, einzugreifen, nein zu sagen und ihnen klare Grenzen zu setzen. Während sie praktisch darum bettelten, daß man ihnen Einhalt gebot, wurden die Eltern zwischen immer widersprüchlicheren Gefühlen hin- und hergerissen. »Sollen wir nein sagen oder doch lieber nicht?« »Sollen wir sie zu Bett bringen oder nicht? Es ist doch schrecklich egoistisch, sie aufzufordern zu verschwinden, nur weil wir es möchten.« Dieser Konflikt auf seiten der Eltern tat den Kindern sicherlich nicht gut, denn sie wurden immer verzweifelter. Immer nachdrücklicher versuchten sie ihren Wunsch nach elterlicher Autorität mitzuteilen.

Inzwischen wissen wir, daß sich viele dieser Kinder aus den fünfziger Jahren »alleingelassen« vorkamen, als sie klein waren. Eine ganze Reihe von ihnen haben mir in meiner Praxis erzählt, daß sie sich nach elterlicher Autorität gesehnt und sie bei weitem der Haltung vorgezogen hätten, mit der man sie behandelte: einer unausgesprochenen und nervösen Mißbilligung. Ich bin sicher, die Eltern hätten sich solche Gefühle nicht eingestanden, aber ich bin auch sicher, daß die Kinder recht haben. Niemand kann ruhig dasitzen und zusehen, wie ein Kind die Erwachsenen mit allen Mitteln zum Eingreifen zu bringen sucht, und dabei keine Mißbilligung empfinden. Wer solche Kinder erlebte, bezeichnete sie als »verwöhnt« oder »verunsichert«, und ihr undiszipliniertes Verhalten in der Schule war ein Ärgernis für Lehrer und Mitschüler. Dieses Verhalten wurde nicht als das erkannt, was es war – nämlich als die ängstliche Suche nach Grenzen. Ein verwöhntes Kind ist ein ängstliches Kind – ein Kind, das sich von den Entscheidungen, die man ihm zumutet, zu befreien sucht.

Die Suche des Kindes nach Grenzen

Seit den fünfziger Jahren, seit diese Kinder Eltern geworden sind, hat man sich – zum Glück für die heutigen Kinder – von dieser Art der Permissivität abgewandt. Man hat sie als das erkannt, was sie ist – als elterliche Pflichtvergessenheit und nicht als den kindorientierten Ansatz, als den man sie ausgegeben hatte. Kleinkinder haben, wie wir inzwischen erkannt haben, den Wunsch nach klaren Grenzen. Wenn sie das Gefühl haben, daß sie außer Kontrolle geraten, oder nicht wissen, wie sie sich selbst Einhalt gebieten können, beginnen sie, auf die Erwachsenen in ihrer Umgebung Druck auszuüben, sie zu provozieren. Dadurch daß das Kind von den Erwachsenen lernt, was akzeptabel ist und was nicht, daß es von einem verständnisvollen, aber entschiedenen Erwachsenen lernt, sein zum Zerfall neigendes Ich zu kontrollieren, lernt es auch, sich selbst Grenzen zu setzen. Die Disziplin ist also Aufgabe der Eltern. Das mag schmerzlich sein, weil sie häufig zu Zeiten erforderlich ist, wo die Eltern die Angst des Kindes spüren. Doch die Erleichterung, die das Kleinkind zeigt, wenn es sich nach heftigem Protest wieder beruhigt, wird die Eltern sicherlich überzeugen, daß sie auf dem richtigen Weg sind.

Emily ist ein braunäugiges, braunhaariges, ziemlich rundliches Mädchen von zwei Jahren. Als Baby war sie angenehm im Umgang, und die Eltern waren entzückt von dem ersten Jahr glückseligen Einverständnisses. Wenn sie lächelten, lächelte Emily. Wenn Emily strahlte, strahlten die Eltern. Emily war bezaubernd, und sie waren bezaubert. Noch einen weiteren Vorzug besaß Emily – sie war bestrebt, ihnen zu gefallen. So sonnten sie sich in gegenseitiger Bewunderung und der glückseligen Liebesbeziehung des ersten Jahres. Den Eltern erschien ihre Aufgabe so leicht, daß sie bereits ein zweites Baby planten, als sie im zweiten Jahr völlig unvermutet mit Emilys Trotz und Negativismus konfrontiert wurden. So sehr sie bisher bestrebt gewesen war, ihren Eltern zu gefallen, so unangenehm wurde sie jetzt in ihren negativen Reaktionen und Wutanfällen. Ihr Verhalten wurde für ihre Mutter völlig unvorhersehbar, während sie im ersten Jahr gerade die Vorhersehbarkeit genossen hatte. Aus dem liebenswürdigen, leicht zu behandelnden Baby wurde ein trotziges, eigensinniges Kleinkind. Ließ man ihr nicht den Willen, warf sie sich auf den Boden und schrie. Versuchte die Mutter, sie zum Essen zu bewegen, fegte sie den Teller von ihrem Kinderstühlchen. Versuchte die Mutter, sie schlafen zu legen, fand sie eine Entschuldigung nach der anderen, um die Bettzeit hinauszuschieben. Ihre Eltern waren entsetzt und hilflos. Mrs. Abt fragte mich, was sie falsch gemacht hätte, um aus der herzigen Emily ein solches Ungeheuer zu machen. Sie traute sich mit dem Kind nicht mehr aus dem Haus, weil es sich seine Wutanfälle für die Öffentlichkeit aufzuheben schien.

Die Abts waren über Emilys plötzliche Verhaltensveränderung verzweifelt, und sie waren böse auf sich selbst und auf das Kind. Sie fühlten sich verantwortlich für Emilys Verhalten, konnten es aber nicht in den Griff bekommen. Infolgedessen verbrachten sie den größten Teil des Tages damit, jeden Konflikt zu vermeiden. Alle Anforderungern an Emily trugen den Charakter des Vorläufigen und Versuchsweisen: Ob sie vielleicht ins Bett gehen würde? Würde sie sich auf ihr Stühlchen bequemen? Nach ein paar solcher zögernder Aufforderungen schien sie jedesmal einen Wutanfall zu bekommen. Als sie bei mir erschienen, waren sie verzweifelt. Emily schien in der Familie das Heft fest in der Hand zu haben. Sie beherrschte das Leben der Eltern. Am Morgen weckte sie sie, und hielt sie bis spät in die Nacht auf Trab. Zu den Mahlzeiten aß sie nichts, aber zwischendurch wollte sie einen Leckerbissen nach dem anderen. Nie mochte sie, was ihr die Eltern anboten, sondern schickte sie von einer Ecke der Küche in die andere auf der Suche nach »etwas, was sie mochte«. Wenn die Eltern abends ausgehen wollten, weinte Emily so heftig, daß sie sich nicht mehr aus dem Hause trauten. Der Vater fürchtete sich regelrecht, abends nach Hause zu kommen. Ursprünglich hatte Emilys Mutter vorgehabt, eine Stellung anzunehmen und Emily im Kinderhort unterzubringen, doch davon war keine Rede mehr.

Während wir uns in meinem Sprechzimmer unterhielten, beobachtete ich sie. Emily war nicht mehr das fröhliche Kind, als das ich sie kennengelernt hatte. Sie wirkte angespannt und ziemlich verbissen in ihrer Aktivität. Als die Eltern versuchten, sich mit mir zu unterhalten, beobachtete sie uns aufmerksam. Wie bei den Zuschauern eines Tennisspiels wanderten ihre Augen von einem Sprecher zum anderen. Sie versuchte sie durch provozierendes Verhalten von ihren besorgten Klagen abzubringen. In dem Bemühen, die Aufmerksamkeit der Eltern auf sich zu ziehen, kletterte sie erst dem einen auf den Schoß, dann dem anderen. Mit steigender Lautstärke warf sie ihnen die Wörter an den Kopf, die sie neuerlich gelernt hatte, als wollte sie mit ihnen konkurrieren. Sie legte ihnen die Hand auf den Mund und schleppte ein Spielzeug nach dem anderen herbei, bis es sich auf ihren Schößen stapelte.

Als die Eltern keine Anstalten machten, das Gespräch mit mir zu unterbrechen und sich ihr zuzuwenden, wurde ihr Verhalten immer provozierender. Sie zog Bücher aus meinem Regal, woraufhin sie beide aufsprangen und sie wieder hineinstellten. Sie kletterte auf meinen Schreibtisch und schob sich zwischen uns, während wir miteinander sprachen. Sie fing an, Papiere von meinem Schreibtisch zu zerren. Die Spielsachen dagegen, die ihr angeboten wurden, verschmähte sie. Offensichtlich galt ihr ganzes Interesse der Mutter und dem Vater. Während sie sich mehr und mehr in ihr herausforderndes Verhalten hineinsteigerte, wurden ihre Augen glasig und ihr Gesicht noch verbissener. Ihre Bewegungen wurden verkrampfter, und sie fiel sogar ziemlich ungeschickt über einen Praxisstuhl. Doch das nahm sie kaum zur Kenntnis.

Nach einer ziemlich verzweifelten Bitte um Aufmerksamkeit ließ sie sich zu Boden fallen, rollte hin und her und stieß ein langgezogenes Geheul aus. Die Eltern sahen ebenso verstört und hilflos aus wie das kleine Mädchen. Sie fragten: »Was sollen wir jetzt tun? Sie wirkt mehr wie ein kleines wildes Tier als wie unsere Emily.«

Ich sah die drei an – alle bedauernswert, alle überreizt und voneinander isoliert, alle hilflos und wütend. Ich fragte: »Warum haben Sie sie nicht einfach auf den Arm genommen und ihr gesagt, daß Sie sie liebhaben?« Die Mutter wollte sie hochnehmen, doch Emilys Heulen verstärkte sich sofort. Der Vater brüllte fast: »Laß sie in Ruhe!« Zu mir gewandt, sagte er: »Es wird dann nur schlimmer. Sie tritt uns und tut uns weh, wenn wir versuchen, ihr zu helfen. Sie ist außer sich.« Und er fügte traurig hinzu: »Genau wie wir.«

Währenddessen stellte Emily ihr Heulen ein und rollte sich zu einem kleinen Ball zusammen, wobei sie den Daumen nahm und sich mit der anderen Hand am Haar zog. Sie sah erschöpft aus.

Bei dem Versuch, mir zu vergegenwärtigen, wie es zu dieser Situation gekommen war, schien mir die zugrundeliegende Dynamik offenkundig zu sein. Als sie ins negative zweite Jahr gekommen war und Eltern brauchte, die sich auf ihre neue Entwicklungsstufe einstellten, war diesen die Erkenntnis verschlossen geblieben, daß der Negativismus und die Ansprüche ihrer Tochter ein echtes Bedürfnis nach Grenzen zum Ausdruck brachten. Entweder waren sie von der »neuen« Emily überrascht und überfordert, oder sie waren unfähig und nicht willens zu erkennen, was das Kind von ihnen erwartete. Da die Suche des Mädchens nach Grenzen erfolglos blieb, war sie immer ängstlicher und provozierender geworden. Das hatte die Eltern verschreckt und das Kind isoliert. In dem verzweifelten Bestreben, die Eltern zu erreichen, hatte sich das Mädchen noch provozierender verhalten, was zu neuen Höhepunkten hektischer Aktivität und Angst geführt hatte. Sie fühlten sich hilflos, nicht mehr fähig, dem Kind oder seinen Bedürfnissen gerecht zu werden, da ihre verborgene Wut sie handlungsunfähig machte.

Ich versuchte ihnen zu erklären, daß Emily ein direkteres Eingreifen brauchte. Konnten sie nicht erkennen, wenn sie sich um ein bißchen Aufmerksamkeit von ihrer, der Eltern, Seite bemühte? Ich wies sie darauf hin, wie ängstlich Emily gewesen war, als wir über sie gesprochen hatten, und wie verzweifelt sie versucht hatte, die Eltern zu einer Reaktion zu bringen, bevor sie völlig die Fassung verlor.

Mrs. Abt begann leise zu weinen, als sie sagte: »Wissen Sie, wenn Emily anfängt, solche Ansprüche zu stellen, dann reagiere ich in einer Weise, die ich wahrscheinlich aus meiner eigenen Kindheit habe. Niemand hat mir jemals etwas verboten. So wuchs ich auf in der ständigen Angst vor der Mißbilligung anderer. Meine Eltern brauchten bloß böse zu gucken, dann verlor ich schon die Fassung. Und ich lief in mein Zimmer und versteckte mich dort. Ich hatte solche Angst, den Erwachsenen in meiner Umgebung zu mißfallen, daß ich den größten Teil meines Lebens damit verbracht habe, den Leuten zu gefallen. Im ersten Jahr war Emily genauso. Jetzt, wo sie sich verändert hat, ist sie wie jemand, den ich nicht mehr verstehen kann. Es erschreckt mich, weil es mir so vorkommt, als könnte ich mich nicht all diesen alten Gefühlen stellen. Sieht sie denn nicht, daß ich hilflos bin, wenn ich mich so verhalte?« Und dann fügte sie hinzu: »Wissen Sie, bis jetzt ist mir überhaupt nicht klargeworden, daß ich von diesem zweijährigen Kind Hilfe erwartet habe!«

Emilys Vater bekräftigte, was die Mutter in ihrem Ausbruch bekannt hatte, indem er berichtete, welche Probleme er selbst mit dem provozierenden, negativen Verhalten der Tochter hatte. »Mein Vater war so autoritär, daß ich mir geschworen habe, auf jegliche Strenge gegenüber meinem Kind zu verzichten. Ich glaubte, alles würde besser sein als die Strenge, mit der wir erzogen worden sind. Ich versuche alle Situationen mit Emily zu vermeiden, von denen ich weiß, daß sie zu solchen Zusammenstößen führen, aber sie scheint schlauer zu sein als ich. Stets gelangen wir an einen Punkt, wo mir *klar* ist, daß ich eigentlich etwas tun müßte. Ich habe dann das Gefühl, daß ich, wenn ich es täte, überreagieren und sie schlagen oder ihr wehtun könnte. Es ist leichter, ihr einfach den Rücken zu kehren und wegzugehen oder so zu tun, als sei nichts geschehen.«

Beide Eltern hatten sich bemüht, möglichst ehrlich über ihre Beweggründe Rechenschaft abzulegen. Sie hatten so gut wie ich erkannt, daß ihr Verhalten von den eigenen Bedürfnissen bestimmt wurde, nicht von denen Emilys. Der Vater nahm sie hoch und umarmte sie zärtlich. Zufrieden machte es sich Emily in seinem Schoß bequem. Mrs. Abt sagte: »Haben wir nun alles verdorben? Ich habe schreckliche Angst, daß sie später ein trotziges, verwöhntes Kind wird.«

Nun konnten wir über Emilys Bedürfnisse sprechen – über ihr Bedürfnis, Kontakt zu den Eltern und deren Gefühlen aufzunehmen, auch wenn diese böse über ihr – Emilys – negatives und provozierendes Verhalten waren. Wir sprachen darüber, daß sie das Bedürfnis nach Grenzen und Disziplin hatte, bevor ihr Verhalten jeden Zusammenhalt verlor, wie wir es gerade in meinem Sprechzimmer hatten beobachten können. Eine ehrliche Reaktion der Eltern auf Emilys negatives Verhalten würde beruhigend auf das Kind wirken, Grenzen, die ihrem provozierenden Verhalten gesetzt würden, würde sie als Liebesbeweis von seiten der Eltern verstehen. Sie suche nach solchen Grenzen und würde an ihnen die Liebe und Nähe der Eltern erkennen. Sie halte sie für weit erstrebenswerter als die Isolierung und den Zorn, den sie mit ihrer Zügellosigkeit hervorgerufen habe. Sobald sie das Setzen solcher Grenzen als Teil ihrer Rolle begreifen könnten, würden sie wahrscheinlich die Wiederkehr »ihrer alten Emily« erleben – eines entzückenden, in sich gefestigten kleinen Mädchens.

Veränderte Erziehungsziele

Mit Interesse habe ich unlängst eine Umfrage der Zeitschrift *Redbook* zur Kenntnis genommen, in der 20000 junge Mütter aus der Leserschaft nach ihren Erziehungsvorstellungen befragt wurden. Die Antworten auf diese Umfrage waren aufschlußreich – und zeugten von großer Aufgeschlossenheit. Diese jungen Mütter schienen sehr genau zu wissen, warum Grenzen erforderlich sind – und alle schienen sie sich darüber einig zu sein, daß Kinder solche Grenzen brauchen. Vor allem zeigte sich in den Antworten die tiefe Überzeugung, daß Kinder in der Familie Selbstdisziplin lernen müssen. Keine der Befragten schien den geringsten Zweifel daran zu haben, daß es Situationen gibt, in denen ein Einschreiten erforderlich ist. Ihre Auffassung, daß sich solches Vorgehen mit Vernunft, Zuneigung und Verständnis verbinden läßt, beweist mir, daß sie es tatsächlich für einen wichtigen Teil ihrer Elternrolle halten. Die andere Seite der Medaille von Liebe und Zuneigung ist das Setzen von Grenzen, und diese Mütter waren bestrebt, es in liebe- und verständnisvoller Weise zu tun. Ihre Einstellung zum positiven Verhalten des Kindes war dem gleichen Prinzip verpflichtet: Sie versuchten das Kind so zu belohnen, daß ihm dies beim Verständnis seiner selbst half. Ihre wichtigsten Erziehungsziele waren: Ehrlichkeit, Achtung vor den Gefühlen und dem Eigentum anderer, Liebe zu Heim und Familie, Großzügigkeit, Höflichkeit und die Fähigkeit, mit anderen zurechtzukommen – all das gepaart mit Selbstvertrauen. Diese Mütter waren davon überzeugt, daß Kinder solche Charakterzüge eher entwickeln, wenn sie sich selbst verstehen.

Das Problem eines solchen Fragebogens ist die Stichprobe: Sie ist verzerrt, weil diejenigen, die bereit sind zu antworten, eher Frauen sind, die über eine gewisse Ausdrucksfähigkeit verfügen und sich bereits über ihre Erziehungsziele klar sind. Außerdem werden in den Antworten leicht Verhaltensweisen genannt, die den Eltern wünschenswert erscheinen, nicht aber diejenigen, zu denen sie im Konfliktfall neigen. Trotzdem erscheinen Umfang und Streuung der Stichprobe zuverlässig. Um so erfreulicher sind die Antworten, in denen es um nicht-akzeptable kindliche Verhaltensweisen geht. Mir schienen diese Daten in recht aufschlußreicher und zuverlässiger Weise zu zeigen, welche Ziele intelligente junge Frauen in der Erziehung ihrer Kinder zu verwirklichen trachten.

Besonders interessant war für mich der hohe Stellenwert und der Verbreitungsgrad von Altruismus als Erziehungsziel. Ich erinnere mich an eine ähnliche Umfrage unter jungen Müttern vor etwa fünfundzwanzig Jahren. Da wurden nicht Ehrlichkeit, Großzügigkeit und Achtung vor anderen Menschen an erster Stelle genannt, sondern Eigenschaften aus dem Bereich schulischer und finanzieller Leistungen. Fünfundneunzig Prozent der Mütter hielten schulischen und akademischen Erfolg für eines der wichtigsten Ziele. Ich war damals entsetzt und erinnerte mich daran, als ich die Angehörigen dieser Kindergeneration in den sechziger und siebziger Jahren auf den Demonstrationen sah, in denen sie sich gegen die verlogenen und klassengebundenen Maßstäbe unserer Generation wandten. Die Sit-ins in den Universitäten erschienen mir als ein Protest gegen die erklärten Ziele ihrer Eltern und gegen die blinden Flecke in diesen Zielen: gegen das Fehlen uneigennütziger und mitmenschlicher Ziele.

Die jetzige Müttergeneration sieht ihre Erziehungsaufgabe – wenn die Umfrage einen repräsentativen Querschnitt erfaßt hat – vor allem darin, die Kinder auf das Zusammenleben mit anderen vorzubereiten und jene Form von Selbstachtung in ihnen anzulegen, mit der sie sich auch in einer ungewissen Zukunft behaupten können.

Richtlinien

In welchen Situationen ist Disziplin erforderlich, und was müssen Eltern wissen, um entscheiden zu können, wann es an der Zeit ist einzuschreiten? Am offensichtlichsten ist ein solches Eingreifen im zweiten Jahr und kurz darauf notwendig. In dieser Zeit gerät ein Kleinkind in eine Fülle neuer und aufregender Situationen. Den größten Teil des Tages ist es unterwegs und »auf sich gestellt«. Unter dem Eindruck all der neuen Lernerfahrung mutet es sich mehr zu, als es verkraften kann. So steigert sich seine Erregung immer mehr, seine Augen weiten sich, die Hände zittern und tasten ziellos umher, die Beine tragen es rastlos von einem Ort zum anderen. Unfähig, lange genug innezuhalten, um die Dinge aufzunehmen, mit denen es spielt, oder jenen gesteigerten Zustand der Erregung abklingen zu lassen, in dem es sich befindet, verliert es jeden inneren Halt. Aus den Höhen der Entdeckungslust wird es unvermeidlich in die Tiefen der Verzweiflung stürzen. Die Mutter oder der Vater kann das kommen sehen, aber nicht immer verhindern. In diesem Zustand kann ein Wutanfall oder Weinkrampf durch eine Nichtigkeit ausgelöst werden, durch die harmlose Bemerkung eines Erwachsenen oder eines anderen Kindes.

Häufig wird ein Kleinkind, das seinen inneren Halt zunehmend verliert, die Krise von sich aus beschleunigen, um eine konkrete Reaktion von seiten der Erwachsenen hervorzurufen. Eine unserer Töchter ging beispielsweise immer zum Fernsehapparat, wenn sie unsere Aufmerksamkeit erregen wollte. Da sie wußte, daß sie nicht mit dem Gerät spielen durfte, drehte sie sich immer wieder um, um sich davon zu überzeugen, daß wir sie beobachteten, bevor sie die Grenze eindeutig überschritt. Mit einem Freudenschrei stürzte sie sich dann auf den Apparat. Es war uns klar, daß wir über kurz oder lang einschreiten mußten.

Sie forderte uns so lange heraus, bis wir wußten: jetzt oder nie! Als wir nein sagten, versuchte sie herauszufinden, wie ernst wir es meinten. »Meinen sie es wirklich, oder kann ich noch ein bißchen weitergehen?« Dieser oder ähnliche Gedanken gingen ihr offensichtlich durch den Kopf. Wenn sie das Gefühl hatte, daß es noch nicht so ernst war, wagte sie sich noch ein bißchen weiter vor, wobei sie uns genau beobachtete, um festzustellen, wie weit sie gehen konnte. Wenn wir schließlich sagten: »Nun langt es aber. Hör endlich auf!« warf sie sich auf den Fußboden und weinte herzzerreißend. *Natürlich* fragten wir uns, ob wir angesichts eines so unbedeutenden Vorfalls nicht viel zu streng reagiert hatten. *Natürlich* hatten wir das Gefühl, ihre Winzigkeit und Unerfahrenheit ausgenützt zu haben. *Natürlich* hatten uns diese Gefühle zunächst handlungsunfähig gemacht. Erstaunlicherweise war deutlich zu erkennen, daß sie *wußte*, welche Gefühle sie uns einflößte, und daß ihr Geschrei für uns bestimmt war. Wenn wir sagten: »Es tut uns leid. Nun sei doch nicht so traurig«, dann nahm ihr Geschrei an Lautstärke zu, und sie schlug mit den Beinen auf den Fußboden. Meist hatte dann einer von uns genug und sagte: »In Ordnung, es ist dein Wutanfall. Du mußt damit fertigwerden. Du weißt, daß du mit bestimmten Dingen nicht spielen darfst, und jedesmal wenn du es versuchst, werde ich dich daran hindern.« Daraufhin verstummte ihr Weinen wie durch Zauberei. Sie sah uns an, Erleichterung im Gesicht, und kletterte einem von uns auf den Schoß, um sich schmusen zu lassen. Sagte jetzt einer von uns: »Du *weißt*, daß du das nicht darfst. Du wolltest nur ausprobieren, ob wir nein sagen, nicht wahr?«, dann sah sie uns glücklich an und tat so, als würde sie uns verzeihen, obwohl wir sie völlig falsch verstanden hätten. Tatsächlich hatten wir genau das Richtige getan. Es hatte ihren inneren Aufruhr besänftigt, und sie war uns dankbar dafür. Der »Sturm« war vorbei, und sie hatte erfahren, daß sie ihn selbst beenden konnte. Im Laufe der Zeit wurden diese Zwischenfälle für alle Beteiligten immer weniger aufwendig.

Die Wutanfälle und Herausforderungen des zweiten und dritten Jahres verlangen konsequentes Handeln, verbunden mit einer verständnisvollen Erklärung, sobald der Zwischenfall vorüber ist. Auf diese Weise können Eltern dem Kind helfen, sich zu beherrschen und die Grenzen, die ihm gesetzt werden, zu verinnerlichen.

Was ist mit der Gefahr, daß Eltern zu hart strafen oder dem Kind körperlichen Schaden zufügen? In diesem Alter und in späteren Jahren neigen Kinder manchmal dazu, zu weit zu gehen und die Eltern so lange zu reizen, bis diese die Fassung verlieren. Wenn die Eltern am Abend müde sind und sich auf einen gemütlichen Besuch bei Freunden freuen, wird das Kind nach einer Reihe von Machtproben unter Umständen zum Generalangriff antreten. Vielleicht brauchen auch die Eltern ein bißchen Zuwendung und sind deshalb ziemlich erbittert über die ständigen Auftritte. Da mag dem Vater oder der Mutter die Hand ausrutschen. Wenn das nichts hilft, kann die Spannung so anwachsen, daß die Eltern tatsächlich den Wunsch verspüren, dem Kind wehzutun. Läßt sich dieser Teufelskreis vorher durchbrechen?

Eine Möglichkeit besteht darin, das Kind, das seinen inneren Zusammenhalt mehr und mehr verliert, auf den Arm zu nehmen, sich mit ihm hinzusetzen und es ruhig und tröstend zu wiegen. Sprechen Sie dabei mit demKind, erzählen Sie ihm, daß Sie beide aufgeregt sind und daß Sie sich nun wieder beruhigen wollen, damit Sie einander wieder liebhaben können. Wenn Sie das Kind mit diesen Worten erreichen, können Sie unter Umständen seine wütende Abwehrhaltung durchbrechen und wieder eine gemeinsame Wellenlänge herstellen. Wenn Ihre Bemühungen hingegen nichts fruchten und das provozierende Verhalten andauert, dann empfiehlt sich möglicherweise eine Isolierung des Kindes. Wenn Sie der festen Überzeugung sind, daß die Machtkämpfe ein Ende haben müssen, und das auch zum Ausdruck bringen, dann wird das Kind das in der Regel merken und angesichts Ihrer Entschiedenheit die Segel streichen. Ist das nicht der Fall, dann bringen Sie es zur »Abkühlung« ruhig auf sein Zimmer. Das gibt Ihnen beiden Gelegenheit, wieder zu sich selbst zu finden. Nach der Versöhnung sollten Sie kurz erörtern, warum diese Maßnahme notwendig war. Wenn anschließend zur Belohnung noch eine Beschäftigung folgt, die dem Kind Spaß macht, können Sie den Grundstein zu einem erfreulicheren Interaktionsmuster legen. Aus solchen Erfahrungen werden Sie beide lernen.

Abendliche Auftritte dieser Art lassen sich am besten dadurch verhindern, daß man eine bestimmte Zeit gemeinsamen Spiels oder gemeinsamer Unternehmungen zu einer festen Einrichtung macht. So kann sich eine solche Krise nicht den Tag über vorbereiten, um am Abend zum Ausbruch zu kommen. Mütter, die den ganzen Tag zu Hause sind, haben abends oft die Nase so voll, daß sie sich nicht mehr dazu imstande fühlen, und berufstätige Eltern sind zu erschöpft dazu. Doch wenn die Eltern dem Geschehen vor Ausbruch der Krise eine positive Wendung zu geben vermögen oder sich dem Kind zuwenden und auf es eingehen können, bevor sein Verhalten zu herausfordernd wird, kann der Abend für alle Beteiligten einen angenehmeren Verlauf nehmen.

Zusammenstöße dieser Art sind ferner in Situationen zu erwarten, die das Kind in Aufregung versetzen – ein Besuch der Großeltern oder der Einkauf in einem gutbesuchten Supermarkt. Natürlich ist es weit angenehmer, einen solchen Ausbruch zu verhindern, als sich mit ihm auseinandersetzen zu müssen, nachdem er eingetreten ist. Viele Mütter wagen nicht mehr, mit ihrem Kleinkind einkaufen zu gehen. Sie wissen, daß das mit Geschrei und einem Wutanfall enden wird.

Lassen sich solche Situationen verhindern? Es kann nützlich sein, sich vorher mit dem Kind zu unterhalten und Alternativen durchzusprechen. »Wenn du zu müde wirst, gehen wir, aber bitte, wein und heul dort nicht. Die Leute mögen es nicht, wenn du schreist. Sie mögen dich, wenn du freundlich und lieb bist.« Solche Vorbereitung kann erstaunlich wirkungsvoll sein, aber sie nützt nicht immer. Dann bleibt als einziger Ausweg die konsequente Entfernung des Kindes vom Ort des Geschehens.

Wie können Eltern merken, daß sie ständig zu streng sind? Wir alle haben hohe Standards, möglicherweise sogar zu hohe. Vielleicht erwarten wir zuviel von unseren Kindern, ohne es zu wissen, so wie wir zuviel von uns selbst erwarten. In unserem Eifer, unseren

Kindern beizubringen, andere Menschen zu achten und den Anforderungen einer anspruchsvollen Gesellschaft zu genügen, übersehen wir unter Umständen, daß ein Kind erst einmal die Grenzen seiner selbst und seiner Welt erfahren muß. Es muß Gelegenheit haben, sie zu überschreiten und herauszufinden, was für Folgen das hat. Es ständig einzuschränken kann schlimmer sein als ein gelegentlicher Ausbruch. Ich bin mißtrauisch, wenn ein Kind zu brav und zu bestrebt ist, aller Welt zu gefallen. Am Ende des ersten Jahres sollten sich Entdeckungslust und der Wunsch nach Machtproben regen. Es sollte sich nicht zu leicht ablenken oder zum Schweigen bringen lassen. Mit acht Monaten sollte es anfangen, Nahrung zu verweigern. Mit zehn Monaten sollte es Anstalten machen, von den Eltern fortzukrabbeln, und mit einem Jahr sollte es die Machtprobe auf vielerlei Art suchen – indem es das Essen vom Tablett wirft oder den Löffel fallenläßt, um zu sehen, ob Sie ihn aufheben. Wenn ein Kind auf Kritik zu empfindlich reagiert oder sich allzu bereitwillig fügt, dann müssen Sie Ihr Verhalten unter Umständen überprüfen und die Zügel etwas lockerer lassen.

Andere Warnsignale können der Verlust der Heiterkeit und ständige Reizbarkeit sein. Wenn ein Kind unter zu großem Druck steht, kann es zu ernst oder zu ängstlich werden. Angstsymptome können in vielen Bereichen auftreten – Essen, Schlafen, Sauberkeitserziehung usw. (vgl. die Einleitung sowie die Kapitel 8, 9 und 13). Wenn es keine anderen Gründe für solche Symptome und/oder die Regression in Passivität und Reizbarkeit gibt, dann ist es an der Zeit, Ihr Verhalten zu überprüfen und zu überlegen, ob das Leben für Ihr Kind so befriedigend ist, wie es das sein könnte. Eine vernünftige Mischung aus Freude und Disziplin kann dem Kind ein Gefühl der Sicherheit und Zufriedenheit vermitteln – der Zufriedenheit mit sich selbst und seiner Umgebung.

Kapitel 8
Mahlzeiten: Lust oder Schlachtfeld?

In den meisten Gebieten der Welt ist die Ernährung der Kinder eine Frage auf Leben und Tod. In Ostafrika stellt der Mann das Land zur Verfügung, das zu bestellen ist, aber es ist Aufgabe der Frauen, diese Arbeit zu leisten – denn sie ist für die Ernährung ihrer Kinder zuständig. In den Kulturen der Dritten Welt habe ich gesehen, daß es die Pflicht der Frau ist, für die Ernährung der Kinder zu sorgen. Die Männer beteiligen sich manchmal am Anbau und der Ernte der Früchte, am Jagen und Sammeln der Nahrung, doch es ist Aufgabe der Frauen, sie zuzubereiten und aufzutischen. Über die Großfamilie und Sippe liefert die Gesellschaft jene auf die Nahrung bezogenen Rituale und Tabus, die der Mutter zeigen, was notwendig und wichtig ist. Das alles lernt sie in ihrer Kindheit, wenn sie zusieht, wie die Frauen in ihrer Familie die Nahrung sammeln, zubereiten und darreichen. Wenn sie dann für die eigene Familie zu sorgen hat, braucht sie nur noch wenig zu lernen – ihre Aufgabe ist klar definiert und umrissen. Stillen ist die Norm, und es wird erwartet, daß man damit bei jedem Säugling Erfolg hat. In solchen Kulturen werden Frauen nach der Fähigkeit beurteilt, gesunde Kinder großzuziehen.

Die Treusorgende

Mit der Schwangerschaft beginnt die Rolle der Mutter als Nahrungsbeschafferin. Die Entwicklung des Fötus hängt von der angemessenen und ausreichenden intrauterinen Ernährung ab. In Ländern, in denen die Unterernährung schwangerer Frauen fast die Grenze zum Hungertod erreicht, wird die Entwicklung des Gehirns und anderer Organe des ungeborenen Kindes durch die Unterernährung beeinträchtigt. In der Regel werden alle Körperzellen durch die Unterernährung in Mitleidenschaft gezogen und vermehren sich nicht in dem Tempo, in dem sie es bei angemessener Ernährung tun. Bei schwerer Unterernährung der Mutter kann das Zellwachstum des Körpers um bis zu vierzig Prozent eingeschränkt werden. Zunächst wird das Längenwachstum des Kindes beeinträchtigt, zuletzt wird das Gehirn angegriffen. Beispielsweise haben wir im Osten Guatemalas Säuglinge untersucht, deren schwerarbeitende Mütter mit 1500 Kalorien pro Tag auskommen mußten (in diesem Lande hat man die Mindestkalorienzahl für nicht berufstätige Mütter auf 2200 geschätzt). Alle Neugeborenen waren klein und unterentwickelt. Einige der besonders schwer betroffenen Kinder waren auch in ihrem Verhalten beeinträchtigt. Das schien darauf hinzudeuten, daß ihr Gehirn unterentwickelt war. Sie waren sehr still, nur schwer zu sozialen Reaktionen zu bewegen und schliefen sehr viel. Die unterernährten, hungernden Mütter stillten sie, wenn sie es verlangten. Das war bei diesen schläfrigen Säuglingen in der ersten Zeit nach der Geburt im Schnitt dreimal pro Tag der Fall – in einem Zeitraum, wo für eine normale Entwicklung mindestens sechs Mahlzeiten erforderlich sind. Diese Säuglinge waren von Geburt an zu Kleinwüchsigkeit, unzulänglicher Gehirnfunktion, Energiemangel und Defiziten in ihrer künftigen Entwicklung verurteilt. Das ist einer der Wege, auf denen sich die Armut von Generation zu Generation vererbt.

In diesen armen Gesellschaften, in denen das Nahrungsangebot minimal ist und die Kinder unter Mangelkrankheiten leiden, gibt es Rituale, die die Mütter vor Schuldgefühlen bewahren.

Sonst wären sie der Angst, vor dem, was mit den Kindern geschehen könnte, nicht gewachsen. Ihr eigenes Überleben und das ihrer Kinder wäre gefährdet. Wenn das Kind eine Mangelkrankheit bekommt, nachdem die Mutter es im zweiten Jahr entwöhnt hat, schützen sie bestimmte Rituale und Glaubensüberzeugungen davor, sich verantwortlich zu fühlen. Die Einstellungen zu *Kwashiorkor* sind ein anschauliches Beispiel dafür. Kwashiorkor ist eine Krankheit des zweiten Lebensjahres, die gewöhnlich mit der Entwöhnung von der lebenswichtigen Muttermilch und unzureichender Ernährung einhergeht. In den meisten Kulturen, die von Kwashiorkor bedroht sind, hat die Mutter bereits die seelische Trennung von dem älteren Kind vollzogen und sich ganz auf das nächste Kind konzentriert. Das ältere Kind wird wegen dieser Mangelerscheinung oft als »schlecht« oder »nicht gut« bezeichnet – und niemand macht der Mutter einen Vorwurf oder läßt es zu, daß sie sich selbst Vorwürfe macht. Man sagt, es sei die Schuld des Kindes. Man hat diese Mangelkrankheit so nachdrücklich verleugnet, daß man ihr bis weit in unser Jahrhundert mit Unverständnis begegnete. Heute wissen wir, daß sie aus der Unterernährung resultiert, die durch den Entzug der Muttermilch hervorgerufen wird (solche Kulturen haben ja keinen Milchersatz), und aus der Depression des Kindes, das von der Mutter sehr barsch entwöhnt wird. Es ist eine psychosomatische Erkrankung. In Indien gilt ein Kind solange nicht als »richtiger« Mensch, bis es nicht diese Hürde am Ende des zweiten Lebensjahres genommen hat. Solche Überzeugungen bewahren die verantwortlichen Erwachsenen vor dem vernichtenden Gefühl, als Eltern versagt zu haben.

Oberflächlich betrachtet, sind in den Vereinigten Staaten die Fragen der Kinderernährung ganz anders, doch bei näherem Hinsehen erweisen sie sich als gar nicht so verschieden. Auch hier halten die Mütter es für ihre Pflicht, für die Ernährung der Kinder zu sorgen. Da alle nur denkbaren Arten von Lebensmitteln zur Verfügung stehen, wird die Frage, »was das Beste« für das Kind ist, zum entscheidenden Problem. In meiner Praxis in Cambridge informieren sich die Mütter auf jede nur erdenkliche

Weise über Nahrungsmittel und Ernährungsweise. Ihre Sorgen, ihr Ärger und ihre Konflikte werden hervorgerufen durch die Angst vor Giftstoffen in der Nahrung, Lebensmittelzusätzen, Vitaminmängeln und Verseuchung der Milch durch radioaktiven Niederschlag. Alle diese Ängste zeigen, wie sehr sich die Mütter verantwortlich fühlen. Sie halten es für ihre Aufgabe, ihre Säuglinge und Kinder mit der besten – nicht nur ausreichenden – Nahrung zu versorgen. Eine Mutter meinte: »Ich habe das Gefühl, wenn ich mein Kind richtig ernähre, kann es Präsident werden. Wenn ich das nicht tue, wird es vielleicht ein Gammler.« Diese Äußerung schockierte mich, weil sie so radikal war, sie zeigt aber, wie tief der Wunsch sitzt, dem Kind bestmögliche Startbedingungen zu verschaffen. Die gute Mutter wird gleichgesetzt mit der treusorgenden Hausfrau und Nahrungsmittelbeschafferin.

Startbedingungen

Stillen oder nicht – das ist die erste große Entscheidung über die Ernährungsweise. Die Mehrzahl der Kinderärzte, wenn nicht alle, sind der Meinung, daß Stillen für die meisten Säuglinge der Flasche vorzuziehen ist. Die Muttermilch enthält nicht nur Abwehrkräfte gegen Infektionskrankheiten, sondern sie ist auch besser verdaulich und mit weniger Allergenen belastet als die beste Flaschennahrung. Wenn eine Frau stillen kann, dann sollte sie es im Interesse des Kindes tun. Doch es gibt seelische wie organische Gründe dafür, daß der Mutter eines Neugeborenen das nicht gelingt. Vielleicht hat sie Widerstände aufgrund eigener Erfahrungen, oder sie fühlt sich der Aufgabe nicht gewachsen. Wenn eine Mutter mit dieser Einstellung keine Unterstützung von den Menschen in ihrer Umgebung bekommt, wird der Versuch zu stillen vermutlich fehlschlagen. Nach meiner Erfahrung sind die meisten Frauen bei entsprechender seelischer und körperlicher Erfahrung in der Lage zu stillen. Die Freude, die sie daraus gewinnen, bestärkt sie in ihrer Rolle als Mutter. Geht das

Stillen problemlos vonstatten, bietet sich der Mutter eine ideale Gelegenheit, etwas über die Rhythmen, das Temperament, das Fühlen ihres Neugeborenen zu lernen.

Väter sollten Zeit finden, das Kind einmal am Tag, zumindest aber zweimal die Woche zu füttern. Diese Mahlzeiten bieten eine unvergleichliche Chance für Nähe und Vertrautheit. Eine erfolgreiche Mahlzeit nebst Bäuerchen ist für den Erwachsenen ein großartiges Erfolgserlebnis. Ich weise die Väter immer darauf hin, daß Babys, die gestillt werden und sich anstrengen müssen, um an die Milch zu kommen, große Meisterschaft im Saugen entwickelt haben. Wenn sie die Flasche bekommen, werden sie den Inhalt so rasch hinunterschlingen, daß er leicht zum Fahrstuhl wird. So rasch, wie er hinuntergelangt ist, kommt er auch wieder hoch. Mit einem Aufstoßen kommt die ganze Flasche wieder heraus. Deshalb muß der Vater dafür sorgen, daß der Schnuller nur ein kleines Loch hat und daß das Kind die Flasche *so langsam wie möglich* trinkt.

John und Mary Lincoln hatten sich bemüht, die Schwangerschaft zu einem gemeinsamen Erlebnis zu machen. Er war während der Wehen bei Mary geblieben und von der Geburt tief bewegt gewesen. So hatte er tatsächlich das Gefühl, daß das vollkommene kleine Geschöpf ein Teil seiner selbst war. Nicht vorbereitet war er auf die Sorge, die er sich um seine Tochter machte. Er beugte sich über ihr Bettchen, um ihrem Atem zu lauschen, und bekam jedesmal einen Schrecken, wenn sie im Schlaf zusammenzuckte. War sie wach, wagte er nicht, sie anzurühren, so zerbrechlich erschien sie ihm. Am dritten Tag hielt er sie zum erstenmal auf dem Arm, ohne daß jemand in der Nähe war, der ihm helfen konnte. Seine Frau war aufgestanden und ins Badezimmer gegangen. Niemand war in der Nähe, als Tochter Karen weinte. John lief hinaus, um eine Schwester zu holen, doch er fand keine. Karen war sehr unruhig und weinte heftig. Ihm blieb keine Wahl. Er mußte sie hochnehmen. Sie kam ihm vor wie eine Ansammlung haltloser Extremitäten. Arme, Beine und Körper schienen in verschiedene Richtungen zu streben. Er hatte Mühe sie in seinen Armen zu bergen. Schließlich erinnerte er sich daran, daß die Schwester sie immer fest eingewickelt hatte, bevor sie sie hochgenommen hatte. Dann hatte sie ein kleines kompaktes Bündel im Arm gehabt. Er empfand ein Triumphgefühl, als er das weiche, in die Decke gewickelte Paket im Arm hielt.

Diese Erfahrung bestärkte ihn in seinem Entschluß, das Kind zu füttern. Als Mutter und Kind am vierten Tag nach Hause kamen, stillte Mary. Wenn sie Karen an der Brust hatte, waren sie ein Bild trauter Gemeinsamkeit, und John bemerkte, daß er auf beide eifersüchtig war. Mary und er besprachen zunächst, in welcher Weise er sich beteiligen konnte. Es schien an der Zeit, daß er einen Versuch mit der Flasche machte, damit Mary nachts ein bißchen Schlaf fand. Vom sechsten Tage an war Marys Milchbildung gesichert, deshalb riet ihnen der Arzt, nachts eine Flaschenmahlzeit einzulegen. Als Karen um ein Uhr nachts schrie, merkte John, daß er nur halb geschlafen hatte, weil er dem Ereignis entgegenfieberte. Mary seufzte und schickte sich müde an, aufzustehen. Er flüsterte: »Ich geh schon«, und beeilte sich, Mary zuvorzukommen. Er holte Karen aus dem Bettchen und stellte fest, daß sie nicht nur hungrig, sondern auch naß und schmutzig war. Sie mußte also auch gewickelt werden. Was kam zuerst – das Wickeln oder die Mahlzeit? Er hatte es vergessen. Er fragte seine Frau, die sich dankbar wieder schlafen gelegt hatte. Schlaftrunken murmelte sie: »Wickeln.« Also versuchte John, seine Tochter hinzulegen. Doch ihr Geschrei verstärkte sich, als er sie auf den Wickeltisch legte. Er nahm sie hoch und lief in die Küche, um die bereits vorbereitete Flasche in warmes Wasser zu stellen. Dann wickelte er sie, ohne auf ihr Geschrei und Gezappel zu achten. Als er damit fertig war, setzte er sich hin, um ihr die fertige Flasche zu geben.

Vorsichtig wiegte er sie und lauschte befriedigt ihrem lauten Schmatzen. Endlich konnte er auch etwas für das kleine Geschöpf tun. Plötzlich schienen sich alle Vorstellungen, die er mit der Vaterrolle verbunden hatte, zu erfüllen! In Rekordzeit schlang Karen den Flascheninhalt hinunter. Zu spät fiel John ein, daß er vergessen hatte, sie nach der Hälfte zum Aufstoßen zu bringen. Doch immerhin hatte sie alles verputzt. Er war stolz auf sich. Als er sie hochhielt, um sie zum Aufstoßen zu bringen, begann sie sich zu winden. Er klopfte nachdrücklicher. Nach etwa einer Minute verzerrte sich ihr Gesicht, ihre Beine krümmten sich vor dem Leib, und sie gab ein gewaltiges Rülpsen von sich. Gleich darauf folgte der gesamte Flascheninhalt, der buchstäblich quer durch den Raum schoß.

Er war über und über mit der ausgespienen Milch bedeckt. Auch die Wand hinter ihm war bekleckert. Er betrachtete das erschöpfte Baby in seinem Arm, das sich von der Anstrengung erholte. Schlaff lag es da. Ihm war zum Heulen zumute. Die ganze Anstrengung umsonst! War ihr etwas geschehen? War sie gesund? Seine erste Regung war, Wut und Schmerz hinauszuschreien. Die zweite, alles zu verheimlichen und so zu tun, als sei nichts geschehen. Er wischte die Milch auf und säuberte sich und das Zimmer. Vorsichtig legte er die Tochter ins Bettchen und kletterte leise in das eigene Bett. Drei Stunden lag er wach, starrte die Decke an und wartete darauf, daß die Tochter weinte und Mary zeigte, was er für ein Versager war.

Halten Sie den Säugling nach einer zu raschen, gierigen Mahlzeit zwanzig bis dreißig Minuten in einem Winkel von dreißig Grad, bevor Sie ihn aufstoßen lassen. In dieser Zeit wird die Milch aufgrund der Schwerkraft absinken, während die leichteren Blasen in den oberen Teil des Magens aufsteigen. Wenn Sie das Baby dann aufrecht halten, kommt die Luft ohne die Milch nach oben. Das sollten sich Väter einprägen, die ihren stillenden Frauen helfen wollen. Sie werden sich dem Baby gegenüber mehr und mehr als Versager fühlen, wenn jede Flaschenmahlzeit mit einem Fiasko endet.

Die Mahlzeiten sind ein entscheidendes Lernfeld für frischgebackene Eltern. Sie wissen, daß sie das Kind mit einem ausreichenden Nahrungsquantum versorgen müssen. Angesichts dieser Notwendigkeit neigen manche Eltern zur Übertreibung und füttern das Kind jedesmal, wenn es wach oder unruhig wird. In der anfänglichen Anpassungsphase zu Hause wird das Kind wahrscheinlich gefüttert werden müssen, wann immer es schreit. Doch wenn die Eltern dann allmählich mit dem Zyklus der Bewußtseinszustände des Kindes vertraut werden – mit der Folge von Wach- und Schlafzuständen –, ist es sehr wichtig, daß sie das Kind dazu bringen, neben den Mahlzeiten auch andere Erfahrungen zu machen. Es wird für das Kind bald ebenso entscheidend wie die Mahlzeiten sein, daß es allein in seinem Bettchen spielt, seine Hände beobachtet, mit den Erwachsenen in seiner Umgebung spielt oder seine Welt kennenlernt. Wenn das Kind drei oder vier Wochen alt ist, sollten die Eltern anfangen, die Mahlzeiten von anderen wichtigen Erfahrungen zu trennen. Das Bedürfnis des Kindes, sich selbst kennenzulernen und seine neue Welt zu erkunden, muß in ein ausgewogenes Verhältnis zu seinem Nahrungsbedürfnis gebracht werden. Eltern müssen lernen, diesem Gleichgewicht Rechnung zu tragen, doch das ist eine schwierige Aufgabe. In dieser Zeit beginnt das Kind, erste Zeichen der Unabhängigkeit an den Tag zu legen.

Hindernisse

Die Mutter findet, daß das Kind essen muß, wenn sie ihm Nahrung gibt. Wenn nicht, werden die Babymahlzeiten zu einem großen Problem für sie. Wenn das Kind das angebotene Essen verweigert, ist die Mutter zunächst erstaunt und dann verärgert. Wie kann es nicht essen wollen? Mache ich etwas falsch? Eine Großmutter saß in meinem Sprechzimmer und wiegte den Kopf mißbilligend hin und her, während ich ihrer Schwiegertochter erklärte, daß sie das Essen nicht in ihr ein Jahr altes Kind hineinstopfen dürfe. Je eindringlicher ich meine Auffassung darzulegen versuchte, desto mißbilligender wurden die Kopfbewegungen der Schwiegermutter. Ich hatte das entschiedene Gefühl, daß all mein Reden umsonst war und daß diese eigensinnige alte Dame es zunichte machen würde, sobald sie mit ihrer Schwiegertochter die Praxis verlassen hatte. Schließlich erklärte sie jedoch zu meiner Verblüffung: »Ich wünschte, Doktor, man hätte mir das gesagt, als ich meine Kinder großzog. Uns hatte man den jiddischen Satz ›essen und brechen‹ eingeprägt. Aufgabe der Mutter war es, das Kind zum Essen zu bringen. Was danach mit dem Essen geschah, interessierte nicht.« Diese Großmutter hatte verstanden, daß sich der Wunsch der Mutter, das Essen in das Kind hineinzubekommen, gegen die Unabhängigkeit des Kindes richten kann. Wenn sich das Kind gerade in einer Unabhängigkeitsphase befindet und deshalb nicht essen will, dann sind die meisten jungen Mütter hilflos und wütend.

Ist es ein Wunder, daß ein solches Hindernis drohend aufragt und einen häßlichen Schatten auf das Selbstbild der Mutter wirft, ausgerechnet zu einem Zeitpunkt, da sie sich wie die vollkommene Mutter schlechthin vorkommen muß? In unserer Kultur haben die meisten Frauen keine Erfahrung im Umgang mit Säuglingen. Es gibt gewöhnlich auch keine Großfamilie, die sie in einer scheinbar so belanglosen Krise unterstützen könnte. So kann sie sich nur an den Medien orientieren. Diese aber zeichnen das Bild eines Mutterideals, vor dem nur absolute Vollkommenheit Gnade finden kann. Bei jeder Abweichung von diesem Ideal muß sich die Mutter als totaler Versager fühlen.

Nach Auffassung von Kenneth Kaye, Professor für Erziehungswissenschaft an der University of Chicago, und meiner Meinung kann eines der ersten Hindernisse, auf die die Mutter stößt, wenn sie ihr Kind nähren möchte, das Kind selbst sein. Wir bemerkten, daß ein Kind sofort zu saugen begann, wenn es die Flasche oder Brust erhielt. Doch nach den ersten heftigen Saugbewegungen legte es eine Saugpause ein. Auf acht bis zehn Saugbewegungen folgte eine Pause von ein paar Sekunden, bevor die nächsten Bewegungen erfolgten. Diese rhythmischen Pausen schienen die Mütter zu beunruhigen, und sie begannen sich automatisch mit dem Kind zu beschäftigen – kitzelten es an der Wange oder sprachen mit ihm. Wenn wir die Mutter fragten, warum sie das getan hatte, antwortete sie: »Es sollte weitertrinken, damit es satt würde.« Da die Saugpausen bei allen Kindern zu beobachten waren, ermittelten wir die Dauer dieser Pausen bei einer Gruppe von Müttern, die versuchten, sie zu verkürzen, und bei einer Gruppe von Müttern, die sich nicht um die Pausen kümmerten. Zu unserer Überraschung waren die nicht beachteten Pausen kürzer als die Pausen, in denen die Mütter reagierten. Die Säuglinge verlängerten die Pausen also, wenn die Mütter mit einer sozialen Reaktion antworteten. Sie schienen die Kommunikation mit der Mutter während der Pause für genauso wichtig zu halten wie die Mahlzeit selbst. Absicht der Mutter war es, das Kind zum Essen zu bewegen, die Absicht des Kindes indessen, die Mahlzeit mit positiven sozialen Erfahrungen zu verbinden.

Mahlzeiten geben Mutter und Kind vielfältige Gelegenheiten, einander kennenzulernen. Meist stellen sie unbewußt die Grenzen des anderen auf die Probe. Mit jedem Entwicklungsschritt werden die Spannungen zwischen ihnen ansteigen und das Klima dieser Mahlzeiten beeinflussen. Es ist ratsam, diesen Bereich nicht zu einem Schauplatz für Machtproben werden zu lassen. Ich gehe davon aus, daß sich die meisten Mütter in meiner Praxis irgendwann über die Eßgewohnheiten ihrer Säuglinge beklagen. Das geschieht stets zu einem Zeitpunkt, da die Aufnahmefähigkeit des Kindes für die eigene Person und die Umgebung einen Sprung vorwärts macht. Es sind Entwicklungsschübe, die das Kind zu größerer Unabhängigkeit führen – auch schon im Säuglingsalter.

Mit viereinhalb oder fünf Monaten erfährt der Horizont des Säuglings eine plötzliche Erweiterung. Er hat gelernt, nach Gegenständen zu greifen, und das erhöht sein Interesse an allem in seiner Umgebung. Bilder, Geräusche, Gegenstände gewinnen eine neue Bedeutung, und das Kind findet kaum die Zeit, stillzuhalten und eine Mahlzeit zu sich zu nehmen. Wenn ein Geräusch in der Nähe ist, wenn ein Geschwister in Sicht kommt, verliert es jedes Interesse an der Mahlzeit, wendet den Kopf und beobachtet oder lauscht. Mütter machen dafür oft das Zahnen verantwortlich oder beklagen sich über Appetitlosigkeit. Tatsächlich ist es das Ergebnis eines neuerwachten Interesses an der Welt. Wenn die Mahlzeiten in einem ruhigen, abgedunkelten Raum gereicht werden, wo die Außenreize auf ein Minimum reduziert sind, wird das Kind besser essen. Vor allem aber muß die Mutter wissen, daß eine solche Phase der Essensverweigerung normal und vorübergehend ist. Das Kind wird nach ein paar Wochen wieder ganz normal essen, wenn es von der Mutter nicht in einen ständigen Kampf verwickelt wird. Wenn die Mutter stillt, kann die Milchbildung unter Umständen zurückgehen. Ich empfehle in solchen Fällen, sich für die Mahlzeiten mindestens zweimal am Tag – morgens und abends – mit dem Kind in einen ruhigen, dunklen Raum zurückzuziehen, um von der kostbaren Muttermilch nichts zu verlieren.

Mahlzeit contra Abenteuer

Wenn das Kind mit sieben oder acht Monaten besser fähig ist, Gegenstände mit den Fingern zu betasten und zu bewegen, wird es völlig von dem Bestreben in Anspruch genommen, die Welt mit seinen Händen zu erforschen. Die Freude über die Fähigkeiten seiner Finger kann den ganzen Tag ausfüllen. Es pult, zieht, drückt – kurz es bedient sich der neu entdeckten Werkzeuge auf jede nur erdenkliche Weise. Es möchte die ganze Welt in den Griff bekommen. Das ist natürlich der Zeitpunkt, um Nahrungsmittel einzuführen, die mit den Fingern gegessen werden können. Denn wenn das Kind sich an der Mahlzeit nicht aktiv beteiligen kann, wird es sich in einem echten Interessenkonflikt befinden. Kann es eine Toastschnitte oder einen Keks in der Hand halten, wird es das Gefühl haben, beteiligt zu sein. Wenn es das neue, von Zeigefinger und Daumen gebildete Greifwerkzeug so weit beherrschen kann, daß es eine Erbse oder Karotte aufhebt, so wird es dafür die ganze Mahlzeit über sich ergehen lassen. Während es mit dieser wichtigen, neuen Aufgabe beschäftigt ist, wird es sich widerstandslos füttern lassen. Wird der neue Entwicklungsbereich indessen nicht berücksichtigt, kann es leicht zu Eßproblemen kommen.

Im Laufe der nächsten Monate wird das Kind zunehmend den Wunsch äußern, selbst zu essen. Eine junge Mutter, die darüber klagte, daß ihr zehn Monate altes Kind sich nicht füttern lassen wolle, erzählte mir stolz, daß sie doch einen Weg gefunden habe, zum Erfolg zu kommen: Sie setzte das Baby vor den Fernsehapparat. Wenn es den Mund öffnen sollte, drehte sie das Gerät so laut, daß das Kind erschrak. Es zuckte zusammen, riß die Arme hoch und den Mund weit auf. Daraufhin stopfte ihm die Mutter rasch mehrere Löffel hinein, bevor es den Mund wieder schließen konnte. Nachdem es die Lippen geschlossen und das Essen hinuntergeschluckt hatte, um nicht daran zu ersticken, stellte die Mutter das Gerät wieder auf volle Lautstärke, damit das Kind den Mund wieder aufriß. So vollzog sich die Mahlzeit als eine Kette von Schreckbewegungen. Die Mutter war nicht darauf gekommen, daß es andere Methoden gab, um das Kind für die Mahlzeiten zu interessieren. Sehr viel besser wäre es gewesen, wenn sie ihm größere Unabhängigkeit gewährt hätte. Das Kind hätte ruhig eine Zeitlang selbst entscheiden können, wieviel es essen wollte. Das hätte keine große Rolle gespielt, weil die Unabhängigkeit wichtiger gewesen wäre als das Essen. Die Mutter kann dafür sorgen, daß das Kind wichtige Nahrungsmittel bekommt, indem sie sie einzeln in Stücken anbietet, die mit den Fingern gegriffen werden können. So kann sich das Kind beim Essen im Gebrauch seiner Finger üben. Und es ißt, was es braucht.

Die starke Unabhängigkeitstendenz am Ende des ersten Jahres kann leicht zum Ausgangspunkt für eine Reihe von Eßproblemen werden. Die neue Freiheit, die das Kind mit dem Gehenlernen erworben hat, eröffnet auch neue Wahlmöglichkeiten – etwa ob es von der Mutter fort- oder zu ihr hingehen soll, ob es sich ihr fügen oder sich gegen sie wehren soll. Dieses neue Gefühl der Selbständigkeit durchdringt alle wichtigen Ereignisse des Tages. Viele Kinder neigen in dieser Zeit zu Negativismus, haben Wutanfälle, erkunden neue Orte und neue Erfahrungen aller Art. Wenn es die Eltern nicht verstanden haben, die Mahlzeiten als Sache des Kindes, nicht der Eltern darzustellen, wird das Essen wahrscheinlich zu einem Hauptschauplatz des Kampfes um Selbständigkeit werden. Die Freude an der Elternrolle wurde genährt durch die glückselige Beziehung des ersten Jahres. Wenn das Kind der Hafer sticht und es fortstrebt, so versuchen Eltern instinktiv, es festzuhalten. Eine

Mutter, die ihre Rolle ausschließlich als die der Nahrungsbeschafferin versteht, wird an der Philosophie von »Essen und Brechen« festhalten. Sie wird das Empfinden haben, daß der Kampf des Babys um Selbständigkeit bei den Mahlzeiten ihre Mutterpflichten gefährdet. Wenn das Kind dasitzt und überlegt, ob es die Mahlzeit, die sie bereitet hat, essen soll oder nicht, fühlt sie sich unter Umständen bedroht. Mütter erklären mir: »Ich habe bemerkt, daß sie sich nicht mehr so wie früher auf das Essen stürzt, deshalb habe ich es schmackhafter gemacht. Ich habe mir mit ihren Mahlzeiten viel mehr Mühe gegeben, und dann hat sie doch nichts gegessen. Ich habe das Gefühl, sie lehnt mich ab, wenn sie mein Essen verschmäht.« Ganz falsch! Das Kind macht Erfahrungen mit sich selbst, und das ist in dieser Zeit wichtiger als Essen. Wenn die Mutter das Kind zum Essen drängt, wird es nur um so hartnäckiger auf seinem Willen bestehen.

Der Weg des geringsten Widerstands

Fast alle Kinder durchlaufen im zweiten Jahr tiefgreifende Veränderungen ihrer Eßgewohnheiten. Mit fünfzehn Monaten verweigern viele in dem einen Monat jegliches Gemüse, im nächsten alles Fleisch und im dritten Milch. Mit jeder neuen Weigerung verliert die alte an Bedeutung für das Kind – *es sei denn*, die Eltern haben sich eingemischt und zwingen das Kind zum Essen. Wenn das der Fall ist, kann die Verweigerung verschiedener Nahrungsmittel äußerst interessant für das Kind werden, so daß jede Mahlzeit zur Schlacht gerät. Das Kind erhält auf sein übliches ablehnendes Verhalten eine Reaktion, die es als belohnend empfindet, während sich die Eltern hilflos und unfähig fühlen. Ich habe erlebt, wie sich solche Spannungen allmählich immer mehr aufschaukelten, so daß sie schließlich über die Mahlzeiten hinausreichten und die ganze Beziehung gefährdeten. So also kommen Eßprobleme in die Welt – nicht weil Eltern sich zuwenig darum kümmern oder »schlechte« Eltern sind, sondern weil sie sich zu sehr darum kümmern. Die Schwierigkeiten beginnen, wenn sich das Streben nach Selbständigkeit und Unabhängigkeit im Kinde meldet, und konzentrieren sich auf den Bereich größter gegenseitiger Anteilnahme und Zuwendung – die Mahlzeiten.

Maria war knapp ein Jahr alt, als sie feststellte, daß sie, um die Aufmerksamkeit der Eltern zu erregen, nur ein Spielzeug von ihrem Stuhl fallenzulassen brauchte. Nachdem sie dieses Phänomen durch Zufall entdeckt hatte, ließ sie gelegentlich ein Spielzeug fallen und konnte darauf rechnen, daß die Eltern nach ein paar intensiven Klagelauten zur Stelle waren. Wenn sie es ihr zurückgegeben hatten, ließ sie es wieder und wieder fallen, bis die Eltern von dem Spiel genug hatten. Da Maria gerade lernte, wie Gegenstände verschwinden und wie man sie verstecken und wiederfinden kann, waren die Eltern zunächst begeistert von dem Spiel.

Als Maria herausfand, daß sich dieses Spiel auch mit Essen und Eßgeschirr spielen ließ, waren die Eltern weniger begeistert. Anfangs reagierten sie mit kühler Mißachtung. Dann versuchten sie die Tochter mit entschiedener Zurechtweisung davon abzubringen: »Hör auf damit, Maria! Du kannst nicht mit deinem Essen spielen.« Maria machte offensichtlich keinen Unterschied zwischen der Manipulation der Eltern durch das Spiel mit dem Stofftier oder das Spiel mit dem Essen. Daß die Eltern im zweiten Falle so heftig und vorhersagbar reagierten, machte dieses Spiel nur noch faszinierender.

Maria machte aus den Mahlzeiten regelmäßige Spielstunden. Feste Lebensmittel warf sie auf den Boden, breiige verschmierte sie. All das veranlaßte die Eltern zu vorhersagbaren, heftigen Reaktionen. Milch trank sie aus einer Tasse, die sie alleine handhabte. Nach ein paar Schlucken goß sie den Rest auf ihr Tablett, damit sie einen besseren Brei anrühren konnte. Wenn die Mutter versuchte, ihr auf die Hand zu schlagen oder sie zu ermahnen, warf sie das Essen löffelweise durchs Zimmer, stellte sich im Stühlchen auf und stimmte ein Triumphgeheul an. Die Mutter war verzweifelt.

Als sie beim Kinderarzt Hilfe suchte, erklärte ihr dieser, Maria wüßte, daß sie ihre Eltern bei den Mahlzeiten zu bestimmten, vorhersagbaren Reaktionen provozieren könnte. Da sich das Kind in einer Phase ganz normaler Negativität befinde, erschienen ihr die Reaktionen der Eltern als Belohnungen, die sie sich zu verschaffen suchte. Der Arzt schlug vor, ihr jeweils nur ein paar Bissen zu essen und einen Schluck Milch zu geben. Wenn sie anfing, mit dem Essen zu spielen, sollten sie es wegnehmen, bevor das Kind provozieren konnte. Die Mahlzeit war dann eben zu Ende. Das herausfordernde Verhalten war unvermeidlicher Bestandteil dieses Entwicklungsstadiums, jedoch kein notwendiger Teil der Eßgewohnheiten. Der Arzt wies dabei warnend darauf hin, daß Maria unter Umständen nicht viel essen und zwischen den Mahlzeiten betteln würde. Er riet ihnen, sich streng an die Mahlzeiten zu halten und ihr nichts zwischendurch »zuzustecken«. Sonst würde sie spüren, wie groß der Wunsch der Mutter war, sie zum Essen zu bringen, und sie würde es schaffen, daß die Eltern im Bereich der Ernährung Kompromisse schlössen, die sie später bedauern würden. Noch einmal nannte er den Eltern die Nahrungsmittel, die während dieses Zeitraums den wichtigsten Bedarf des Kindes decken würden. Da das Kind drei Flaschenmahlzeiten pro Tag bekam, schlug er der Mutter vor, in eine Flasche ein rohes Ei zu schlagen, falls das Kind Eiweiß in anderer Form verweigern sollte. Mit den Flaschen, ihren Flüssigvitaminen und dem Ei oder einer kleinen Menge eines anderen eisenhaltigen Eiweißes war der Mindestbedarf des Kindes gedeckt.

Die einzige Lösung besteht darin, dem Kampf aus dem Wege zu gehen. Sie werden nicht gewinnen – und sollten es auch besser nicht. Die Unabhängigkeit des Kindes ist zu wichtig. Selbst wenn Sie dank Ihrer Machtmittel gewinnen würden, blieben Essen und Mahlzeiten negativ besetzt, so daß in diesem Bereich mit künftigen Problemen zu rechnen wäre. Wenn Sie das Essen als einen Bereich begreifen können, in dem sich die Unabhängigkeit und der Reiz neuer Lernerfahrungen zeigen, oder umgekehrt, wenn Sie verstehen, daß die ersten Erfahrungen des

Kindes mit der Unabhängigkeit fast mit Sicherheit auf die Mahlzeiten fallen werden, dann können Sie den Widerstand des Kindes vielleicht weniger persönlich nehmen. In unseren Ländern werden Babys im ersten Jahr so ausreichend ernährt, daß sie viele Anfälle von Nahrungsverweigerung beim Essen im zweiten und dritten Jahr überleben können. Wenn Sie sich klarmachen, daß nur vier Grundnahrungsmittel (vgl. unten) ausreichen, um das Kind durch die Phasen größten Widerstands zu bringen, können Sie ihm die Freiheit lassen, die gesetzten Grenzen zu erkunden, abzulehnen und zu erproben. Im dritten oder vierten Jahr wird es wieder essen, und Ihre Zurückhaltung hat sich gelohnt.

Setzen Sie sich selbst ein paar Regeln. Beispielsweise wissen Sie, daß das Kind Sie provozieren wird, indem es mit dem Essen spielt. Es vom Tisch fallen zu lassen und abzuwarten, ob Sie es aufheben werden, macht Spaß und ist ein schöner Abschluß für jede Mahlzeit. Sorgen Sie also dafür, daß Sie nicht in diese Falle gehen! Füttern Sie jeweils nur ein paar Bissen. Zu viel in der Schüssel oder auf dem Tablett ist eine echte Herausforderung. Natürlich wird das Kind mit dem Essen um sich werfen. Die phantasievolle Handhabung des Essens verbunden mit dieser Art von Provokation ist weit aufregender als das Essen selbst. Wenn Sie die Mahlzeit sofort abbrechen, sobald das Kind mit diesen Spielereien beginnt, wird es bald lernen, daß die Mahlzeiten nicht zum Spielen da sind. Es wird sie schließlich ernst nehmen und sich an sie halten.

Setzen Sie aus dem gleichen Grunde Grenzen für die Zeit, die das Kind am Tisch sitzen muß. Kein aktives Kleinkind kann allzu lange stillsitzen. Und doch muß es irgendwann lernen, daß sich Erwachsene zu den Mahlzeiten hinsetzen. Der Wunsch, daß das Kind mehr ißt, ist nach meiner Meinung keine Rechtfertigung dafür, daß es während des Essens umhergehen darf. Ich glaube, ein Kleinkind muß lernen, die Rituale der Mahlzeiten vom übrigen Tag zu trennen. Mir geht es gegen den Strich, wenn ich sehe, wie ein Kind umhergeht, während ihm die Flasche aus dem Mund hängt, oder wie es mit der einen Hand Spielsachen anfaßt, während es mit der anderen sein Essen zermanscht. Kinder werden wahrscheinlich versuchen, die Eltern zum Durchbrechen dieser Essensrituale zu bringen. Doch es ist für die ganze Familie wichtig, daß sie beachtet werden. Und wenn man von einem Kind erwartet, daß es sich hinsetzt – wenn auch nur für kurze Zeit –, so wird es die Bedeutung des Rituals erfassen. Es wird während der Zeit der Herausforderung wahrscheinlich nicht sehr viel Nahrung zu sich nehmen, aber es geht gar nicht um die Nahrungsmenge. Es gilt, die Familienrituale gegen die natürliche Neigung des Kindes abzuwägen, Grenzen zu erkunden und auszuprobieren, in den Eltern Angst und Wut hervorzurufen. Das Kind weiß, daß es die Eltern während der Mahlzeiten zu Reaktionen provozieren kann. Solange sich die Eltern dessen nicht bewußt sind, werden die Mahlzeiten in der Tat zu einem subtilen und später gar nicht mehr so subtilen Schlachtfeld werden.

Dieser Rat ist schwer zu befolgen, wenn die Eltern nicht bereits entschieden haben, daß die Mahlzeiten ein Anlaß zu erfreulicher Kommunikation sein sollen. Das ist das eigentliche Ziel. Gelegentlich wird der Kampf um Selbständigkeit die Mahlzeiten erobern, doch wie in anderen in diesem Buch behandelten Bereichen der Kindererziehung gilt auch hier, daß Grenzen und Regeln, die Sie setzen, das Kind allmählich dazu bringen, sich eigene Grenzen zu setzen und ein Gefühl der Sicherheit zu gewinnen. Wenn sich die besorgten Eltern klarmachen, daß dem Kind durch den Nahrungsentzug keinerlei Gefahr droht und daß seine Gesamtentwicklung wichtiger sein kann als eine vollkommene Ernährung, müssen die Mahlzeiten nicht unbedingt zu einem Schlachtfeld werden.

Täglicher Mindestbedarf

Wenn Eltern wissen, wie wenig ein Kind im zweiten oder dritten Jahr braucht, können sie die Situation vielleicht ein bißchen leichter nehmen. Die vier Grundelemente, die ich seit Jahren als

Tagesbedarf empfehle, sind sehr einfach – und lassen sich leicht ersetzen, wenn auch sie verweigert werden:

1. Ein halber Liter Milch oder das Äquivalent in Käse, Joghurt, Speiseeis. Wenn alles nicht verschlägt, können Sie auch Milch mit Geschmack nehmen. Ein Teelöffel voll flüssigem Kalzium entspricht etwa einem Viertelliter Milch und läßt sich in jedes Getränk rühren, welches das Kind im Augenblick gerade vorzieht.
2. Gut hundert Gramm Fleisch oder ein Ei enthalten genügend Eisen und Eiweiß. Wird beides verweigert, können Sie sich von Ihrem Arzt einen Eisen-Eiweiß-Ersatz verschreiben lassen.
3. Dreißig Gramm Fruchtfleisch oder Obst in irgendeiner Form liefern genügend Vitamin C.
4. Ein Multivitaminpräparat (mit oder ohne Fluor für die Zähne, je nach dem Vorkommen in der natürlichen Nahrung oder im Wasser), das die Vitamine A, B und C enthält, kann als Ersatz für Gemüse und Getreideprodukte dienen. Da Gemüse besonders gern verweigert wird, benutze ich die Vitamintabletten im zweiten Jahr als »Krücke« – damit man nicht mehr daran zu denken braucht.

Richtlinien

Wenn Eltern die Mahlzeiten nicht zum Streitpunkt werden lassen möchten, können sie die folgenden Vorschläge ausprobieren:

1. Halten Sie die Mahlzeiten ein, und geben Sie dem Kind nichts zwischendurch.
2. Legen Sie die Dauer einer Mahlzeit auf höchstens zwanzig Minuten fest. Nehmen Sie danach das Essen weg, und lassen Sie das Kind wieder spielen.
3. Geben Sie jeweils nur kleine Essensmengen. Wenn das Kind sie aufgegessen hat, geben Sie ihm mehr. Beenden Sie die Mahlzeit, sobald es anfängt, mit dem Essen zu spielen.
4. Legen Sie nicht zuviel Nachdruck auf das Essen, indem Sie

herauszufinden trachten, was das Kind essen möchte. Auch wenn es Sie eine Speise nach der anderen auftischen läßt, geht es ihm möglicherweise nicht um andere Speisen, sondern um die Aufregung, die es mit seinem provozierenden Verhalten hervorruft.

Kapitel 9
Schlafen

»Wie kann ich mein Kind zum Schlafen bringen?« Diese Frage höre ich mindestens einmal pro Tag in meiner Sprechstunde. Gewöhnlich wird sie zu einem Zeitpunkt gestellt, da es bereits ums Überleben der Eltern geht. Eine lange Geschichte nächtlicher Umtriebe liegt hinter ihnen. Um zwei oder drei Uhr nachts schleppt sich Vater oder Mutter schlaftrunken ins Kinderzimmer, um das Baby durch Wiegen, Singen und gutes Zureden wieder zum Schlafen zu bringen.

Das Kind dagegen ist lieb, entzückend und fröhlich. Es hat seinen Schlaf gehabt und ist bereit, ein paar Stunden zu spielen. Wenn sein Charme angesichts der elterlichen Verzweiflung seine Wirkung verfehlt, verlegt es sich unter Umständen auf Wimmern oder Heulen, als würde ihm wirklich etwas fehlen. Oder es sieht die Mutter vorwurfsvoll an, als wollte es sagen: »Wie kannst du mich alleinlassen, wo du doch siehst, wie sehr ich dich brauche?«

Wenn diese Kunstgriffe keinen Erfolg haben, kann sich das Kind auch ängstlich zeigen, als fürchte es die Wut, die es in diesen gewöhnlich so liebevollen Erwachsenen hervorruft. Auf jeder Ebene vermittelt das Kind den dringenden Appell, Bedürfnisse zu befriedigen, die vernachlässigt worden sind. Solche Appelle werden alle Selbstschutzmaßnahmen durchbrechen, die die übermüdeten Eltern zu errichten versuchen.

Die Eltern berichten mir gewöhnlich, sie hätten »alles versucht«. Sie hätten sogar den Versuch unternommen, das Kind »einfach schreien zu lassen«, hätten aber nach ein paar Nächten aufgegeben, da das Schreien ein oder zwei Stunden angehalten hätte und kein Zeichen der Ermüdung zu erkennen gewesen wäre. Sie hätten es mit einer Flasche und einem Nachtlicht versucht – beides habe nichts geholfen. Die einzige Möglichkeit sei, das Kind mit ins Bett zu nehmen – dort sitze es dann und spiele ein oder zwei Stunden, und dann könnten sie schließlich alle schlafen.

Da es in unserer Gesellschaft ein ungeschriebenes Tabu gibt, das den Aufenthalt von Kindern im elterlichen Bett betrifft, bemühen sich viele Eltern verzweifelt, diese einfache Lösung zu vermeiden. Einige haben herausgefunden, daß man die Beruhigungsphase verkürzen kann, indem man das Kind aufsucht, bevor es sich aufregt. Häufig höre ich, daß Eltern das Kind nach zwei Uhr nachts alle zwei Stunden aufsuchen, es beruhigen, ihm Milch geben und es eine Zeitlang wiegen, damit es in seinem Zimmer bleibt. Sie könnten ihre Besuche zeitlich so planen, daß sie sich alle zwei Stunden nur dreißig Minuten mit dem Kind zu beschäftigen hätten. Wenn sie dagegen warten würden, bis es schreie und heule, dauere ein solcher Besuch eine Stunde!

Was ist hier das Problem? Warum stellen nicht alle Kinder solche Forderungen? Warum lernen in manchen Familien alle Kinder bis auf eines, die Nacht durchzuschlafen? Sind Schlafprobleme ein Hinweis auf die Unsicherheit des Kindes? Sind sie ein Zeichen für die Eltern, daß es tagsüber nicht genügend Liebe und Aufmerksamkeit bekommen hat? Woher kommt es, daß die meisten Babys, die um sechs Uhr abends schlafen gehen, regelmäßig um zehn Uhr abends aufwachen und irgend etwas von ihren Eltern wollen?

Schlafzyklen

Vielleicht lassen sich einige dieser Fragen beantworten, wenn wir die Entwicklung der Schlafzyklen im frühen Säuglingsalter verstehen. Nach einer Reihe von Untersuchungen, die kürzlich von Arthur H. Parmeles jr., University of California in Los Angeles, Thomas F. Anders, Stanford University, und Robert N. Emde, University of Colorado, durchgeführt wurden, hat jeder Säugling während der Nacht typische Zyklen von oberflächlichen und tiefen Schlafphasen. Im Laufe der ersten Monate werden die Phasen tiefen Schlafes länger, während die oberflächlichen oder Traumphasen kürzer werden.

Im Alter von vier Monaten nehmen die Phasen ein bestimmtes Muster an – gewöhnlich das eines Zyklus von drei bis vier Stunden Dauer. In der Mitte des Zyklus liegt eine ein- oder anderthalbstündige Tiefschlafphase, in der das Kind sich sehr wenig bewegt und durch Reize kaum ansprechbar ist. Vor und nach dieser Tiefschlafphase liegt je eine etwa einstündige Periode oberflächlichen, traumreichen Schlafes, mal mit, mal ohne Aktivität. Am Ende eines solchen Vier-Stunden-Zyklus erreicht das Baby einen Zwischenzustand, der nahe an das Wachbewußtsein grenzt und in dem ein vollständiges Erwachen entsprechend leicht möglich ist. In diesen Zeiträumen entwickelt jedes Kind sein eigenes Aktivitätsmuster – es lutscht am Daumen, weint, wiegt sich selbst oder schlägt mit dem Kopf rhythmisch gegen das Bett. (Eine unserer Töchter erzählte ihrer Puppe alle vier Stunden ihren gesamten Tagesablauf.) Es kann auch unruhig zappeln oder mit sich selbst reden – oder eben nach seinen Eltern rufen.

Alle diese Verhaltensweisen scheinen den Zweck zu haben, die Energien zu entladen, die das Kind tagsüber bei seinen Beschäftigungen aufgespeichert hat, und es auf den nächsten Schlafzyklus vorzubereiten. Wenn das Kind mit diesen Intervallen der Halbwachheit selber fertigwerden kann, stabilisieren sich die Schlafzyklen allmählich und gehen in längere Zyklen über, bis sie schließlich acht oder sogar zwölf Stunden Schlaf umfassen.

Neuere Untersuchungen haben ergeben, daß die Verlängerung dieser Zyklen von der Konditionierung durch die Umwelt abhängt. Befindet sich der Säugling in einer Umgebung, die jede Wachphase durch einen Besuch oder eine Mahlzeit bekräftigt, wird er die Schlafphase wahrscheinlich nicht ausdehnen, indem er sich beruhigt. Wenn die Umwelt indessen keine Reaktion zeigt, ist das Kind gezwungen, eigene Verhaltensweisen zur Aktivitätsentladung und Selbsttröstung zu entwickeln, dank derer es in den nächsten Schlafzyklus hineinfindet.

Die gleichen Forscher haben gezeigt, daß die bereits bei der Geburt angelegten Vierundzwanzig-Stunden-Rhythmen synchron zu den Tageszyklen der Mutter entstanden sind. Allerdings befinden sie sich meist nicht im Einklang mit dem mütterlichen Zyklus, weil das ungeborene Kind schläft, wenn die Mutter aktiv ist, und aufwacht, wenn sie sich hinlegt. Ihre Aktivitätsphase löst also seine Aktivitätsphase immer im jeweils folgenden Abschnitt des Zyklus aus. Damit verfügt das Neugeborene bereits über einen Schlaf-Wach-Rhythmus. Nach der Geburt wird der Säugling von seiner Umwelt dazu gedrängt, seine Wachphasen mehr und mehr auf den Tag zu verlegen und nachts immer längere Schlafzyklen einzuhalten.

Manche Kinder – deren Zahl allerdings überraschend klein ist – beginnen mit Zyklen, die wie umgekehrt wirken. Gewöhnlich werden sie von den Eltern zu einer Veränderung gedrängt, und die meisten Säuglinge beginnen im Alter von fünf oder sechs Monaten, acht Stunden in der Nacht durchzuschlafen. Für mich ist das ein eindeutiger Beweis für die angeborene Fähigkeit des Säuglings, sich von seiner Umgebung formen zu lassen.

Die wenigen Säuglinge, die nicht auf die behutsamen, aber nachdrücklichen Forderungen der Umgebung reagieren, haben mich stets interessiert, und ich habe versucht, mich mit ein paar von ihnen näher zu beschäftigen, um zu sehen, auf welche Umstände ihr Versagen zurückzuführen ist – denn für die Eltern, deren eigenes Schlafbedürfnis schwere Einbußen erleidet, ist es zweifellos ein Versagen.

Die meisten Kinder beginnen mit drei Monaten, länger als vier Stunden zu schlafen, ohne aufzuwachen, und eine Untersuchung der normalen Schlafgewohnheiten in unserer Gesellschaft bestätigt das. Nach diesem Bericht schlafen 70 Prozent der amerikanischen Kinder mit drei Monaten acht Stunden pro Nacht, mit sechs Monaten ist es bei 83 Prozent der Fall, und nur 10 Prozent schlafen mit einem Jahr die Nacht noch nicht durch.

Warum schlafen offenbar die meisten Kinder durch? Wahrscheinlich wirken mehrere Faktoren zusammen und veranlassen die meisten Babys dazu, während der Nacht eine längere Schlafphase einzuhalten. Diese Faktoren reichen von dem Bemühen der Eltern, die Kinder nachts nicht zu »stören«, bis hin zum Bedürfnis des Kindes, während eines Teils des Vierundzwanzig-Stunden-Rhythmus Ruhe zu finden.

Ursachen nächtlicher Schlafstörungen

Um was für Babys handelt es sich bei den 17 Prozent, die mit sechs Monaten die Nacht nicht schlafend zubringen, und den 10 Prozent, die dies auch mit einem Jahr noch nicht tun? Wieder haben wir es vermutlich mit einem Zusammenwirken verschiedener Faktoren zu tun. Einerseits gibt es sicherlich Eltern, denen es widerstrebt, das Kind in seinem eigenen Zimmer zum Schlafen zu legen, und die deshalb rasch bereit sind, ihr Bett als Alternative anzubieten. (Wenn es auch dort nicht richtig schläft, macht es ihnen nicht soviel aus, weil sie dann wenigstens nicht mit ihren Schuldgefühlen in einem ganz anderen Zimmer liegen.) Andererseits lassen sich manche Babys aufgrund ihres Temperaments drei verschiedenen Kategorien zuweisen, die eine Neigung zu nächtlichen Schlafstörungen aufzuweisen scheinen.

Zum einen gibt es das überaus aktive, ständig vorwärtsdrängende Kind, das über seine vielen Lernerfahrungen so in Aufregung gerät, daß es einfach nicht innezuhalten vermag, wenn es vor einer neuen Aufgabe steht. Auch scheint es über die Enttäuschung, daß es noch nicht gelernt hat, was es sich vorgenommen hat – meist handelt es sich um eine motorische Fertigkeit wie Stehen oder Gehen –, nicht hinwegzukommen. Der Druck scheint nachts ebenso stark zu sein wie am Tage. Nehmen wir als Beispiel den Zeitpunkt, kurz bevor ein solches Kind laufen kann. Wenn es jetzt die Phase der Halbwachheit erreicht, dann stützt es sich unter Umständen auf Hände und Knie und schaukelt in seiner Enttäuschung hin und her, oder es zieht sich immer wieder an seinem Bettchen hoch – bis es wach wird. Wenn diese Kinder nachts aufwachen, so liegt es an der intensiven Anspannung, von der jede neue Wegmarke in ihrer Entwicklung begleitet ist.

Leider wird das Kind diese Angewohnheit nicht unbedingt ablegen, wenn es gehen gelernt hat, es sei denn, die Eltern greifen ein und drängen das Kind, seine nächtlichen Schlafgewohnheiten zu verändern. Andere Aufgaben und Entwicklungsschritte im zweiten, dritten oder in späteren Jahren können zu ähnlichen Frustrationen führen, und wenn der Schlaf im ersten Jahr als Ventil für solche Frustrationen gedient hat, kann er diesen Zweck auch in nachfolgenden Jahren erfüllen. Wenn eines dieser Kinder die REM- oder oberflächliche Schlafphase erreicht, wacht es auf und braucht Hilfe.

Schlafen Eltern mit solchen Kindern in einem Bett, um sie zu trösten, dann müssen sie sich klarmachen, daß diese REM-Schlafzyklen während der Nacht häufig auftreten und kein großes Problem darstellen, *solange* das Kind sich allein beruhigen und wieder in Phasen tieferen Schlafes zurückfinden kann. Wenn die Gegenwart der Eltern für das Kind zu aufregend ist oder wenn es ihre Gegenwart dazu benutzt, ganz wach zu werden und zu spielen, dann kann es in der Tat dazu kommen, daß es die Nacht zum Tage macht und daß ein gefährlicher Teufelskreis seinen Anfang nimmt: Das Kind wird wach, die Eltern werden nervös bei dem Versuch, es zu beruhigen, wodurch sie zwangsläufig die Erregung des Kindes durch ihre eigene noch verstärken; das Kind spürt die feindseligen Gefühle der Eltern und bleibt wach, um sie noch ein bißchen herauszufordern oder mit ihnen zu spielen oder sie wieder für sich zu gewinnen. Solche Verhaltensmuster können schwerlich dazu beitragen, das Kind zu trösten oder die Fähigkeit der Eltern zu erhöhen, sich tagsüber dem Kind verstärkt zuzuwenden.

Eine andere Gruppe von Säuglingen, die dazu neigen, nachts aufzuwachen und nach Trost zu verlangen, könnte man tagsüber als »niedrig im Verbrauch motorischer Energie« einstufen. Es sind stille, wache, aufmerksame Kinder, die alles aufnehmen und gründlich darüber nachdenken, aber eben nicht sehr aktiv sind. Infolge des niedrigen Aktivitätsniveaus ermüden sie am Tage nicht genug, um nachts so tief zu schlafen wie andere Kinder. Unter Umständen tragen auch ihre intensiven Denkprozesse dazu bei, daß sie unruhig schlafen, und wenn die REM-Zyklen auftreten, können sie leicht hellwach werden. Wenn sie in jedem dieser Zyklen weinen oder unruhig werden, kann ihnen der Trost helfen, den sie im Bett der Eltern finden. Solange sie und die Eltern von dieser Nähe profitieren, dient sie sicherlich dem Wohle aller. Meldet sich dann aber im zweiten Jahr die Unabhängigkeit des Kindes, ist zu überlegen, ob man es auch während der Nacht zu mehr Unabhängigkeit anhält.

Die dritte Gruppe von Säuglingen, die Schwierigkeiten haben, nachts so weit zur Ruhe zu kommen, daß sie längere Zeit durchschlafen, sind die empfindlichen, leicht erregbaren Babys. Die Angst vor neuen oder ungewohnten Situationen führt zu übergroßer Anhänglichkeit, eine Tendenz, die die Eltern oft unbewußt unterstützen. Angesichts jeder neuen Situation – einem neuen Entwicklungsabschnitt oder einer schwierigen sozialen Situation – neigt das Kind am Tage wie in der Nacht zu regressivem Verhalten. Da die Eltern einem solchen Kind helfen möchten, sind sie unter Umständen bestrebt, es vor neuen und schwierigen Situationen zu bewahren. Eilig trösten sie es, wenn ihm die neuen Eindrücke zuviel werden, oft, bevor es die Möglichkeit hatte, herauszufinden, ob es mit der Situation aus eigener Kraft hätte fertigwerden können. So vermitteln sie ihm unter Umständen das Gefühl, daß die eigenen Kräfte nicht ausreichen, daß es den Anforderungen einer neuen Situation nicht gewachsen ist. Das Kind versteht sich selbst als hilflos und wird infolgedessen immer ängstlicher und hilfloser.

Wenn das Kind nachts aufwacht, dann prägt diese Überfürsorglichkeit wahrscheinlich das Verhalten der Eltern wie des Kindes. Das Kind wird die Anwesenheit und Zuwendung der Eltern auch dann noch verlangen, wenn es sie in Wahrheit gar nicht mehr braucht, und die Eltern ihrerseits werden Schwierigkeiten haben, nicht nachzugeben. Sie nehmen es zu sich ins Bett oder lassen sich zu vier oder fünf nächtlichen Besuchen bewegen. Je erschöpfter und wütender sie werden – wütend auf sich und auf das Kind –, desto deutlicher spürt das Kind ihre Ambivalenz und desto verzweifelter besteht es auf seinen Forderungen. Und genau diese Ambivalenz veranlaßt die Eltern, allen Forderungen des Kindes nachzugeben.

Wenn Eltern kommen und mich wegen eines solchen Kindes um Rat fragen, bin ich immer wieder angenehm überrascht, wie rasch sich Erfolge erzielen lassen. Wenn die Eltern meinen Rat annehmen und das Kind zu mehr Selbständigkeit in der Nacht anhalten, indem sie ihm ein »Schmuseobjekt« ins Bett legen – ein Ersatz für die Eltern, der die Selbständigkeit des Kindes stärkt –, kommt es sehr rasch allein zurecht. Die überraschten Eltern stellen bald fest, daß es sich auch tagsüber selbständiger verhält.

Kulturelle Erfahrungen

Offensichtlich sind Schlafprobleme häufig auf Fragen der Selbständigkeit und Unabhängigkeit zurückzuführen. Unter anderem liegt der Grund darin, daß es in unserer Gesellschaft zwar viele Faktoren gibt, die in Eltern Schuldgefühle hervorrufen, wenn sie ihr Kind zu sehr und zu lange umsorgen, aber wenige Eltern, die bereit sind, ein Baby von fünf oder sechs Monaten in einen eigenen, abgeteilten Schlafraum abzuschieben, wenn es dies nicht widerspruchslos hinnimmt. Wird das Kind älter, gibt es viele Entschuldigungsgründe für den Wunsch nach Nähe und Zuwendung. Sicherlich sehnen sich die meisten Eltern nach der rührenden Wärme und Weichheit eines Babys, das neben ihnen schläft. Warum verlangt unsere Gesellschaft dann eine so frühe nächtliche Trennung? Es gibt augenblicklich eine Gegenbewegung, die sich in dem Buch *Das Familienbett** von Tine Thevenin

* Frankfurt/M [2]1985 (Fischer TB)

artikuliert, wo verlangt wird, daß sich die ganze Familie in einem einzigen großen Bett zusammenfindet.

In Teilen von Indien, so wurde mir berichtet, schläft die Mutter auf einer großen, runden Matte auf dem Boden. Alle Kleinkinder krabbeln nachts nach Belieben auf die Matte und von ihr herunter, ohne daß die Mutter wach wird. Von Schlafproblemen ist nichts bekannt. Im Volke heißt es dort, das Kind trenne sich im vierten Jahr auf eigenen Willen von der Mutter. Bis zu diesem Zeitpunkt sei es zu klein und zu hilflos, um in der Nacht auf die Mutter verzichten zu können.

Bei den Mayas in Mexiko, wo wir eine Zeitlang lebten, habe ich beobachtet, daß das Kind zwischen Mutter und Vater schlief, bis unvermittelt der Zeitpunkt gekommen war, wo dem Kind das eigene Bett zugewiesen wurde. Diese plötzliche Erwartung, auf der anderen Seite der Hütte zu schlafen, wurde Mitte des zweiten Jahres gestellt. Zugleich endete die Zeit, wo es ständig gestillt und von der Mutter auf dem Rücken getragen wurde. Wenn das Kind gegen diese Veränderungen protestierte, wurde es nicht beachtet oder bestraft. Wenn es deprimiert wurde, nicht mehr aß und die Symptome der Mangelkrankheit *Kwashiorkor* zeigte, wurde dies als eine Krankheit hingenommen, die eben viele, viele Kinder durchmachen müssen. Niemand brachte den plötzlichen Entzug der mütterlichen Zuwendung mit der Depression und Unterernährung in Verbindung. Niemand war schuld, denn es kam dazu, wenn das nächste Kind unterwegs war und wenn für das ältere Kind im Bett kein Platz mehr war.

In unserer Kultur erwarten wir Unabhängigkeit und Individualität, geistige Beweglichkeit und Neugier sowie frühe Leistungsfähigkeit – und diese Erwartungen sind der Ausgangspunkt für viele unserer Erziehungspraktiken. Wir erwarten von unseren Kindern, daß sie tagsüber aktiv und wißbegierig, nachts unabhängig und selbständig sind. Ideal ist ein Baby, wenn es den ganzen Tag spielen kann, möglichst allein, das aber auch empfänglich für Liebe und Zuwendung ist, die zu den Bedingungen des Erwachsenen angeboten werden. Abends wird von ihm erwartet, daß es sich rasch und widerspruchslos dem Schlaf überläßt.

Wir haben alle Verständnis dafür, daß ein Baby noch nicht gleich Ruhe gibt, wenn es schlafen gelegt wird. Natürlich wissen wir, daß wir an der Nase herumgeführt werden, wenn wir das erste, fünfte oder sechste Mal Wasser oder den Topf in sein Zimmer bringen, und wir machen uns nichts daraus. Weniger harmlos oder gar unerträglich erscheint es uns, nachts geweckt zu werden – es sei denn, es handelt sich um etwas wirklich Ernsthaftes. Wenn Eltern also regelmäßig um einen Teil ihres Nachtschlafs gebracht werden, müssen sie sich mit negativen Gefühlen gegenüber dem Kind auseinandersetzen. Um diese Gefühle nicht überhandnehmen zu lassen und sie nicht dem Kind gegenüber zum Ausdruck zu bringen, muß man ziemlich starke Abwehrmechanismen entwickeln. Die Eltern eines Kindes mit echten Schlafproblemen legen sich Gründe zurecht, die erklären, warum sie sich auch nachts um ihr Kind kümmern müssen. In unserer Gesellschaft nimmt diese Tendenz zu, da immer mehr Frauen tagsüber arbeiten und deshalb nachts ein Bedürfnis nach ihrem Kind haben. Viele Eltern sind heute der Meinung, Kinder könnten in jedem Alter – als Säuglinge und auch noch als Vierjährige – im elterlichen Bett schlafen, um Schlafprobleme zu vermeiden. Allerdings scheuen sie die Kritik der Freunde und der Gesellschaft. Niemals geben Eltern in meiner Sprechstunde zu, daß sie ihrem Baby regelmäßig erlauben, bei ihnen im Bett zu schlafen. Warum nicht? Vielleicht glauben sie, ich würde versuchen, es ihnen auszureden. Wichtiger noch dürfte meiner Meinung nach sein, daß sie deswegen unbewußte Schuldgefühle haben. Wenn dem so ist, werden sie ihre ambivalente Einstellung zu dieser Maßnahme auf das Kind übertragen, das unter Umständen darunter leiden wird. Es wird vielleicht nicht wissen, warum, aber es wird seinerseits Schuldgefühle haben, daß es bei den Eltern schläft – und das zu einem Zeitpunkt, da es diese Gewohnheit vermutlich von sich aus nicht ändern kann.

Auf dem Wege zur Unabhängigkeit muß ein Kind, zumindest in unserer Gesellschaft, lernen, allein zu schlafen. Man kann natürlich darüber streiten, ob das richtig ist oder nicht. Auf jeden Fall ist es zum heutigen Zeitpunkt schwierig, den allgemeinen

Konsens der Gesellschaft abzulehnen, ohne Gefahr zu laufen, die Selbstachtung zu verlieren und das Gefühl zu haben, in der Erziehung zur Selbständigkeit zu versagen.

Der Schlaf und die Entwicklung der Selbständigkeit

Im ersten Jahr läßt sich mit einiger Sicherheit vorhersagen, wann das Kind nachts wach wird, auch wenn es vorher möglicherweise durchgeschlafen hat. Mit acht, neun Monaten und noch einmal mit einem Jahr gibt es rasche Fortschritte im kognitiven Bereich, die sich als Scheu vor fremden Situationen, unbekannten Orten und Veränderungen in der täglichen Routine äußern. Sie fallen mit plötzlichen Schüben der motorischen Entwicklung zusammen (Krabbeln und Sitzen mit acht Monaten; Stehen, Gehen und Klettern mit zwölf bis vierzehn Monaten – vgl. Kapitel 3). Mit dieser vermehrten Aktivität ergibt sich die neue Möglichkeit, sich von der sicheren Zuflucht, die die Eltern bieten, zu entfernen.

Die Entscheidungsmöglichkeit, sich von den Eltern zu entfernen oder bei ihnen zu bleiben, schafft eine gewisse Dissonanz in dem Kind, die es beunruhigt. Einerseits wünscht es die Unabhängigkeit, andererseits ist es von dieser Aussicht erschreckt. Diese Dissonanz hat sich auch am Abend noch nicht gelegt. Wenn es nachts in die Phase des oberflächlichen Schlafes kommt, äußert sich das gestörte innere Gleichgewicht darin, daß das Kind schreit oder auch häufig im Bett aufsteht.

Zu lernen, nachts alleine zu schlafen, hat sicherlich viel mit der Aufgabe zu tun, unabhängig zu werden. Wenn Schlafprobleme auftreten, können sich wahrscheinlich weder die Eltern noch das Kind so recht vorstellen, daß es alleine damit fertigwerden kann. Berufstätige Mütter, die tagsüber nicht zu Hause sind, müssen fast immer damit rechnen, daß es irgendwann zu Schlafproblemen kommt. In Gesprächen mit solchen Frauen habe ich festgestellt, daß sie hin- und hergerissen sind zwischen dem Beruf und ihrer Aufgabe als Mutter. Wenn eine natürliche Belastung

Schlafstörungen bei dem Kind hervorruft, so haben diese Mütter in der Regel Schwierigkeiten, die Kinder zu zwingen, sich nachts von ihnen zu trennen.

Judy Trail, eine freundliche, aber ziemlich nervöse junge Frau, erschien mit ihrem Mann Tom und ihrer achtzehn Monate alten Tochter Lucy in meiner Sprechstunde. Bevor sie das erste Mal schwanger wurde, war sie Chefsekretärin eines bekannten Anwalts gewesen. Tom und sie waren seit drei Jahren verheiratet, als sie sich zu einem Kind entschlossen. Doch die Schwangerschaft endete im dritten Monat mit einer Fehlgeburt. Judy und Tom waren beide überrascht, wie enttäuscht sie waren. Der Verlust des Kindes erwies sich als schwerer Schlag für sie.

Judy war sehr daran gelegen, wieder schwanger zu werden, und als sie feststellte, daß sie es war, planten Tom und sie alle weiteren Schritte mit übertriebener Vorsicht. Sie bemühte sich um »vollkommene« Schonung und gab ihre Stellung nach dem sechsten Schwangerschaftsmonat auf, um in den letzten drei Monaten kein Risiko mehr einzugehen. Nach ihrem Ausscheiden hielt ihr die Kanzlei den Posten fast ein Jahr lang frei. Jedesmal, wenn man von dort aus anrief, um zu fragen, ob sie die Arbeit wieder aufnehmen könnte, mußte Judy wieder zwischen zwei Rollen wählen – der der Mutter und der der berufstätigen Frau.

Lucy war ein entzückendes Kind, hübsch, anziehend, mit Grübchen in Ellbogen und Händen und einem Wuschelkopf, der ihr ein hinreißendes Aussehen gab. Von Anfang an war sie für Tom und Judy eine Persönlichkeit gewesen. Obwohl sie in mancherlei Hinsicht ein einfaches Kind war, zeigte sie sich sehr entschieden und ließ über ihre Wünsche nie Zweifel aufkommen. In den ersten Wochen hatte sie sich ruhig und friedlich mit sich selbst beschäftigt. Doch sie gewöhnte sich rasch ein durchdringendes, forderndes Schreien an, auf das hin die Eltern sofort zur Stelle waren. Sie ließ Judy und Tom keineswegs im unklaren darüber, ob sie Hunger hatte, sich langweilte oder müde war.

Angesichts von Eltern, die unbedingt das »Richtige« tun wollten, und einem Kind, das einen so starken Willen hatte, wurde das Schlafen im zweiten Jahr zu einem immer größeren Problem. Lucy protestierte, wenn sie ins Bett gebracht wurde, und Lucy protestierte, wenn sie nachts aufwachte. Judy und Tom versuchten es mit allen Maßnahmen, die ihre Bibliothek von Babybüchern für diesen Fall bereithielt. Sie wiegten sie, schmusten mit ihr, gaben ihr Extramahlzeiten, sie saßen in verzweifeltem Schweigen im Wohnzimmer und beteten, daß ihre Anstrengungen die erhoffte Wirkung zeitigten, sie ließen Lucys Licht an und machten ihres aus, schliefen auf einem Feldbett im Kinderzimmer und veränderten schließlich das eigene Leben von Grund auf, um es dem des Kindes anzupassen. Jede Nacht landete Lucy im Bett der Eltern. Keiner von den dreien fand Schlaf. Alle waren sie erschöpft und wußten nicht mehr weiter, als sie in meine Sprechstunde kamen.

Judy und Tom wollten vor allem wissen, wie sie das Schlafproblem in den Griff bekommen könnten und was ich von Judys jüngstem Entschluß hielt – Lucy tagsüber von »irgendeiner« Tagesmutter betreuen zu lassen, so daß sie in ihren Beruf zurückkehren und sich wieder fangen konnte.

Um Judy und Tom klarzumachen, warum sie Lucys Protesten so sehr nachgaben, mußte man ihnen deutlich machen, daß ihre Gefühle hinsichtlich einer Trennung von ihrem Kind sehr komplex waren. Da sie zuvor das ungeborene Kind verloren hatten, fürchteten sie, sie könnten auch Lucy verlieren. Obwohl sie wußten, daß Lucy in ihrem eigenen Interesse lernen mußte, von alleine wieder einzuschlafen, hatten sie auch das Empfinden – wie viele andere Eltern in unserer unsicheren Kultur –, das Kind wisse irgendwie besser als die Eltern, was es brauche, und sie müßten sich über die eigenen Bedürfnisse hinwegsetzen.

Als wir darüber sprachen, gab Judy zu, daß sie das Gefühl hatte, bei der Erziehung von Lucy völlig versagt zu haben, und daß sie sich so dringend wieder nach ihrem Beruf sehne, weil sie endlich wieder Erfolgserlebnisse brauche. Und Tom bekannte, daß er viel Ärger in sich hineinfresse – auf sich selbst, auf Lucy und auf seine Frau –, weil sie unfähig seien, das Problem zu lösen. Wir sprachen darüber, was diese Gefühle ärgerlicher Enttäuschung bei beiden für Lucy bedeuten mußten. Sie gaben zu, daß sie sich verändert hatte. Sie war nicht mehr das selbstsichere kleine Mädchen von einst, sondern unsicher und übertrieben anhänglich, als sei sie verzweifelt bemüht, die Spannung abzubauen, die sie in den Eltern spürte.

Es galt, ihnen klarzumachen, daß Lucy genau um ihre eigenen Stärken und ihre Selbständigkeit wußte, daß sich solche Selbständigkeit aber nicht ausbilden konnte, wenn sie jeder Forderung oder Laune ihrer Tochter nachgaben. Denn um ein Gefühl für die eigenen Stärken entwickeln zu können, mußte sie wissen, welche Grenzen ihr gezogen waren. Und die deutlichsten Grenzen werden nun einmal von den Eltern gesetzt – zumal wenn das Kind beginnt, die Bedürfnisse der Eltern zu schmälern.

Ich forderte Judy und Tom auf, *zuerst* einmal den definitiven Entschluß zu fassen, daß sie Lucy bei der Lösung ihrer Schlafprobleme auch wirklich helfen wollten. Dazu mußten sie einsehen, daß es Lucy helfen würde, wenn sie lernte, sich während der Nacht unabhängig zu verhalten. Und sie mußten sich einig sein, denn Lucy merkte sofort, wenn sie die Beziehung der Eltern durcheinanderbrachte. Die Nachtruhe ist für Erwachsene ein problematischer Punkt, und Störungen bringen starke Spannungen mit sich. Deshalb war es erforderlich, daß sie sich auf eine gemeinsame Vorgehensweise einigten.

Wenn Lucy »lernte«, tagsüber ein Schmuseobjekt zu akzeptieren – eine Puppe, eine Decke oder ein bestimmtes Spielzeug –, konnte sie sich an dieses Objekt halten, wenn sie müde, hungrig oder gelangweilt war. Unter Umständen mußten Judy und Tom es ihrer Tochter in solchen Augenblicken auch aufdrängen. Da mochten Äußerungen erforderlich sein wie: »Geh dein Schmusetier holen, dann kannst du auf meinen Schoß kommen«, oder: »Setz dich hin und schmus mit deinem Freund, während ich dein Essen mache. Du bist doch schon ein großes Mädchen.« Als ich diesen Vorschlag machte, antwortete Judy: »Aber sie hat doch schon zehn oder zwanzig Stofftiere in ihrem Bettchen! Die nützen ihr gar nichts!« Ich versicherte Judy, daß zehn oder zwanzig nicht dasselbe sind wie ein besonderes. Wahrscheinlich sei Lucys

Fähigkeit, sich mit einem zu trösten, nie wirklich auf die Probe gestellt worden. Judy gab zu, daß sie von Lucy niemals wirklich erwartet habe, sich am Tage oder in der Nacht unabhängig zu verhalten.

Wenn am Tage entsprechende Erwartungen geweckt waren und dem Schmuseobjekt die Rolle als Mutterersatz langsam übertragen worden war, sollten Judy und Tom die Tochter für ihre Fähigkeit, sich selbst zu trösten, loben. So ließ sich allmählich die Unabhängigkeit in der Nacht vorbereiten.

Zunächst mußten die Eltern ihr klarmachen, daß sie in ihrem Zimmer zu bleiben hatte, und dann, daß sie ohne Hilfe der Eltern einschlafen mußte. Ich schlug vor, daß einer der Eltern nach der üblichen Gute-Nacht-Zeremonie bei ihr blieb, bis sie eingeschlafen war, am besten derjenige, der am entschiedensten der Meinung war, sie müsse lernen, allein zu schlafen.

Sobald sie gelernt hatte, in ihrem Zimmer einzuschlafen, sollten *beide* Eltern das Zimmer verlassen, bevor sie eingeschlafen war. Wenn sie aus dem Bett kletterte und versuchte, in das elterliche Bett zu kommen, mußten sie sie in das Kinderzimmer zurückbringen. Während sie so lernte, in ihrem Zimmer zu bleiben, sollten sie ihr das Schmuseobjekt als Trost anbieten. Wurde sie wach, sollten sie sie fünf Minuten, dann zehn und fünfzehn Minuten warten lassen. Sie konnten ihr zurufen, sich das Schmuseobjekt zu suchen. Sie seien zwar da, aber sie könne auch allein einschlafen. Zunächst würden sie noch hingehen müssen, aber sie dürften sie nicht belohnen, indem sie sie auf den Arm nahmen, mit ihr spielten oder ihr etwas zu essen gaben. Wenn sie begriff, daß die Eltern es ernst meinten, würde sie eigene Methoden lernen, um unabhängig aus dem oberflächlichen in den Tiefschlaf zu gelangen. Dabei würde ihr das Schmuseobjekt eine verläßliche und stets gegenwärtige Hilfe sein. Gelänge dies Unterfangen, würde es eine große Befriedigung für sie und das Kind bedeuten. Es sei zwar schwierig, aber sie alle würden am Tage mehr als entschädigt für die Unabhängigkeit und Trennung in der Nacht. Eltern und Kind würde ein ausreichender Nachtschlaf sehr gut bekommen.

Es ging bei diesem Gespräch in meiner Sprechstunde vor allem darum, Judy und Tom dazu zu bringen, sich gegenseitig zu unterstützen. Wir kamen überein, daß Tom das Kind zu Bett brächte, Judy das erste Mal zu ihr ginge und Tom das zweite Mal. Sobald sich die Eltern auf ein bestimmtes Vorgehen geeinigt hatten, schien Lucy es zu spüren. Sie nannte ihre Puppe »Mawy«, und Mawy wurde ihre ständige Begleiterin. Mawy übernahm ihre nächtliche Aufgabe etwa zwei Wochen später. Eine Woche nach Beginn der neuen Maßnahmen rief mich Tom an und sagte, es sei wie ein Wunder. Lucy habe Mawy als Ersatz akzeptiert und sei beinahe erleichterter als sie – die Eltern – darüber, daß sie nun allein einschlafen und auch allein im Bett bleiben könne, wenn sie aufwache. Nach vier Nächten habe sie aufgehört, nach ihnen zu rufen, und die ganze Familie schlafe tief und fest. Es mochte wie ein Wunder aussehen, aber ich hatte gewußt, daß sich die Schlafprobleme von alleine erledigen würden, sobald die Spannungen zwischen ihnen ausgeräumt waren. Tom fügte hinzu, daß Lucy jetzt viel reifer und zufriedener mit sich wirke, als sie je erwartet hätten. Die Lösung von Lucys Schlafproblemen hatte sie alle ein Stück weitergebracht.

Das Familienbett

In meiner Praxis und im Krankenhaus habe ich erlebt, mit was für Problemen ganze Familien zu tun bekommen, wenn Kinder nachts pausenlos wach werden und quengeln. Ich wußte, diese Familien brauchten Hilfe und konnten diese Hilfe finden, wenn man ihnen klarmachen konnte, wie es zu den Problemen kam. Nicht bewußt war mir, wie viele Eltern es *nicht* für notwendig halten, daß Kinder lernen, nachts allein zu schlafen.

Diese Eltern sind der Meinung, daß unsere Gesellschaft von Kleinkindern grundlos verlangt, alleine zu schlafen, und daß dies nicht *unbedingt* zum Vorteil der Kinder geschieht. Sie bezweifeln nicht nur das Prinzip, nach dem Kinder nachts alleine schlafen müssen, sondern nach ihrer Auffassung ist es auch wichtiger, nachts bei dem Kind zu sein, wenn es sich ängstigt, als irgendeiner Vorschrift zu entsprechen, mag sie nun richtig sein oder nicht. Die Gegenwart des Kindes in ihrem Bett störe sie nicht. Es sei schön für sie alle, auch nachts als Familie beieinanderzusein. Ferner versichern sie mir, daß Kinder von alleine – und ohne seelische Schäden – der Gewohnheit entwüchsen, bei den Eltern zu schlafen. Einige können als Beweis ältere Kinder anführen, bei denen es bereits der Fall ist. Kurzum, diese Eltern sehen nicht in den nächtlichen Schlafstörungen das Problem, sondern in der nächtlichen Trennung des Kindes von den Eltern.

Ich war beeindruckt und habe viel aus diesem Standpunkt gelernt. Es ist sicherlich viel Vernünftiges an dem, was diese Eltern sagen. Wie sie glaube ich, daß Schlafstörungen auf Probleme hinweisen können, die das Kind gerade durchmacht, und daß die räumliche Absonderung des Kindes nicht unbedingt der beste Weg ist, sich mit diesen Problemen auseinanderzusetzen. Auch ich frage mich, ob unsere Kultur von Kleinkindern nicht zuviel verlangt. Aber ich bin auch der Meinung, daß man einerseits den nächtlichen Bedürfnissen der Eltern Rechnung tragen muß und andererseits nicht das Erziehungsziel aus den Augen verlieren darf, das allen Eltern letztlich gesetzt ist – dafür zu sorgen, daß das Kind zu einem selbständigen und eigenverantwortlichen Menschen heranwächst. Ich halte es für sehr notwendig, daß man sich offen und unvoreingenommen mit den Einwänden auseinandersetzt, die von diesen Eltern erhoben werden.

Als ich einen Artikel über Schlafprobleme in der Zeitschrift *Redbook* veröffentlichte, wurden gegen meinen Vorschlag, dem Kind die nächtliche Trennung von den Eltern durch ein »Schmuse«- oder Ersatzobjekt zu erleichtern, sehr konkrete Vorwürfe erhoben. Eine Mutter schrieb: »Wenn wir unsere Kinder darauf programmieren, Sachen zu lieben, von Sachen abhängig zu sein, Sachen höher zu schätzen als Menschen, wie können wir dann überrascht sein, wenn sie auch als Erwachsene von dieser Einstellung bestimmt werden?«

Eltern haben mich darauf hingewiesen, daß dem Kind in vielen anderen Kulturen der Zugang zum Elternbett nicht verwehrt wird. Mrs. Kendall Keutzer aus La Moille in Illinois brachte die Auffassung vieler anderer Eltern zum Ausdruck, als sie schrieb: »Ist es nicht traurig, daß eine Mutter ihre Selbstachtung mehr von dem abhängig machen soll, was die Masse für richtig hält, als von dem, was ihr für sie und ihr Kind als richtig erscheint? Was ist denn bloß aus der Selbständigkeit und Individualität der Erwachsenen geworden?«

Vielleicht ist es an der Zeit, einige unserer Vorstellungen über den Umgang mit Schlafproblemen zu überdenken. Sollten die Kinder in jeder Familie gleich behandelt werden? Müssen alle Säuglinge und Kleinkinder dazu gebracht werden, das Familienbett zu verlassen und in ihrem eigenen Zimmer zu schlafen? Dienen wir mit solchen Gewohnheiten unserem erklärten Ziel, unsere Kinder zur Selbständigkeit zu erziehen, oder treiben wir sie damit in eine andere Art von Abhängigkeit – die Abhängigkeit von einem »Schmuseobjekt« – oder in die unnötige Angst vor dem Alleinsein zu einem Zeitpunkt, da sie den Trost der Eltern dringend brauchen würden? Wenn so viele Eltern zu dem Ergebnis gekommen sind, daß es für sie und ihre Kinder nachteilig wäre, auf einer so frühen Trennung zu bestehen, müssen wir dann nicht unseren Standpunkt überdenken? Vielleicht müssen wir das.

Aber wir dürfen auch nicht die Probleme vergessen, die sich möglicherweise dann ergeben. Ist beispielsweise zu befürchten, daß das Kind tagsüber abhängiger sein wird, wenn die Eltern es nachts bei sich haben? Ich bin mir nicht sicher, ob dies zwangsläufig der Fall sein wird – aber es könnte ein Problem sein, auf das die Eltern unbedingt achten sollten. Wenn das Kind dagegen tagsüber ein gesundes Unabhängigkeitsbestreben zeigt, besteht für diese Sorge kein Anlaß.

Fällt einem Kind, das in den ersten Jahren mit den Eltern in einem Bett geschlafen hat, die spätere Trennung schwerer? Nach psychoanalytischer Theorie darf man annehmen, daß sich das Kind nicht von Vater und Mutter trennen mag und weiterhin bei ihnen im Bett bleiben möchte, daß es aber, wenn es älter wird und seine ödipalen Gefühle erwachen, fürchten könnte, sich zwischen sie zu drängen.

Um beim Kinde eine solche Tendenz zu verhindern, sollten Eltern, die auch weiterhin ihr Bett mit dem Kind teilen möchten, sorgfältig prüfen, ob diese Praxis weder ihnen noch ihrem Kind Probleme bereitet. Wenn es in diesem Falle auch weiterhin im elterlichen Bett schlafen darf, kann es natürlich die Beziehung der Eltern stören; und wenn dies der Fall ist, wird das Kind mehr darunter leiden, als wenn es ans eigene Zimmer gewöhnt worden wäre. Wenn Eltern also Probleme mit dieser Praxis haben und sich in bezug auf sie nicht einig sind, wird sie sich auf die künftige Entwicklung des Kindes mit Sicherheit sehr nachteilig auswirken. Deshalb sollten Eltern diese Regelung in regelmäßigen Abständen offen besprechen. Denn ganz gewiß ist die Beziehung der Eltern für die Entwicklung des Kindes wichtiger als irgendwelche Maßnahmen, die für seinen Nacht- oder Tagesablauf beschlossen werden.

Zu achten ist auch darauf, ob das Kind beim Aufenthalt im Bett der Eltern Zeichen der Anspannung erkennen läßt. Ich nehme an, es wird irgendwann deutlich machen, daß es ihren nächtlichen Trost nicht mehr braucht und nach einer neuen Form der Unabhängigkeit verlangt. Wenn man von fremden Kulturen (der indischen und mexikanischen beispielsweise, wo der Aufenthalt der Kinder im elterlichen Bett üblich ist) auf unsere eigene schließen kann, dann hat es den Anschein, als müßte man im dritten und vierten Jahr verstärkt auf Anzeichen achten, die erkennen lassen, daß das Kind jetzt allein schlafen möchte, auch wenn es dazu vorher noch nicht in der Lage war. Wahrscheinlich braucht es dazu die Unterstützung der Eltern – sie müssen mit ihm sprechen, wenn es ins Bett geht, ihm ein besonders geschätztes Spielzeug ins Bett legen, damit es sich nicht so alleine fühlt, ein Nachtlicht brennen lassen. Je stufenloser der Umgewöhnungsprozeß ist, desto leichter wird dem Kind der Übergang fallen. Ich fürchte, das Selbstwertgefühl eines älteren Kindes würde empfindlich beeinträchtigt, wenn es nachts noch immer die Nähe der Eltern brauchte. Und die spätere Trennung könnte ihm erheblich schwerer fallen.

Ich habe versucht, die Einwände zu berücksichtigen, die viele

Eltern erhoben haben, und einige der Aspekte zu überprüfen, die es zu berücksichtigen gilt, wenn man einen Säugling bei sich schlafen läßt, weil sie seine ganze spätere Entwicklung beeinträchtigen können. Inzwischen, so denke ich, erscheint es den meisten Eltern einleuchtender, daß sie von ihrem Säugling erwarten und ihn dazu anhalten sollten, allein zu schlafen.

Wenn dies bei einem bestimmten Säugling nicht geht oder wenn das Kind nachts verstört ist, weil es die Eltern braucht, und wenn das gemeinsame Schlafen *allen* hilft, dann sollte das Familienbett als Alternative erwogen werden. Wenn andererseits die Gegenwart der Eltern keine Hilfe für das Kind bedeutet und das gemeinsame Bett Probleme schafft, statt sie zu lösen (ich habe noch gar nicht davon gesprochen, was es für andere Kinder bedeuten muß, wenn ein Kind das Bett der Eltern okkupiert), dann sollte man diesen Weg lieber noch einmal überdenken.

Ich bin davon überzeugt, daß die Unabhängigkeit des Denkens und Handelns ein wichtiges Ziel der Kindheit ist, und meine deshalb, Eltern sollten das Schlafen als eines der wichtigsten Gebiete zur Förderung der Unabhängigkeit ihres Kindes ansehen. Letztlich ist es vielleicht gar nicht so wichtig, ob ein Kind allein oder bei seinen Eltern schläft, wichtig ist vielmehr, ob es lernt, wieder einzuschlafen, wenn es nachts aufwacht.

Nach dreißig Jahren kinderärztlicher Praxis bin ich davon überzeugt, daß Eltern die Unabhängigkeit ihres Kindes zwar manchmal nur schwer als Erziehungsziel akzeptieren können, daß sie für Kinder aber immer eine aufregende und äußerst befriedigende Sache ist. Wenn es sich nachts alleine helfen kann, entwickelt es leichter eine positive Einstellung zu sich selbst und gewinnt daraus auch tagsüber ein Gefühl der Stärke.

Überflüssig zu erwähnen, daß man kein Kind nachts dazu drängen sollte, allein zu schlafen, ohne am Tage seine Selbstachtung zu stärken und es seelisch aufzurichten. Wenn ihm dieser schwierige Schritt gelingt, dann verdient es alles Lob und alle Anerkennung, die Sie ihm geben können.

Richtlinien

Bevor die Schlafgewohnheiten eines Kindes verändert werden können, müssen beide Eltern davon überzeugt sein, daß eine solche Veränderung notwendig ist. Es empfiehlt sich, einen Zeitpunkt zu wählen, da die Belastungen am Tage möglichst gering sind – da es bereits stehen oder gehen kann, von den älteren Geschwistern nicht gehänselt wird, sich nicht an ein neues Baby in der Familie gewöhnen muß, nicht einen neuen Kindergarten besucht, sich nicht mit der Sauberkeitserziehung herumschlagen muß. Die Eltern sollten den Übergang des Kindes zu nächtlicher Selbständigkeit schrittweise planen, so daß es sich allmählich daran gewöhnen kann, daß es während der Nacht in regelmäßigen Abständen ganz allein den Weg vom oberflächlichen zum tiefen Schlaf finden muß.

Die folgenden Vorschläge können den Familien diese Aufgabe vielleicht ein bißchen erleichtern, der Leser sollte dabei aber nie vergessen, daß sie von der besonderen Situation und vor allem von dem Kind selbst abhängig sind. Erwähnt sei auch, daß jeweils nur ein Schritt zur Zeit getan werden und daß genügend Zeit zwischen den einzelnen Schritten liegen sollte.

1. Der gesamte Tagesablauf muß einer Prüfung unterzogen werden. Schläft das Kind nachmittags zu lange oder zu spät? Ich würde vorschlagen, daß der Nachmittagsschlaf frühzeitig (um dreizehn Uhr) beginnt und höchstens ein oder zwei Stunden dauert. Wenn das Kind älter als zwei ist, geben Sie den Nachmittagsschlaf ganz auf. Jeglicher Schlaf nach fünfzehn Uhr wird mit Gewißheit den Aktivitätszyklus unterbrechen und das Bedürfnis nach einem dauerhaften und tiefen Nachtschlaf beeinträchtigen.
2. Sorgen Sie für eine entspannte, liebevolle Atmosphäre beim Zubettgehen. Wenn das Kind alt genug ist, sprechen Sie mit ihm über die Schritte, die Sie zu unternehmen gedenken, um ihm zu helfen, alleine zu schlafen.
3. Wecken Sie das Kind nachts, bevor es Sie weckt. Wiederholen Sie das Ritual des Zubettgehens – sprechen Sie mit ihm,

schmusen Sie mit ihm, geben Sie ihm die Flasche oder etwas zu essen, wenn das zum Ritual gehört. Durch das Wecken haben Sie zwei Fliegen mit einer Klappe geschlagen: Sie haben ihm das Heft aus der Hand genommen, und Sie haben Ihr Gewissen erleichtert. Wenn – und falls – es also später aufwacht, haben Sie Schwierigkeiten, Ihre alten Entschuldigungsgründe ins Feld zu führen, nämlich: »Fehlt ihm etwas? Hat es Hunger? Habe ich auch alles getan?«

4. Protegieren Sie ein bestimmtes Schmuseobjekt – eine Decke, ein Tier oder auch eine Flasche –, wenn das Kind es braucht. Später kann die Flasche an dem Schmuseobjekt festgebunden werden, und wenn man sie fortnimmt, kann das Schmuseobjekt an ihre Stelle treten. (Wie schon erwähnt: Zahnärzte sind entschieden dagegen, daß Kinder mit einer Milchflasche im Mund schlafen; sie meinen, es könnte zu ernsten Zahnschäden kommen.)

   Das Schmuseobjekt wird zum symbolischen Ersatz für Sie. Wenn Sie Ihr Kind abends ins Bett legen und später zu ihm gehen, können Sie ihm das Schmuseobjekt zeigen oder auch in den Arm legen. Ich bin immer wieder überrascht, wie leicht Kinder solche Schmuseobjekte als Ersatz akzeptieren. Übrigens, mehrere Spielsachen im Bett verhindern die Konzentration auf *ein* Schmuseobjekt – sie verwässern seinen Wert und seine Bedeutung. Deshalb möchte ich bei diesem Versuch dringend von einem Berg Spielsachen abraten.

5. Wenn Sie das Kind auf das Programm vorbereitet haben und bereit sind, damit zu beginnen, müssen Sie für den Fall, daß es aufwacht, alle Reize soweit wie möglich ausschalten. Haben Sie das Kind bislang hochgenommen und gewiegt, unterlassen Sie das fortan. Schmusen Sie mit ihm und streicheln Sie es mit der Hand, aber lassen Sie es *im Bett*. Es wird ihm nicht gefallen, aber es wird Sie verstehen. Stellen Sie sich an sein Bettchen, und sagen Sie ihm, daß es lernen kann und muß, von allein wieder einzuschlafen.

Wenn es gelernt hat, sich hinzustellen, aber noch nicht, sich wieder hinzusetzen, dann knicken Sie es in der Leibesmitte, um ihm zu zeigen, daß es sich auch alleine hinlegen kann. Wenn es wieder aufsteht, lassen Sie es stehen. Es wird rasch lernen, sich hinzulegen, wenn es *merkt*, daß es Ihnen ernst ist.

Geben Sie ihm das geliebte Stofftier, das Sie ersetzen soll, und sorgen Sie dafür, daß es im Bett des Kindes bleibt. Mit anderen Worten, binden Sie es mit einem Band ans Bettchen, denn wenn das Kind das Schmuseobjekt hinauswirft, müssen Sie zurückgehen und es ihm wiedergeben. Wenn das Kind sieht, daß Sie es ihm wirklich als Ersatz für Sie selbst geben, wird es sich damit abfinden.

6. Wenn Sie eine Zeitlang jedesmal zu ihm gegangen sind, bleiben Sie liegen, und melden Sie sich nur durch Rufen. Teilen Sie ihm mit, daß Sie da sind, daß Sie Anteil nehmen, daß Sie aber *nicht* kommen werden, und erinnern Sie es an sein Schmuseobjekt. Erstaunlicherweise kann ein Kind die Stimme des Erwachsenen anstelle seiner Anwesenheit akzeptieren.
7. Lassen Sie es schließlich probieren, wie weit es aus eigener Kraft kommt. Warten Sie mindestens eine Viertelstunde, bevor Sie das Kind das nächste Mal aufsuchen. Wiederholen Sie dann ganz mechanisch die oben beschriebenen Maßnahmen, und legen Sie ihm wieder mit Nachdruck das Schmuseobjekt in den Arm.

Teil III
Psychosomatische Probleme

Kapitel 10
Magen- und Kopfschmerzen

Kinder verleihen der Anspannung, die es bedeutet heranzuwachsen, auf vielerlei Weise Ausdruck. Ein paar Symptome für eine solche Anspannung treten auch bei normalen Kindern so häufig auf, daß es sich lohnt, sie für alle Eltern zu beschreiben. Sie scheinen den Kindern dazu zu dienen, ihrer Spannung oder Frustration Luft zu machen und um Aufmerksamkeit zu werben. Da diese Symptome so verbreitet sind, daß auf bestimmten Altersstufen geradezu mit ihnen zu rechnen ist, sind sie einer näheren Untersuchung wert. Sie können sich zu chronischen psychosomatischen Störungen auswachsen, müssen es aber nicht. Sie können anzeigen, daß das Kind vorübergehend unter Streß steht. Das sollten Eltern berücksichtigen, wenn sie dem Kind zuhören. In der Regel sind diese Symptome auch altersgebunden und Ausdruck der normalen Streßfaktoren, die das Heranwachsen mit sich bringt.

Jedes Kind hat seine »Achillesferse« – ein Organ, das auf Streß reagiert und Symptome produziert, die dem Kind als Ausdruck für ungewöhnliche oder gewöhnliche Belastungen in seinem Leben dienen. Einige Kinder bekommen Kopfschmerzen, andere Magenschmerzen; wieder andere legen sich Erkältungen zu oder hartnäckigen Krupphusten. Aufgabe der Eltern ist es, dem Kind zuzuhören und sich klarzumachen, daß das Symptom ein Ausdruck von Streß ist. Wenn sich die Ursachen des Stresses beheben lassen, dann sollten die Eltern diesen Weg wählen. Wenn nicht, dann sollten die Eltern dem Kind erklären, daß es das Symptom dazu benutzt, sich in seiner bedrängten Lage Luft zu machen. Durch solche Gespräche können Eltern die Angst abbauen, die das Symptom begleitet, und dem Kind die Möglichkeit geben, sich selbst zu verstehen. Ich bin immer wieder erstaunt, wie frühzeitig Kinder sich schon verstehen können, und wie wichtig es für sie ist, die Mechanismen zu begreifen, mit denen sie auf Streß reagieren. Solche Einsichten können Kinder davor bewahren, daß Symptome wie Kopf- oder Magenschmerzen zu psychosomatischen Problemen werden, die immer wiederkehren und nicht mehr in den Griff zu bekommen sind.

Magenschmerzen

Laura lag auf meinem Untersuchungstisch, hielt ihren runden Leib umklammert und stöhnte. Sie war ein hübsches, blondgelocktes Mädchen von vier Jahren. Sie hatte die eigene Geburtstagsfeier verlassen, um in meine Sprechstunde zu kommen. Dabei sah sie so gesund aus, daß man nicht an ein ernsthaftes Problem im Bauchbereich glauben mochte. Aber ihre Mutter und ich hatten es in unseren beiden Telefongesprächen nicht ausschließen können.

Laura hatte in den letzten Monaten mehrfach über Leibschmerzen geklagt. Jedesmal schien es schlimmer zu werden. Sie waren in der Magenmitte unmittelbar unter dem Brustkasten lokalisiert. Nie gab es einen erkennbaren Grund. Die Schmerzen schienen auf nichts zurückzugehen, was sie gegessen hatte. Sie standen in keiner eindeutigen Beziehung zu Mahlzeiten noch traten sie zu bestimmten Tageszeiten auf. Stets hatten sie eine Dauer von ein bis zwei Stunden und schienen heftiger zu werden, wenn die Mutter und sie sich ihretwegen Sorgen machten. Nie waren sie aber so schlimm, daß eine Krankenhauseinweisung angeraten erschien.

Mrs. Smith hatte mich bereits beim ersten Auftreten der Schmerzen angerufen, und ich stellte ihr eine Reihe von Fragen, um entscheiden zu können, ob die Schmerzen ernsthafter Natur waren oder nicht. Zunächst wollte ich wissen, ob sie unter Verstopfung oder einer akuten Darminfektion litt. Hatte sie Stuhlgang gehabt? War er zu hart oder zu weich gewesen? Kinder in Lauras Alter neigen zu Verstopfungen. Oft vergessen sie, auf die Toilette zu gehen, oder wehren sich auch gegen den Stuhldrang, wenn sie gerade von einem Spiel oder anderen Kindern gefesselt sind. Häufig können sie an chronischen Verstopfungen leiden, ohne daß die Eltern es merken, wenn sie den Stuhlgang mehrere Tage lang »vergessen«. Bei Kindern in Lauras Alter wird nur noch von wenigen Eltern der Gang zur Toilette kontrolliert. Wie Lauras Mutter ganz richtig sagte: »Sie ist zu alt, als daß man sie in dem Punkt noch bevormunden kann. Und wenn ich es versuche, verkneift sie sich den Stuhlgang erst recht.« Sie mochte also seit Tagen unter Verstopfung leiden. Unter Umständen schied sie auch flüssigen Stuhl aus, der an einem harten, in ihrem Darm eingekeilten Pfropfen vorbeigelangte. Die Mutter mochte aufgrund dieser flüssigen Ausscheidung eine Verstopfung ausschließenn. Das war falsch. Man kann gleichzeitig Verstopfung und flüssigen Stuhlgang haben. Ich hatte Mrs. Smith angewiesen, Lauras Stuhl auf diese Möglichkeit hin zu überprüfen. Mrs. Smith versicherte mir in ihrem nächsten Telefongespräch, sie habe erst kürzlich weichen Stuhl gesehen und könne deshalb eine Verstopfung ausschließen.

Ich bat die Mutter, Lauras Bauch abzutasten, um festzustellen, ob er schmerzempfindlich war, bevor sie sich die Mühe machte und ihre Tochter in die Praxis brachte, denn viele, viele Kinder dieses Alters haben Bauchschmerzen. Sie sind so verbreitet, daß oft schwer zu entscheiden ist, ob sie ernster Natur sind oder nicht. Drei Maßnahmen helfen mir bei der Feststellung, ob sich eine eingehendere Untersuchung empfiehlt:

1. Wenn die Eltern den letzten Stuhl überprüft haben und sie sich nicht sicher sind, ob die Schmerzen nicht von einer Verstopfung herrühren, kann es nötig sein, das Kind noch einmal zum Stuhlgang zu veranlassen. Man sollte dann aber kein Abführmittel geben, weil es im Falle einer ernsthaften Verengung Komplikationen geben könnte. Sind die Schmerzen wirklich besorgniserregend, sollte man ein Zäpfchen geben. Im Falle

einer Blinddarmentzündung oder einer anderen echten Verengung wird das Kind auch mit solcher Hilfe vermutlich keinen Stuhlgang haben. Eine solche Verengung läßt keinerlei Fäzes durch. Wenn man nicht sicher ist, ob die Schmerzen möglicherweise auf eine ernstzunehmende Ursache zurückzuführen sind, kann ein Zäpfchen oder ein Einlauf notwendig werden, um eine solche Ursache auszuschließen. Wenn das Kind daraufhin Stuhlgang hat, entfällt eine echte Verengung als mögliche Ursache.

2. Während Sie das Kind ablenken, legen Sie die linke Hand auf den Leib des Kindes und drücken sie ihn vorsichtig und tief, um zu sehen, ob er irgendwo weh tut. Die Bauchdecke wird automatisch jeden schmerzempfindlichen Bereich schützen. Wenn der Schmerz auf eine Blinddarmentzündung oder einen anderen entzündlichen Prozeß zurückgeht, wird die Bauchdecke so gereizt sein, daß man die verkrampften Muskeln gar nicht eindrücken kann. Der Teil des Bauches, in dem die Störung liegt, wird hart wie ein Brett sein. Wenn ein Teil des Darms entzündet ist, wird jeder Druck auf den Bauch, auch weit weg vom Krankheitsherd, dort einen indirekten Schmerz hervorrufen. Die Eltern müssen das Kind ablenken und den ganzen Leib vorsichtig, aber sorgfältig abtasten. Das Kind kann dabei auf dem Schoß der Mutter sitzen und fernsehen oder etwas vorgelesen bekommen, was es hinreichend ablenken dürfte. Wenn es trotzdem auch weiterhin seinen Bauch schützt und wimmert, liegt möglicherweise eine ernsthafte Ursache vor.
3. Geschwollene Lymphdrüsen infolge einer Infektion der Atmungsorgane verursachen häufig Schmerzen, die irrtümlich an eine Darmverengung denken lassen. Um diese Möglichkeit auszuschließen, empfehle ich in der Regel eine dritte Maßnahme, bevor ich mir die Kinder ansehe. Ein gepuffertes oder ungepuffertes Aspirin wird den Schmerz der geschwollenen Drüsen lindern. Nach einer Stunde können die Eltern angeben, ob die Leibschmerzen des Kindes besser geworden sind. Bei einer Verengung würde das Aspirin wenig oder keine Wir-

kung erzielen. Da Bauchschmerzen eines der häufigsten Symptome einer Erkältung oder Grippe sind, sollte man diese Möglichkeit ausschließen.

Als Laura das erste Mal Bauchschmerzen hatte, ließen sie eine Stunde nach Einnahme eines Aspirins nach, so daß ich sie mir nicht anzusehen brauchte. Beim nächsten Mal geschah das gleiche. Beide Male hatte Mrs. Smith mich angerufen, und jeweils hatte ich ihr versichern können, daß sie nicht mit dem Kind zu kommen brauchte. Dieses dritte Mal hatte Mrs. Smith alle meine Vorschläge ausgeführt: Sie hatte ein Zäpfchen gegeben, Aspirin verabreicht und den Bauch abgetastet, während sie das Kind abgelenkt hatte. Trotzdem hatte das Wimmern des Kindes angehalten. Deshalb mußte ich es mir ansehen.

Ich hätte es auch sofort ins Krankenhaus einweisen können, ohne sie mir anzusehen. Aber ich wußte, was passiert wäre, wenn sich die Ärzte dort nicht sicher gewesen wären, was dem Kind fehlte. Wenn der Bauch noch immer schmerzempfindlich gewesen wäre, hätten sie das Kind röntgen und auf Anzeichen für eine Verengung untersuchen müssen. Kinder in Lauras Alter sind im Krankenhaus verängstigt und wehren sich unter Umständen so, daß man sie nicht richtig untersuchen kann. Zu mir hatte sie Vertrauen, und ich wußte, daß mir eine solche Untersuchung leichter fallen würde als einem Fremden. Da ernsthafte Leibschmerzen überraschend selten vorkommen, wollte ich sie selbst untersuchen, um, wenn möglich, eine Einweisung ins Krankenhaus zu vermeiden. Von allen Fällen heftiger Leibschmerzen, die ich im Laufe eines Jahres zu sehen bekomme, bedürfen nur ein oder zwei eines chirurgischen Eingriffs.

Ich tastete den Bauch ab, um festzustellen, wo der Schmerz lokalisiert war. Laura sah mich wissend an, als ich versuchte, sie von dem Schmerz in ihrem Bauch abzulenken. Wie sie so auf meinem Untersuchungstisch lag, machte sie sich offenbar große Sorgen um ihre Gesundheit. Sie wimmerte so überzeugend, daß ich nur noch den einen Wunsch hatte: ihr zu helfen. Die Mutter stand mit ängstlichem Gesicht dabei und beobachtete uns. »Sie kann gewiß keinen Stuhl lassen. Sie hätte sonst nie ihre eigene

Geburtstagsfeier verlassen, um sich untersuchen zu lassen. Seit Wochen freut sie sich auf ihren Geburtstag! Und nun kann sie nicht einmal mehr die Kerzen auspusten und ihren Kuchen essen!« Als Laura daran erinnerte wurde, stöhnte sie noch lauter. Und als ich mich ihr nur näherte, wimmerte sie und schützte ihren Leib. Sie war derart ängstlich, daß die Bauchmuskulatur zu gespannt war, um den Leib abtasten zu können. Doch konnte ich nicht entscheiden, ob das an den Schmerzen lag.

Ich hob Laura auf den Schoß ihrer Mutter, wo sie ihren Teddybär umklammerte, und sagte ihr, daß ich auch seinen Bauch abfühlen würde. Nun bat ich sie, die Beine an den Bauch zu ziehen, und legte ihr die Hand fest, aber ohne Druck auf den Leib. Dabei versicherte ich ihr, daß ich ihr nicht weh tun würde und ihre Bauchschmerzen »reparieren« wollte. Aufmerksam beobachtete sie mich, voller Angst hinsichtlich dessen, was ich entdecken könnte. Als ich sie mit dem Stethoskop abhörte, war ich beruhigt. Überall waren Darmgeräusche zu hören. Es war das Gurgeln und Grollen normaler Darmtätigkeit, das in entzündeten oder verengten Bereichen ganz fehlt. Bei akutem Appendix sind in dem betreffenden Bereich keinerlei Darmgeräusche zu vernehmen.

Ich bat sie, ihren geliebten Teddy zu halten, damit ich sehen könnte, wo seine Schmerzen säßen. Sie versicherte mir, er habe keine Bauchschmerzen. Während sie ihn hielt, drückte ich auf seinen sägemehlgefüllten Bauch, und er gab ein Quieken von sich. Wir lachten beide, und ich drückte an einer anderen Stelle. Kein Quieken! Wir lachten noch lauter. Inzwischen knetete ich mit der anderen Hand ihren Bauch. Während sie mich mit dem Teddy beobachtete, geborgen in den Armen der Mutter, hatte sie sich entspannt. Abgelenkt, wie sie jetzt war, konnte ich ihren Bauch abtasten, um mich und die besorgte Mutter davon zu überzeugen, daß ihr nichts fehlte.

Sobald wir wußten, daß ihr nichts Ernstes fehlte, konnten wir sie beruhigen. Fast sofort darauf begann sie, in meinem Sprechzimmer zu spielen. Das fröhlich spielende Kind bot einen erstaunlichen Gegensatz zu dem bemitleidenswerten kleinen Mädchen, das vor ein paar Minuten angekommen war.

Um ganz sicher zu sein, daß es auch wirklich keinen organischen Grund für die Bauchschmerzen gab, die ich behandeln sollte, ließ ich mir eine Urinprobe geben. Eine ziemlich häufige Ursache für die Leibschmerzen kleiner Mädchen ist eine akute Infektion der Harnwege. Das sollte stets überprüft werden. Lauras Urin war negativ, eine weitere Bestätigung dafür, daß es keine organischen Ursachen für ihre Schmerzen gab. Inzwischen machte sie auch keineswegs mehr den Eindruck, als hätte sie noch Schmerzen.

Hatte sie simuliert? War sie auf dem besten Wege, eine psychosomatische Krankheit zu entwickeln? Keineswegs. Fast alle Mädchen machen im Alter von vier bis fünf Jahren die eine oder andere Phase von Bauchschmerzen durch. Bei Jungen ist das viel seltener der Fall. Oft sind diese Schmerzen so schlimm, daß ein Besuch in der Sprechstunde erforderlich ist, um sie von organischen Leiden unterscheiden zu können. Je heftiger sie werden, um so ängstlicher werden alle Beteiligten. Diese Angst gilt es zu zerstreuen, bevor die Bauchschmerzen chronisch werden. Ich bin davon überzeugt, daß chronische Bauchschmerzen als leichte Schmerzzustände beginnen, dann aber rasch durch die Angst der Eltern verstärkt werden, die sich auf das Kind überträgt. Bauchschmerzen sind wie vieles andere Symptome, die bei fast allen normalen, gesunden Kindern auftreten. Die Eltern brauchen die Gewißheit, daß keine organischen Krankheiten vorliegen. Dann können sie ihrerseits das Kind beruhigen. Wenn ein Kind die verschiedenen Spielarten leichter Beschwerden und Schmerzen absolviert – Kopfschmerzen, Bauchschmerzen, Schmerzen in den Beinen –, kann seine Umgebung das Symptom leicht verstärken. Dann entwickelt sich nur allzu schnell ein »echtes« psychosomatisches Phänomen.

Interessanterweise kommen kaum Jungen dieses Alters mit häufig auftretenden Bauchschmerzen zu mir, es sei denn, sie leiden an chronischer Verstopfung oder an anderen Beschwerden wie niedrigem Blutzucker oder Harnwegproblemen. Wie gesagt, bei Mädchen dieses Alters sind solche Schmerzen sehr häufig. Dieser Geschlechtsunterschied hat mich intensiv beschäftigt, aber ich habe keine wirkliche Erklärung gefunden. Man könnte vermuten, daß es sich um eine unbewußte Identifikation mit der Mutter handelt. Aber wie viele kleine Mädchen wissen schon, daß ihre Mütter Menstruationsbeschwerden haben? Schenken Mütter den Bauchschmerzen von Töchtern mehr Aufmerksamkeit? Meines Wissens sind diese Fragen nie wissenschaftlich untersucht worden.

Das schwächste Glied

Bauchschmerzen (und eine Reihe anderer Symptome) scheinen dann aufzutreten, wenn das Kind angespannt, erschöpft ist oder etwa einen neuen Kindergarten besucht. Wie oben erläutert, haben offenbar alle Kinder ein anfälliges Organ. Immer wenn sie müde sind, unter Druck stehen oder krank werden, reagiert dieses Organ. Manche Kinder bekommen Kopfschmerzen, andere übergeben sich, schlafen übermäßig oder haben, wie Laura, Bauchschmerzen. Viele Kinder reagieren etwas empfindlich auf die Laktose in der Milch. Mein Kollege Ron Barr fand am Children's Hospital in Boston heraus, daß Kinder manchmal nach ihrer gewöhnlichen Milchration starke Bauchschmerzen bekamen, jedoch nur, wenn sie aus anderen Gründen erregt waren. Streß oder Erschöpfung löste ein Symptom aus, das sonst unterschwellig geblieben wäre. Deshalb kann es Kindern wie Laura guttun, wenn man in Zeiten besonderer Aufregung oder Belastung die Milch fortläßt. Andere Kinder vertragen andere Nahrungsmittel schlecht, was aber nur unter Streß zu Beschwerden führt. Bei niedrigem Blutzucker bekommen manche Kinder jeden Morgen vor der Schule Bauchschmerzen, jedoch niemals am Wochenende. Diese Kinder haben Angst vor der Schule, und diese Belastung beeinträchtigt die Fähigkeit der Kinder, mit dem Absinken des Blutzuckerspiegels fertig zu werden. Und dann reagiert ihr Darm auf den Streß, unter dem sie stehen. Die Leibschmerzen sind das Ergebnis von Streß plus der physiologischen Bedingungen – also nicht eines Faktors allein. Eine Kombination verschiedener Dinge – Streß, Aufregung, eine ansonsten leichte Unverträglichkeit und ein etwas anfälliges Organ – kann bei der Entwicklung von Symptomen zusammenwirken. Nur anhand einer solchen Theorie, die mehrere Ursachen voraussetzt, kann ich die teilweise verblüffenden Symptome verstehen.

In Lauras Fall gilt es, bei jedem Auftreten der Schmerzen das Kind zu beruhigen und ernste organische Ursachen auszuschließen. Das wird allmählich die Angst verringern, die Mutter und Tochter jedesmal empfinden. Ich riet Mrs. Smith, Laura die Gründe für die Schmerzen zu erklären, so gut es ging (daß sie immer dann auftraten, wenn Laura müde oder aufgeregt war), und sie davon zu überzeugen, daß sie nicht gefährlich waren. Aber daß sie, *auch wenn sie gefährlich wären*, zu beheben waren. Ich bin immer wieder erstaunt, wieviel auch Kleinkindern eine Erklärung ihrer Probleme nützt. Dem Kleinkind hilft Trost, Achtung und gegenseitiges Verständnis.

Kopfschmerzen

Auch Kopfschmerzen sind bei Kindern ungewöhnlich, besonders Kopfschmerzen, die regelmäßig wiederkehren. Kinder unter vier Jahren klagen selten über Kopfschmerzen. Möglicherweise haben sie sie auch schon in diesem Alter, doch gewöhnlich sind Kleinkinder nicht in der Lage, sie zu lokalisieren oder über sie zu klagen, um von ihnen befreit zu werden. Es gibt bestimmte Tageszeiten, wo Gereiztheit oder andere Verhaltensauffälligkeiten bei Kleinkindern auf Kopfschmerzen schließen lassen. Zum Frühstück oder am Spätnachmittag nach einem langen, anstrengenden Tag kann zur Erschöpfung leicht ein niedriger Blutzuckerspiegel hinzukommen. Zu diesen Tageszeiten treten bei allen Kindern leicht Kopfschmerzen auf. Da mögen natürlich auch Kleinkinder welche bekommen, ohne das indessen ausdrücken zu können.

Im Alter von vier und fünf Jahren beginnen viele Kinder über Kopfschmerzen zu klagen. Da sich Kinder dieses Alters stärker mit den Erwachsenen in ihrer Umgebung identifizieren, liegt die Frage nahe, ob sie zunächst nicht nur einen Erwachsenen oder ein älteres Kind nachahmen. Nicht selten kommt es in dieser Phase auch zu wiederholten Klagen über andere somatische Symptome – Bauchschmerzen, Verstopfung, Schmerzen in den Beinen und ähnliche Beschwerden. Viele Kinder haben ab sechs oder sieben Jahren von Zeit zu Zeit Kopfschmerzen. Mir sind keine Forschungsarbeiten bekannt, die sich mit dem frühesten Auftreten der Schmerzen und ihrem Ausprägungsgrad beschäftigen. Ich nehme aber an, daß nur in wenigen Fällen diese frühkindlichen Kopfschmerzen später zu schweren Schmerzzuständen führen.

Allerdings bekommen einige Kinder, die sich schon sehr früh über Kopfschmerzen beklagen, später Migräne. Da an der Migräne auch die Vererbung beteiligt ist, dürften Eltern kaum etwas dagegen tun können. Wie andere, leichtere Arten von Kopfschmerz wird wahrscheinlich auch die Migräne durch viele Faktoren und nicht durch einen allein ausgelöst. Einige dieser Auslösefaktoren mögen bei manchen Kindern stärker vertreten sein als bei anderen. Meist beginnt die Migräne mit dem sogenannten *Prodrom* – entweder Übelkeit oder Augenflimmern. Migränen treten gewöhnlich in regelmäßigen Abständen auf, dauern vierundzwanzig Stunden und sind begleitet von Unwohlsein und Appetitlosigkeit. Menschen, die an Migräne leiden, leben in ständiger Furcht davor, wenn kein wirksames Gegenmittel gefunden wird. Ich würde Eltern von Kindern mit regelmäßigen, schweren Kopfschmerzen dringend raten, sie auf Migräne untersuchen zu lassen, damit eines der vielen neuen Medikamente erprobt werden kann, die eine gewisse Hoffnung auf Erfolg bieten. Da jedes Kind auf andere Medikamente reagiert, sollte man ein paar dieser Mittel ausprobieren, bevor man aufgibt. *Alle heftigen Kopfschmerzen*, die einen akuten Anfang haben, mehr als ein paar Stunden andauern und sich durch aspirinähnliche Medikamente nicht lindern lassen, *sollten dem Arzt des Kindes zur Kenntnis gebracht werden* (vgl. Richtlinien am Ende des Kapitels).

Ich möchte mich hier mit den leichteren Formen der Kopfschmerzen beschäftigen, die nicht so heftig sind und sich nach ein bißchen Ruhe oder harmlosen Schmerzmitteln und elterlicher Zuwendung geben. Gewöhnlich sind sie so leicht, daß sie das Kind nicht bei seinen Spielen und Beschäftigungen stören, solange diese interessant genug sind. Allerdings wird das Kind vermutlich über diese Schmerzen klagen, wenn es sich langweilt, allein fühlt, erschöpft ist oder von den Eltern getadelt wird. Sie treten am Ende eines ereignisreichen Tages auf oder zu ganz bestimmten Zeiten. Häufig melden sie sich beim Anziehen, bei der Vorbereitung auf den Kindergarten, wenn zum Abendessen gerufen oder wenn das Kind ins Bett geschickt wird – bei fast jedem unangenehmen Ansinnen. Durch den Zeitpunkt ihres Auftretens sind sie in der Regel leicht zu verstehen. Werden sie durch allzu mitfühlende Eltern oder Babysitter verstärkt, besteht die Gefahr, daß sie sich verschlimmern und regelmäßig wiederkehren. Da sie offensichtlich ausgelöst werden, wenn auf das Kind Druck ausgeübt wird, und da sie sich legen, wenn man dem Kind mitfühlende Aufmerksamkeit schenkt, reagieren Eltern in der Regel nicht besonders ängstlich auf sie. Die Entwicklungsphase, die sie als Symptom auslöst, geht vorüber, so daß sie in der Regel zeitlich begrenzte Beschwerden in den mittleren Jahren der Kindheit bleiben.

Manche Kinder entwickeln jedoch schwerere Kopfschmerzen, was für die Eltern oft nicht leicht zu verstehen ist. Da auch sie meist zu bestimmten Tageszeiten auftreten und das Kind stärker beeinträchtigen, sind die Eltern in der Regel sehr besorgt und fragen sich nach den Ursachen. Das Kind wird sie bald fürchten und sich ängstlich fragen, wann sie sich das nächste Mal melden. Wenn sie nicht so schlimm sind wie eine echte Migräne, wenn keine familiäre Migräneanfälligkeit vorliegt und *wenn* der Arzt des Kindes konsultiert wurde und alle denkbaren Ursachen ausgeschlossen hat, dann sind die Eltern unter Umständen in der Lage, sie durch geeignete Maßnahmen zu lindern. Ein paar Grundsätze können den Eltern dabei helfen, jene Faktoren zu vermeiden, die aus diesen Kopfschmerzen ein chronisches psychosomatisches Problem werden lassen.

Vielfältige Auslöser

Ich habe bereits oben dargelegt, daß jedes Kind in der Regel eine »Achillesferse« hat. Jede Belastung, jede sich ankündigende Krankheit wird sich in diesem Organ äußern. In ihm ist die Widerstandskraft gegen Streß geringer und infolgedessen zeigen sich hier auch zuerst die Anstrengungen des Kindes, mit ihm fertig zu werden. Wenn es älter wird, wird diese Schwelle in der Regel angehoben, und wenn es schließlich hinreichend gelernt hat, Streß zu bewältigen, wird es diesen Symptomen wahrscheinlich gänzlich »entwachsen«. Inzwischen haben sie vermutlich eine Art Ventilfunktion oder zwingen ein aktives, überdrehtes Kind dazu, sich zu beruhigen und zu entspannen. Auf jeden Fall sollte man zu verstehen trachten, durch welchen Druck oder Streß die Symptome ausgelöst werden. Das kann den Eltern ihre Angst nehmen und den Kindern helfen, sich selbst zu verstehen.

In der Regel werden die Symptome durch eine Kombination von Streßfaktoren ausgelöst. Ein einziger Faktor reicht meist nicht aus. Der endgültige Auslöser kann stets ein anderer Faktor sein, deshalb sollten sich die Eltern bemühen, all die vielen Auslöser in den Blick zu bekommen, die sich zu einem einzigen großen zusammenschließen können.

Wie oben erwähnt, treten die Kopfschmerzen meist zu bestimmten Tageszeiten auf. Vor oder nach dem Frühstück ist der Stoffwechsel des Kindes meist durch die vielen Anforderungen gestört – da muß man aufstehen, sich anziehen lassen, sich auf den Kindergarten vorbereiten. Sie alle verlangen Aufmerksamkeit und Energie zu einem Zeitpunkt, da die Körperprozesse noch nicht richtig angelaufen sind. Viele Kinder sind nur schlecht in der Lage, den Blutzucker zu speichern und zu mobilisieren. Obwohl es keinen wirklichen oder erkennbaren pathologischen Befund gibt (etwa eine echte Hypoglykämie, die bei einer Prüfung des Blutzuckerspiegels erkennbar wird), sind Überempfindlichkeit, Nervosität, Trägheit und Kopfschmerzen doch Symptome für niedrigen Blutzucker. Sie legen sich, wenn das Kind zucker- oder kalorienreiche Kost erhält. Die Kopfschmerzen werden dann verschwinden, können aber später am Morgen wieder auftreten. Da der Körper größere Insulinmengen ausschüttet, um den Zucker im Blutkreislauf zu verarbeiten, kann leicht ein Überschuß entstehen, so daß etwa eine Stunde nach dem Frühstück, ausgerechnet wenn der Kindergarten oder die Schule beginnt, der Blutzuckerspiegel wieder absinkt. Die Kopfschmerzen, die solche Tiefpunkte des Blutzuckerspiegels begleiten, wirken wie psychosomatische Beschwerden. Das Kind wird als Simulant abgestempelt und beginnt, sich auch als ein solcher zu fühlen. Dabei haben seine Kopfschmerzen einen konkreten Anlaß.

Ich möchte den betroffenen Eltern einen Ernährungsplan ans Herz legen, der schon vielen Kindern geholfen hat. Stellen Sie ihm ein Glas Orangensaft oder irgendein anderes Getränk mit rasch zu absorbierendem Zucker ans Bett. Das Kind sollte es morgens vor dem Aufstehen trinken und ein paar Minuten ruhig liegenbleiben, bis der Zucker aufgenommen ist. Der Blutzuckerspiegel wird ansteigen, und das Kind wird sich besser fühlen. Wenn es am Frühstückstisch erscheint, wird der Blutzucker sein normales Niveau erreicht haben. Das Kind wird genügend Energie und genügend Appetit auf das Frühstück haben. Ein Frühstück mit länger vorhaltendem Eiweiß – Milch, ein Ei oder entsprechende Getreideprodukte – wird das plötzliche Absinken des Blutzuckers einige Zeit nach der Nahrungsaufnahme verhindern, zu dem es kommt, wenn das Kind einfachere Kohlehydrate zu sich nimmt. Auch ein Pausenbrot im Kindergarten kann den Blutzuckerspiegel stützen. Auf diese Weise lassen sich Kopfschmerzen und andere Symptome der Hypoglykämie vermeiden. Wenn diese Diät die Symptome lindert, dann sollte man sicherlich an ihr festhalten, denn es zeigt, daß die Kopfschmerzen des Kindes unter anderem durch den Blutzucker ausgelöst werden.

Streß, Erschöpfung und sich ankündigende Krankheiten sind Faktoren, die in ihrem Zusammenwirken bei anfälligen Kindern Kopfschmerzen hervorrufen können. Gewiß sollte man dem Kind die Ursachen hinterher erklären. Wenn es älter wird und mehr Einfluß auf seine Beschäftigungen und die Streßfaktoren in seinem Leben gewinnt, versteht es den Ursprung der Kopfschmerzen besser und wird nicht mehr so ängstlich sein.

Angst kann eine erhebliche Verstärkung anderer möglicher Auslösefaktoren bedeuten. Treten die Kopfschmerzen wiederholt auf, kann das Kind leicht zu der Meinung gelangen, es sei schlecht oder verdiene sie. Versteht das Kind hingegen, daß sie nicht seine Schuld und kein Zeichen von Schlechtigkeit sind und kann man ihm klarmachen, daß alle Kinder Körperregionen haben, in denen sich solche Belastungen äußern, wird das auch einem Fünf- oder Sechsjährigen helfen. Ohne eine solche Erklärung wird das Kind schließlich den Beginn der Kopfschmerzen fürchten und mit Niedergeschlagenheit und Hilflosigkeit reagieren. Sogar das Selbstwertgefühl des Kindes kann im Laufe der Zeit darunter leiden. Möglicherweise geben die immer wiederkehrenden Kopfschmerzen dem Kind das Gefühl, ein Krüppel zu sein. Wenn das vermieden wird, wenn man das Selbstwertgefühl des Kindes stärkt und ihm zeigt, wie es die Kopfschmerzen verhindern kann, wird es am Ende der Kindheit oder im Jugendalter oft ganz von ihnen befreit sein.

Aufzeichnungen über den zeitlichen Beginn aller Anfälle von schweren Kopfschmerzen und über die begleitenden Ereignisse oder Belastungen können einen Faktor sichtbar machen, der ihnen allen oder vielen gemeinsam ist. Da sich Streß und Erschöpfung nicht völlig vermeiden lassen, können sich Kind und Eltern vornehmen, in Zeiten, da Streß und Erschöpfung unabwendbar sind, die anderen Auslösefaktoren nach Möglichkeit auszuschalten. Als letzten Ausweg würde ich den Eltern vorschlagen, nach einem Schmerzmittel zu suchen, das bei dem Kind wirkt, und es dann diesem zu überlassen, es frühzeitig einzunehmen. Oft hilft Aspirin oder Aspirinersatz (0,06 Gramm pro Lebensjahr bis zu einem halben Gramm sind ausreichende Dosierungen). Für Migräne gibt es spezielle Medikamente, aber sie haben Nebenwirkungen. Das Kind wird zappelig, unruhig und nervös. Deshalb sollten sie nur genommen werden, wenn es keine einfacheren Lösungen gibt.

Ich meine, daß Medikamente oder Tabletten nur eine letzte Zuflucht sein dürfen. Zunächst muß man es mit simpleren Maßnahmen wie Ruhe oder Diät probieren. Wenn sie jedoch notwendig sind, sollte man dem Kind unbedingt klarmachen, daß es alleine mit ihnen umgehen kann. Die Fähigkeit zu entscheiden, wann ein Schmerzmittel erforderlich ist, um sich ankündigende Kopfschmerzen im Keim zu ersticken, kann dem Kind das wichtige Gefühl geben, Herr der Situation zu sein. Vor allem muß es erkennen, welche Faktoren die Kopfschmerzen auslösen, und begreifen, daß sie kein Zeichen für Schwäche oder Unzulänglichkeit sind. Es muß das Gefühl haben, den eigenen Körper in der Gewalt zu haben.

Richtlinien

1. *Magenschmerzen.* Wenn sich das Kind nicht beruhigen läßt, wenn es einen lokalisierten schmerzenden Bereich gibt und wenn der Schmerz trotz eines aspirinartigen Mittels heftiger wird, sollte der Arzt des Kindes konsultiert werden. Eine allgemein verkrampfte Bauchmuskulatur oder ein indirekter Schmerz bei Druck in anderen Bauchbereichen kann ein Anzeichen für eine ernsthafte Störung sein. Andere mögliche Hinweise auf eine Verengung sind wiederkehrende, sehr heftige Schmerzen, die sich immer stärker auf einen bestimmten Bereich konzentrieren, ausbleibender Stuhlgang, starkes Erbrechen und eine bretthharte Bauchdecke. Jedes Kind, das solche Anzeichen erkennen läßt, muß von einem Arzt untersucht werden.
2. *Kopfschmerzen.* Wenn Kopfschmerzen an Heftigkeit und Häufigkeit zunehmen und wenn sie von anderen Anzeichen für Schädelinnendruck begleitet sind wie Sehstörungen, ruhelosem Blick, Übelkeit und Erbrechen oder Schwächegefühl in Armen und Beinen, muß der Arzt konsultiert werden. Auch wenn die Kopfschmerzen keine ernste Ursache haben, sondern nur ziemlich heftig sind und häufig auftreten, kann der

Arzt unter Umständen einige der Faktoren finden, die zu ihnen beitragen. Gibt es in der Familie mehr Fälle solcher häufig auftretenden Kopfschmerzen, kann das ein Hinweis auf Migräne sein. Migränen treten meist regelmäßig auf. Gewöhnlich sind sie von anderen Symptomen wie Übelkeit, Erschöpfung, Schlaflosigkeit oder Augenflimmern begleitet. Wenn sich herausstellt, daß die Kopfschmerzen durch eine Migräne verursacht sind, können spezielle Medikamente helfen, und es sollte ein Facharzt zugezogen werden.

Kapitel 11
Umgang mit Pseudokrupp, Fieberanfällen und anderen akuten Notsituationen

Es gibt einige wenige Notsituationen, die die Fähigkeit der Eltern, Ruhe und Übersicht zu bewahren, auf eine harte Probe stellen. Eltern müssen natürlich immer auf Notfälle gefaßt sein. Doch sie können noch so gut vorbereitet sein, es gibt Krankheiten und Notfälle, die sind so erschreckend, daß keine Mutter und kein Vater ganz ruhig bleiben kann. Die Angst, die durch die Situation hervorgerufen wird, sorgt für den Adrenalinstoß, der seinerseits zur Bewältigung des Notfalls beiträgt. *Natürlich* zeigen Eltern, wie erschrocken sie sind, und *natürlich* verstärkt die Angst der Eltern die des Kindes. Aber wenn der Notfall überwunden ist, gibt es Möglichkeiten, das Kind zu beruhigen. Zu den erschreckenderen Zuständen gehören Pseudokrupp und Fieberkrämpfe. Auch Vergiftungen sind Notfälle, auf die alle Eltern vorbereitet sein sollten.

Pseudokrupp

Pseudokrupp ist immer erschreckend für die Eltern, und doch kann es dem Kind sehr helfen, wenn sie Ruhe bewahren, weil der Krupp durch die Angst verschlimmert wird. Wenn Eltern wissen, was sie zu tun haben, dann können sie leichter einen kühlen Kopf bewahren und beruhigend auf das Kind einwirken. Mit Pseudokrupp können Eltern in der Regel alleine fertig werden, vorausgesetzt sie wissen, worauf sie zu achten haben und wann wirklich Anlaß zur Sorge besteht.

Der Anruf kam mitten in der Nacht. Es war die aufgeregte Stimme von Mrs. Kane: »Herr Doktor, Jim kann nicht atmen! Er erstickt mir. Können Sie bitte rasch etwas unternehmen?«

Aus dem Schlaf geschreckt, spürte ich selbst meinen Adrenalinspiegel steigen. Ich kannte Mrs. Kane gut genug, um zu wissen, daß sie wirklich erschrocken sein mußte, um mich um diese Zeit anzurufen. Sie war mir immer ungewöhnlich besonnen erschienen. Wir hatten manche Krise mit den Kindern hinter uns. Und ich war immer beeindruckt gewesen von ihrer Fähigkeit, solche Situationen zu bewältigen.

Ich stellte ihr einige Fragen, um festzustellen, ob ihr Fünfjähriger in so akuter Gefahr war, daß ein Rettungswagen kommen mußte, ob der Junge von den Eltern auf dem schnellsten Wege ins Krankenhaus gebracht werden mußte oder ob wir das Problem zu Hause lösen konnten. Die ersten beiden Alternativen waren für mich nur letzte Auswege. Ihn mit Blaulicht ins Krankenhaus fahren zu lassen wäre für ihn wie für seine Angehörigen äußerst erschreckend gewesen. Kaum weniger beunruhigend wäre es gewesen, ihn in die Notaufnahme des Krankenhauses zu bringen. Er wäre von Fremden untersucht worden, hätte die unangenehmen Blut- und Röntgenuntersuchungen über sich ergehen lassen müssen, die bei jeder Krankenhauseinweisung routinemäßig vorgenommen werden, und wäre dadurch in überflüssige Angst versetzt worden. Zu dieser Möglichkeit entschließe ich mich nur, wenn es keine Alternativen mehr gibt. Ich suche das Kind lieber zu Hause auf und untersuche es dort, denn wir kennen uns gut, es vertraut mir, und ich weiß, daß sich unter diesen günstigen Umständen seine Atembeschwerden nicht verschlimmern werden.

Zunächst wollte ich wissen: »Kann seine Atmung durch einen Fremdkörper beeinträchtigt sein?« – »Wo sitzen die Atembeschwerden?« – »Treten die Schwierigkeiten beim Einatmen oder beim Ausatmen auf?«

Ich erfuhr von Mrs. Kane, daß kein Fremdkörper im Spiel war und daß das Kind weder außer sich noch in einem Schockzustand war. Doch Mrs. Kane war so in Panik, daß sie mir auf meine anderen Fragen keine vernünftige Antwort geben konnte. Deshalb bat ich sie, Jim ans Telefon zu bringen. So konnte ich ihn atmen hören und ihr sagen, was ihm fehlte.

Wäre ein pfeifendes Keuchen zu hören gewesen, und zwar beim Ausatmen, hätte ich Asthma oder Bronchitis diagnostiziert. Für diese Krankheiten gibt es spezielle Mittel, und sie brauchen nicht als akute Notfälle behandelt zu werden, es sei denn, das Kind muß sich schrecklich quälen.

Hätte er am Ende jedes Atemzugs ein Röcheln von sich gegeben, wäre sein Atem kurz, flach und schnell gewesen, und wäre das Fieber gestiegen, hätte ich mit großer Sicherheit auf eine Lungenentzündung schließen können. Wir hätten mit Antibiotika behandeln können, und es wäre kein echter Notfall gewesen.

Wäre sein Atmung rauh und röchelnd gewesen, jeder Atemzug von einem lauten Schnarchen begleitet, hätte ich auf eine Schwellung geschlossen, die eine Verengung in Nase oder hinterem Rachenraum hervorrief. Es hätte sich dann um eine Infektion der oberen Atemwege gehandelt. Wiederum wäre es kein Notfall gewesen, und ich hätte dem Kind helfen können, ohne es ins Krankenhaus einzuweisen.

Zu hören bekam ich jedoch, als die Mutter den Hörer an Jims Mund hielt, ein tiefes, reibendes Geräusch beim Atemholen. Ich schloß daraus, daß die Verengung – eine akute entzündliche Schwellung – im Bereich des Kehlkopfes und der Luftröhre lag und daß es sich um einen Pseudokrupp handelte. (Diese Diagnose wurde bestätigt, als die Mutter mir schilderte, daß der Brustkasten und der Bereich über dem Brustbein jedesmal tief einsanken, wenn das Kind versuchte, Luft zu holen.)

Krupp tritt fast immer akut auf und ist gewöhnlich die Komplikation einer normalen Erkältung. Er meldet sich mitten in der Nacht, oft wenn ein Wetterwechsel – Regen oder Schnee – bevorsteht. Das unmittelbare Problem geht zurück auf eine akute Verengung, die durch eine Entzündung und Schwellung der Luftwege hervorgerufen wird. Immer wenn ein Kind aufwacht und Schwierigkeiten hat, Atem zu holen, wird es in Panik geraten. Ist es in Panik, verkrampfen sich die Muskeln der Luftwege noch stärker, und die Atembeschwerden werden schlimmer. Geraten nun auch noch die Eltern in Panik, nachdem sie wach geworden sind, verstärkt sich die Angst des Kindes. Zunächst also mußte ich Jims Eltern beruhigen. Wenn es ihnen gelang, sich zu entspannen, konnten sie ihrem Sohn sofort helfen, indem sie ihn in einem dampfgefüllten Raum unterbrachten, zum Beispiel im Badezimmer, nachdem sie dort alle Heißwasserhähne ganz aufgedreht hatten.

Ich bat Mrs. Kane, dies zu tun und auch einen Schaukelstuhl mit ins Badezimmer zu nehmen. Wenn sie sich mit Jim in den Schaukelstuhl setzte, werde er sich wahrscheinlich beruhigen, während der Dampf im Raum seinen Kehlkopfkrampf lösen würde. (Der sehr seltene Fall, in dem der Kehldeckel so angeschwollen ist, daß er sich nicht entkrampft, ist zwar nie völlig auszuschließen, kann aber rechtzeitig erkannt werden, wenn diese Maßnahmen die Atmung des Kindes nicht normalisieren. Dann muß das Kind ins Krankenhaus.)

Fünfzehn bis zwanzig Minuten, nachdem die Kanes Jim in das dampfende Badezimmer gebracht hatten, rief ich noch einmal an. Jims Atmung sei besser geworden, berichtete der Vater, und er sei auf dem Schoß der Mutter eingeschlafen. Ich riet Mr. Kane, das Kind noch eine Zeitlang im Badezimmer zu behalten und ihm einen Lolli zu geben, wenn sie einen hätten. Nach Möglichkeit sollte er lange an ihm zu lutschen haben. Das würde seinem Hals guttun. Der Lolli wirkt nicht nur beruhigend, sondern zeigt dem Kind auch, daß es nicht allzu krank ist. Seine symbolische Bedeutung trägt zur Beruhigung des Kindes bei. Ich wies darauf hin, daß der Krupp am Morgen stets besser wird und in der Nacht wiederkommt. Dann wissen die meisten Kinder aber, daß etwas gegen die Atembeklemmung getan werden kann, so daß sie in der Regel nicht mehr durch die Angst verschlimmert wird. (Hätte Jim neben dem Krupp noch Fieber gehabt, und hätte er erschöpft oder sehr krank gewirkt, wäre ich sofort hingefahren. Denn das sind Anzeichen für eine Infektion, die eine Behandlung mit Antibiotika und entschiedenere Maßnahmen verlangt.) In 95 Prozent aller akuten Fälle von Pseudokrupp wird die beschriebene Behandlung (häufig ergänzt durch eine schleimlösende Hustenmedizin) rasche Besserung bringen, vor allem wenn es sich um das erste Auftreten der Krankheit handelt. Es gibt eine selten vorkommende Form von Pseudokrupp, die sogenannte *Epiglottis acuta*, bei der eine rasche Einweisung ins Krankenhaus entscheidend sein kann. Bei dieser seltenen Form behindert eine Schwellung des Epiglottiswulstes die Atmung so stark, daß operativ ein Tubus in den Rachen eingeführt werden muß, durch den das Kind wieder atmen kann. Doch in den meisten Fällen, wenn nicht in allen, sollte man zunächst einen Versuch mit Dampf und beruhigendem Verhalten machen, bevor man sich zum Krankenhaus entschließt.

Wenn ein Kind wie Jim wegen Pseudokrupp oder Epiglottis in ein Krankenhaus eingeliefert wird, würde ich den Eltern dringend raten, daß einer von ihnen die ganze Zeit bei dem Kind bleibt. Muß das Kind zur Lösung des Krampfes unter ein dampfgefülltes Sauerstoffzelt, fragen Sie, ob Sie mit unter das Zelt dürfen. Unter ein solches Zelt gelegt zu werden, kann das Kind erschrecken, und dieser Schreck kann seine Atemnot so verstärken, daß eine Operation erforderlich wird, die sonst gar nicht notwendig gewesen wäre. Wenn Mutter oder Vater in dieser neuen und erschreckenden Situation bei dem Kind bleiben, wird sie dem Kind vielleicht weniger ausmachen.

Als ich die Kanes eine halbe Stunde später ein zweites Mal anrief, ging es Jim besser. Er hatte den Lolli im Mund, und Mutter und Kind hatten sich beruhigt. Und als ich Jim am nächsten Morgen in meiner Sprechstunde sah, war er etwas heiser, spielte aber fröhlich in meinem Sprechzimmer. Ich untersuchte ihn, während er vor mir auf dem Untersuchungstisch saß. Er krächzte etwas, als er sich mit mir unterhielt. Wir mußten beide lachen. Ich sagte: »Gestern nacht hattest du wirklich Angst, nicht wahr, Jim?« Er wurde ernst und antwortete: »Aber als ich den Lolli bekam, fühlte ich mich besser.« Ich sah ihn ruhig an und erklärte: »Heute nacht brauchst du keine Angst zu haben, wenn du aufwachst und wieder so komisch atmest. Deine Mama und ich wissen, wie wir dir helfen können. Sie kauft ein Dampfgerät, stellt es neben dein Bett und holt dir einen Lolli, während du dir selbst Kissen in den Rücken stopfst. Du wirst sehen, es wird dir nichts ausmachen.« Alles, was ich sagte, nahm er mit ernstem Gesicht und gefurchter Stirn auf. Als sich in der Nacht sein Zustand wieder verschlechterte, hielten sich Mutter und Kind an meine Empfehlungen und hatten Erfolg damit. Es hatte sich ausgezahlt, ihn nicht ins Krankenhaus einzuweisen. Ihm war das Trauma erspart geblieben. Beim zweiten Mal hatte er keine große Angst mehr verspürt, und beide, Mutter und Kind, hatten gelernt, mit dem Pseudokrupp fertig zu werden. Wenn er wiederkam, waren sie vorbereitet.

Fieberkrämpfe

Auch Fieberkrämpfe sind Notsituationen, in denen Eltern Rat brauchen und auf die sie vorbereitet sein müssen. Gewöhnlich treten sie bei hohem Fieber auf. Sie können aber auch schon vor dem Fieber kommen, wenn das Kind einen fiebrigen Infekt ausbrütet. Anfangs macht es einen sehr leidenden Eindruck, halluziniert oder ist unansprechbar. Schließlich versteift sich der ganze Körper, Arme und Beine sind starr ausgestreckt, die Augen verdreht und der Nacken biegt sich durch. Die starre Phase kann von kürzerer oder längerer Dauer sein (bis hin zu einigen Minuten). In jedem Falle wird sie den Eltern, die sie hilflos mitansehen müssen, wie eine Ewigkeit erscheinen. Dann wird die rigide Phase abgelöst von heftigen, rhythmischen Zuckungen der Extremitäten, des Gesichtes und Mundes, des ganzen Körpers. In dieser Phase ist es möglich, wenn auch äußerst unwahrscheinlich, daß das Kind sich auf die Zunge beißt. Ein einigermaßen harter, stumpfer Gegenstand, den man dem Kind zwischen die Zähne schiebt, wird es vor Schaden bewahren. Der Krampfanfall wird für das Kind nur dann wirklich gefährlich, wenn er seine Atmung beeinträchtigt. Zwar wird das Kind recht mühsam atmen, doch bleibt in der Regel die normale Hautfarbe erhalten. Ist das nicht der Fall und färbt sich das Kind in der Umgebung des Mundes blau, dann liegt sicherlich ein Notfall vor: Es gilt, Hirnschäden infolge von Sauerstoffmangel zu verhindern. Doch der normale Fieberkrampf schadet dem Kind überhaupt nicht. Er bietet zwar ein erschreckendes Erscheinungsbild, ist aber lange nicht so gefährlich, wie er aussieht.

Was können Eltern tun? Zunächst einmal, versuchen Sie die Atemwege des Kindes zu schützen. Wenn es etwas im Mund hat, holen Sie es mit dem Finger heraus. Schieben Sie ihm etwas zwischen die Zähne, wenn es den Anschein hat, als könnte es sich auf die Zunge beißen. Legen Sie das Kind so hin, daß der Kopf ganz flach liegt oder sogar tiefer als der Körper, damit die Blutversorgung des Kopfes erhalten bleibt. Kühlen Sie das Kind ab. Eine Wanne mit lauwarmem Wasser ist oft das beste Mittel. Sie können das Kind zwar auch mit Alkohol abreiben oder ihm Umschläge mit Eiswasser machen, aber möglicherweise verabscheut es diese Mittel. Wenn es sich dagegen wehrt, kann das den Krampfanfall verschlimmern. Der Anfall kann durch Überreaktionen der Menschen in der Umgebung des Kindes verlängert werden. Wenn der Zustand des Kindes nicht besorgniserregend ist – was allerdings zum Beispiel der Fall wäre, wenn es Atembeklemmungen hätte – oder wenn der Anfall nicht länger als ein paar Minuten dauert, ist die eilige Einlieferung ins Krankenhaus viel zu dramatisch und aufregend. Sie kann den Anfall sogar unnötig verlängern.

Der erste Fieberkrampf ist immer erschreckend. Möglicherweise regt er das Kind gar nicht auf, weil es sich nicht an ihn erinnert, aber für die Eltern, die hilflos zusehen müssen, ist er ein traumatisches Ereignis. Annähernd 95 Prozent der Krampfanfälle von Kleinkindern unter vier Jahren sind von hohem Fieber begleitet und unschädlich für das Kind. Das Fieber löst sie aus, weil es in dem noch nicht voll entwickelten Gehirn die Schwelle für solche Anfälle absenkt. Die meisten von uns haben eine solche Schwelle, aber es dauert eine ganze Zeit, bis sie erreicht ist. Bei Kleinkindern mit völlig normalem Gehirn ohne erkennbare organische Ursachen für solche Anfälle kann hohes Fieber zum Auslösefaktor werden. Der Wasserentzug durch das Fieber macht einen solchen Anfall noch wahrscheinlicher. Bei diesen Kindern führt gewöhnlich schon das erste hohe Fieber zu einem solchen Krampf. Deshalb können die Eltern eines Kindes, das bereits hohes Fieber erlebt hat, ohne einen Krampfanfall zu bekommen, in der Regel davon ausgehen, daß ihr Kind nicht zu Fieberkrämpfen neigt.

Sobald der Anfall unter Kontrolle ist, sollten die Eltern ärztliche Hilfe in Anspruch nehmen. Der Arzt wird verschiedene Untersuchungen vornehmen. Ich prüfe zunächst, ob der Nacken des Kindes beweglich ist. Wenn es den Kopf nicht auf die Brust legen kann, so daß das Rückgrat wie ein C gekrümmt ist, sollte eine Lumbalpunktion vorgenommen werden, um eine Meningitis oder andere Entzündungen auszuschließen, die bestimmte Behandlungen verlangen.

Wichtig ist auch, den Grund für das Fieber des Kindes herauszufinden und zu behandeln. Denn wenn das Fieber anhält, könnte das Kind einen weiteren Krampf bekommen. Auf jeden Fall braucht es ein aspirinähnliches* Mittel, um das Fieber zu senken, und Phenobarbital, um die Krampfschwelle heraufzusetzen und die Wahrscheinlichkeit eines erneuten Anfalls zu verringern.

Wenn der akute Notfall vorüber ist, gibt es verschiedene Möglichkeiten, ein solches Kind zu behandeln. Die Entscheidung muß von dem Arzt des Kindes getroffen werden. Viele völlig normale Kinder haben nur einen einzigen Fieberkrampf. Sie können durch die richtige vorbeugende Behandlung vor allen weiteren Anfällen bewahrt werden. Wenn die Sauerstoffzufuhr des Gehirns nicht beeinträchtigt wird, sind die Anfälle an sich unschädlich. Nach dem zweiten Fieberkrampf lasse ich stets ein EEG (ein Elektroenzephalogramm oder Hirnstrombild) anfertigen, um epileptische oder andere Ursachen für die Krampfanfälle auszu-

* Da das Aspirin selbst mit dem Reye-Syndrom in Verbindung gebracht wird und noch keine entsprechenden Forschungsergebnisse vorliegen, verschreiben viele Ärzte ein Ersatzmittel.

schließen. Schon nach dem ersten bitte ich die Eltern, entweder eine kleine Dosis Phenobarbital ständig zu verabreichen, um das erneute Auftreten von Fieberkrämpfen zu vermeiden, oder dem Kind immer dann Aspirin und Phenobarbital zu geben, wenn sich Fieber anzukündigen scheint. Nach Impfungen, bei akuter Erkältung oder bei möglicher Ansteckung mit einer anderen fiebrigen Erkrankung sollte man stets zu dieser therapeutischen Vorbeugung greifen. Denn je länger man eine Wiederkehr der Anfälle hinausschieben kann, desto geringer die Wahrscheinlichkeit, daß sie überhaupt noch einmal auftreten. Wenn das Kind älter wird, wird die Schwelle heraufgesetzt, und die Gefahr von Fieberkrämpfen verringert sich. Im Alter von vier oder fünf Jahren ist die Gefahr für Kinder, die nur einen Anfall gehabt haben, praktisch vorbei.

Vergiftungen

Die Vergiftung eines Kindes fordert von den Eltern große Geistesgegenwart. Wenn ein Kind eine giftige Substanz verschluckt, muß man rasch und angemessen handeln. Da niemand ein Verzeichnis aller üblichen und unüblichen Haushaltsgifte im Kopf haben kann, bitte ich die Eltern von Kleinkindern, einen Leitfaden für Erste Hilfe im Haus zu haben. Wenn das Kind acht Monate alt ist, ist es höchste Zeit, ein solches Büchlein zu haben, das alle Situationen behandelt, in die Ihr Kind geraten kann. Sobald es krabbeln lernt, wird es Dinge entdecken und finden, auf die Sie nie gekommen wären. Wie leicht kann es kleine Gegenstände auf dem Fußboden finden, verschlucken und an ihnen zu ersticken drohen. Deshalb müssen Eltern lernen, was zu tun ist, um die Atemwege des Kindes zu befreien. Für den Fall von Vergiftungen empfehle ich den Eltern, stets genügend Brechwurz im Haus zu haben, um das Kind notfalls zum Erbrechen zu bringen. Wenn es für solche Notfälle eine telefonische Beratungsstelle gibt, schreiben Sie sich die Nummer auf Ihren Apparat. Passiert wirklich etwas, werden Sie zu nervös sein, um die Nummer im

Telefonbuch zu finden. Möglicherweise vergeuden Sie kostbare Zeit mit der Suche danach. Fahren Sie das Kind nicht ins Krankenhaus, wenn es eine Viertelstunde oder länger dauert, bis Sie dort sind. Fragen Sie erst um Rat, denn häufig können Sie die Aufnahme des Giftes dadurch verhindern, daß Sie dem Kind ein Brechmittel geben, bevor Sie es ins Krankenhaus fahren. Das Wichtigste ist, daß Sie sich schon vorher auf den Notfall vorbereitet haben.

Dies sind nur einige der erschreckenden Notfälle, mit denen Eltern konfrontiert werden können. Zu empfehlen sind ausführlichere Bücher (wie *Should I call the Doctor?* von Christine Nelsen oder *Child Health Encyclopedia* von Richard I. Feinbloom und dem Boston Children's Medical Center*), und jede Familie sollte einen solchen Ratgeber sowie Telefonnummern für Notfälle bereitliegen haben.

Natürlich haben Eltern und Kinder Angst, wenn die hier erörterten Notsituationen eintreten. Doch wenn sie durchgestanden sind, sollte man über die Ängste, die wachgerufen wurden, sprechen. In einem solchen Gespräch leisten Eltern verschiedene Dinge: (1) Sie geben die eigene Angst zu, die das Kind sicherlich gespürt hat; (2) sie ermöglichen dem Kind, ihnen seine Ängste mitzuteilen; (3) sie schaffen die Möglichkeit zu einem Gespräch darüber, wie solche Situationen in Zukunft gehandhabt werden sollen; und (4) sie bieten damit die Voraussetzung, konkrete Pläne für solche Fälle aufzustellen. Auf diese Art kann dem Kind die Angst vor künftigen Wiederholungen genommen werden, während gleichzeitig deutlich wird, daß alle Beteiligten während des Ereignisses Angst gehabt haben. Die Eltern sollten sich darauf einstellen, die Notsituation hinterher noch viele Male durchzusprechen. Jedes Gespräch ist für das Kind eine Gelegenheit, mehr über sich selbst zu erfahren.

* Diesen Veröffentlichungen entsprechen die deutschen Titel: M.I. Green, *Erste Hilfe für dein Kind*, München 1983, und B. Spock, M.B. Rothenberg, *Säuglings- und Kinderpflege*, 2 Bände, Berlin 1986.

Kapitel 12
Asthma

Es ist besser, allergischen Krankheiten vorzubeugen oder sie frühzeitig zu behandeln, als zu warten, bis sie chronisch geworden sind. In meiner Tätigkeit als Kinderarzt suche ich seit langem nach vorbeugenden Therapiemöglichkeiten gegen Ekzeme, Asthma und chronische Erkrankungen der Atemwege. Ich versuche nach Möglichkeit, das potentiell allergische Kind frühzeitig zu erkennen, auch auf die Gefahr hin, es in der Vorstellung der Eltern »abzustempeln«. Die Gefahr bei einer solchen Suche nach möglichen Allergien besteht darin, daß Eltern ein völlig gesundes Kind mit überflüssigen Vorsichtsmaßnahmen umgeben und dadurch sein Selbstbild beeinträchtigen oder es in eine Art von Passivität hineintreiben. Wenn sich dies vermeiden läßt, gibt es indessen gewichtige Gründe, Allergien vorzubeugen oder sie bereits in einem Frühstadium zu behandeln. Unter Umständen wird das Kind dadurch vor dem Empfinden bewahrt, ein Versager oder gar ein Krüppel zu sein. Es gilt, den Teufelskreis von Krankheit, Depression und psychosomatischem Entgegenkommen zu durchbrechen. Die frühzeitige Behandlung allergischer Erscheinungen und die Einbeziehung des Kindes in die Behandlung können ihm das Gefühl geben, daß es aus eigener Kraft mit der Krankheit fertig wird. Die Gefühle der Hilflosigkeit und Niedergeschlagenheit in einem allergischen Anfall sind die schlimmsten Aspekte der Krankheit und können durchaus die »Erwartung« schaffen, ihr ausgeliefert zu sein. Wie können wir eine solche Wirkung auf das Kind verhindern?

Vermeiden Sie Angst und Panik

Dem sechsjährigen Jeff ging es sehr schlecht. Er hatte einen Asthmaanfall. Zum zweiten Mal innerhalb von zwei Wochen wurde er mir aus diesem Grunde in die Sprechstunde gebracht. Er war entmutigt und verschreckt. Seine Mutter war in Panik. Wenn er Luft holte, zeichnete sich jede Rippe unter der Haut ab, und der Bereich über seinem Brustbein sank bei dieser Anstrengung nach innen. Sobald er die Luft gegen den Druck seiner verkrampften Lungen ausstieß, erfüllten seine pfeifenden Atemgeräusche das Zimmer. Das bleiche, angestrengte Gesichtchen mit den großen, flehenden Augen war mir zugewandt. Er mühte und quälte sich bei jedem Atemzug. »Tun Sie etwas!« keuchte er. Ich bereitete eine Adrenalinspritze vor und erklärte ihm, daß die Nadel einen Augenblick weh tun würde, daß er sich aber schon bald besser fühlen würde. Er nickte, als wollte er sagen: »Machen Sie nur zu!« Als ich ihm die Spritze gab, ließ er kaum einen Schmerzlaut hören. Ich ließ ihn sich auf den Untersuchungstisch legen, weil ich wußte, daß nach der Adrenalininjektion sein Herz rasen und er sich ein bißchen schwindelig fühlen würde. Allzu bereitwillig folgte er meiner Aufforderung und wandte den Kopf ab, so daß ich nicht sehen konnte, wieviel Angst er hatte. Nach zehn Minuten fühlte er sich besser. Sein Gesicht hatte wieder Farbe bekommen und sah nicht mehr so eingefallen aus. Seine Augen wirkten weniger erschöpft, und dank der offenkundig freier werdenden Atemwege atmete er leichter. Nach einer Viertelstunde lächelte er mich an.

»Wie fühlst du dich?« fragte ich. »Schon besser«, antwortete er nach Luft ringend. »Siehst du, Jeff«, meinte ich, »wir wissen also, was wir zu tun haben, wenn du einen deiner Asthmaanfälle bekommst, oder?« Dankbar nickte er.

»Aber wir müssen einen Weg finden, wie du mit diesen Anfällen fertig wirst, bevor es dir so schlecht geht. Wenn du kaum Luft holen kannst, ist das sicherlich schrecklich für dich.« »Ich weiß, Dr. B. Sie haben es mir schon das letzte Mal gesagt. Aber ich habe es vergessen. Außerdem dachte ich, es würde nicht noch mal passieren.« Dann gestand er: »Die Katze hat bei mir geschlafen. Dabei haben Sie mir gesagt, sie dürfte das nicht, wenn ich eine Erkältung gehabt habe.«

Das Schuldgefühl und die Hoffnung, daß sich das beängstigende Ereignis nie wiederholen wird, sind zwei Bewußtseinsvorgänge, die untrennbar mit dieser Krankheit zusammenhängen – bei den Kindern wie bei den Erwachsenen in ihrer Umgebung. Das dritte Gefühl, das ihnen allen gemeinsam ist, ist die Panik – die Panik, daß das Kind außerstande sein könnte, Luft zu bekommen, und daß es diesen schrecklichen Zustand nie würde überwinden können.

Jeffs Gefühl der Hilflosigkeit, der vergebliche Versuch, kräftig durchzuatmen, kann rasch in einen Angstzustand führen, gegen den er nichts mehr auszurichten vermag. Ich vermute, ein Kind braucht nur ein oder zwei Anfälle solcher Atemnot erlebt zu haben, um fortan in schrecklicher Angst vor dem »nächsten Mal« zu leben. Jeff hatte zwölf Stunden unter seiner Atemnot gelitten, bevor seine verzweifelten Eltern ihn in meine Sprechstunde brachten.

Als ich mich mit seinen Eltern zu unterhalten begann, hatte Jeff schon seinen kräftigen, kleinen Körper von meinem Tisch geschoben, war auf den Fußboden geklettert und spielte fast hysterisch mit meinen Spielsachen. Lärmend warf er sie umher. Hätte man ihn ohne Kenntnis seiner Geschichte beobachtet, hättet man ihn fast für hyperaktiv halten können. Doch er befreite sich nur von der Angst, die er gerade durchlebt hatte. Aufmerksam lauschte er unserem Gespräch. Schon mit seinen sechs Jahren machte sich dieses Kind ebensoviel Gedanken um sich, wie wir es taten.

Vorbeugen ist wichtig

In den dreißig Jahren meiner Tätigkeit als Kinderarzt habe ich stets versucht, Allergien aktiv vorzubeugen, statt sie nur zu behandeln, nachdem sie manifest geworden sind. Aus diesem Grunde mußte von den vielen asthmatischen Kindern, die ich in meiner Praxis gehabt habe, nur eines länger und häufiger ins Krankenhaus. Die anderen konnten ohne Krankenhaus mit ihrer Krankheit fertig werden. Bei Ekzemen habe ich nicht einen einzigen schweren Fall erlebt. Wenn wir früh genug anfingen, konnten wir die Krankheit zumindest unter Kontrolle bringen.

Für das spätere Wohlbefinden des Kindes ist sehr wichtig, daß die schwerwiegenden, erschreckenden Aspekte dieser beiden Krankheiten vermieden werden. Heute haben wir so viele Möglichkeiten, solchen Patienten zu helfen, daß es sich lohnt, mit den Gegenmaßnahmen möglichst früh zu beginnen. Wenn wir keine Behandlung finden, die *greift*, gerät das Kind in einen Teufelskreis aus Angst, Furcht und Hilflosigkeit. Und hier liegt der Ursprung der psychosomatischen Aspekte der Krankheit. Kinder geraten rasch in jenen Zustand von Hoffnungslosigkeit und Schuldgefühlen, den Jeff beschrieben hatte. Der Knacks, den das Selbstwertgefühl dadurch erleidet, scheint mir der schlimmste Aspekt allergischer Krankheiten zu sein.

Obwohl Krankheiten wie Asthma rasch von Angst überlagert und nach ein paar schreckerregenden Anfällen teilweise »psychosomatisch« werden können, glaube ich nicht, daß Asthma oder Ekzeme durch seelische Probleme des Kindes oder familiäre Schwierigkeiten hervorgerufen werden können. Es scheint viel eher eine Erbanlage zu geben, die durch Allergene in der Umwelt verstärkt werden kann. Wenn sich die Krankheit manifestiert, bekommt das Opfer *natürlich* Angst und macht sich Sorgen. In der Regel machen asthmatische Kinder ihren Eltern gegenüber kein Geheimnis aus ihrer Angst und »benutzen« das Symptom, um den Eltern eine Vielzahl manipulativer Botschaften zukommen zu lassen – Auflehnung, Erschöpfung, Provokation –, oder einfach, um sich Aufmerksamkeit zu verschaffen. Eltern können sich diesen Appellen nicht entziehen, wenn ihre Angst wächst und sie sie nicht unter Kontrolle bekommen. Ihre Schuldgefühle, ihre Wut, ihre Angst lassen die Spannungen in der Familie und in der Beziehung zum Kind notwendigerweise ansteigen. Deshalb kann die Krankheit allzu leicht für das Kind und für die Familie zu einer psychosomatischen Belastung werden.

So weit braucht man es nicht kommen zu lassen. Vorbeugung ist die beste Heilmethode, aber auch ein frühes Eingreifen kann noch viel bewirken.

In Jeffs Falle hatten wir die Voraussetzungen zu erfolgreicher Vorbeugung im frühen Säuglingsalter geschaffen. Wir wußten, daß es sowohl in der Familie der Mutter wie des Vaters Allergien gab. Diese genetische Komponente der Allergien gilt als gesichert.* Die erbliche Prädisposition wird durch bestimmte Allergene verstärkt, die die Krankheit manifest werden lassen und für ihre ständige Wiederkehr sorgen.

Kurz nach Jeffs Geburt hatte mir der Vater mitgeteilt, daß er als Baby allergisch gegen Milch gewesen war und ein schweres Ekzem gehabt hatte. Der Bruder der Mutter hatte als Kind Asthma gehabt. Es gibt gute Gründe, die Auslösung solcher Krankeiten so lange wie möglich zu vermeiden. Sie sind schwerer auszulösen, wenn das Kind älter wird. Die Schwelle steigt im Laufe der Zeit an. Ich bin davon überzeugt, daß eine Allergie um so schwerer zum Ausbruch kommt, je länger sich ihr Auftreten verhindern läßt. Ebenso gilt, daß die Aussichten um so besser sind, je erfolgreicher die Krankheit behandelt werden wird, sobald sie auftritt. Bei Babys zeigt sich eine Allergie gegen Kuhmilch oder gegen andere Nahrungsmittel möglicherweise nicht zum Zeitpunkt der ersten Bekanntschaft mit diesen Substanzen, sondern erst später, nachdem der allergische Prozeß fest etabliert ist. Ekzeme, gastrointestinale Symptome (Aufstoßen der Nah-

* *Pediatrics*, Dezember 1981.

rung, Durchfall oder auch »Koliken«) oder Probleme der Atmungsorgane (etwa eine chronisch laufende Nase) können auftreten, nachdem der Säugling schon wochen- oder monatelang Milch bekommen hat. Ist er jünger als neun Monate, kann eine Weizen- oder Eierallergie erst eine Woche oder zehn Tage nach der ersten Einnahme zu einer richtigen Reaktion führen. Inzwischen hat sich der allergische Prozeß ungestört entfaltet. Um das zu verhindern, bitte ich die Eltern von Kindern aus Familien, in denen man von Allergien weiß, alle potentiellen Allergene zu vermeiden, bis das Kind älter ist – alt genug, um ein direktes allergisches Symptom zu manifestieren.

Ich hatte Jeffs Mutter, Mrs. Scott, gebeten, Jeff so lange wie möglich zu stillen. Außerdem sollte sie in den ersten Monaten Sojabohnenprodukte anstelle der üblichen Milchzusätze nehmen. So ersparten wir ihm die Kuhmilch, die der Vater nicht vertragen hatte. Ich riet den Scotts, mit fester Nahrung zu warten, bis Jeff fünf Monate alt war, da er allergisch gegen sie sein konnte. Dann gaben sie ihm immer nur ein neues Nahrungsmittel zur Zeit und warteten mindestens eine Woche, bevor sie ihm das nächste gaben. Wenn er nach dem neuen Nahrungsmittel unruhig wurde oder einen Ausschlag bekam, gaben sie es nicht weiter und versuchten statt dessen ein anderes. Nie mischten sie Kuhmilch mit Getreideprodukten und machten sich auch die Mühe, die Etiketten auf den Gläsern mit Babynahrung zu lesen, um ihm nach Möglichkeit keine Mischungen von Nahrungsmitteln zu geben. Denn jedes Nahrungsmittel konnte seine Allergieneigung zum Ausbruch bringen. Mit Weizen warteten sie, bis er sieben Monate alt war, und Eigelb gaben sie ihm erst mit neun Monaten. Als er das Eigelb gegessen hatte, bekam er noch am gleichen Tage Nesselausschlag. Daraufhin vermieden seine Eltern Eier und Eierpudding, bis Jeff gut ein Jahr alt war. Infolge dieser Vorsichtsmaßnahmen blieben Jeff im Säuglingsalter schwere Hautausschläge und Ekzeme erspart.

Mrs. Scott konnte ihn elf Monate stillen. Das war für Jeff natürlich ein enormer Schutz vor einer Kuhmilchallergie. Nach einem Jahr konnte Jeff Kuhmilch trinken und milchhaltige Nahrungsmittel zu sich nehmen. Wir wußten zwar nicht, ob er zu einem früheren Zeitpunkt allergisch auf sie reagiert hätte, doch das war auch nicht entscheidend. Für die Scotts war es nicht leicht, auf diese Nahrungsmittel zu verzichten, und ich hatte Sorge, bei ihnen könnte sich die Vorstellung festsetzen, Jeff sei ein kränkliches und anfälliges Kind, weil ich die Möglichkeit einer Allergie so sehr betonte. Doch die Alternative war das scheußliche Risiko von Ekzemen oder Nahrungsmittelempfindlichkeiten. Diesen Ernährungsplan empfehle ich allen Eltern, in deren Familien Allergien bekannt sind.

Jeff wuchs zu einem gesunden, kräftigen Kleinkind heran. Mit einem Jahr aß er selbst, und wie viele andere Kleinkinder wollte er von allem kosten, was auf dem Tisch stand. Inzwischen vertrug er alles, ausgenommen ein paar Nahrungsmittel, von denen die Eltern wußten, daß er gegen sie allergisch war: Eier, Schokolade, Tomaten und Fisch. Die Scotts vermieden es, sie zu essen, wenn Jeff dabei war. So konnte er nicht in Versuchung kommen, sie zu probieren.

Asthma und Erkältungen

Mit zunehmenden Alter wurde Jeff immer aktiver. Er war von kräftiger Statur, kletterte für sein Leben gern und brachte sich in alle möglichen gefährlichen Situationen. In jeder Gruppe von Gleichaltrigen war er sofort der Mittelpunkt. Obwohl sich in der Familie alles um ihn drehte und er ein bißchen verwöhnt wurde, verhielt er sich anderen Kindern gegenüber freundlich und rücksichtsvoll und war der absolute Star im Kindergarten. In den ersten drei Jahren war Jeff kaum krank. Nach zwei Erkältungen lief ihm die Nase längere Zeit. Nur eine endete mit Ohrenschmerzen und mußte mit Antibiotika behandelt werden. In diesen ersten Jahren schien er nicht besonders anfällig für Infektionen der oberen Atemwege zu sein. Viele allergische Kinder »fangen« nicht nur jede Krankheit, mit der sie in Berührung kommen; sie schleppen auch jede Infektion der Atmungsorgane so lange mit sich herum, bis eine Krankheit in die andere übergeht. Infolgedessen haben solche Kinder oft chronisch laufende Nasen und Wucherungen des drüsenähnlichen Gewebes. Sie neigen zu Beschwerden des Innenohres und der Kieferhöhlen, weil die adenoiden Wucherungen die Verbindungen zwischen Rachenraum und Kieferhöhlen zusetzen. Häufig schnarchen sie. (Viele schnarchende Kinder stellen sich als allergisch heraus.)

Als Jeff dreieinhalb Jahre war, wurde seine Schwester geboren. Äußerlich schien er die Veränderung gut zu verkraften und begegnete dem Baby mit vorsichtiger Zärtlichkeit. Zwar bestand er darauf, daß sie ein Junge »wie er« werden würde, so daß er später mit »ihm« spielen könnte, ansonsten aber schien sie ihm keine Probleme zu bereiten. Allerdings bekam Jeff bald nach Alisons Geburt eine hartnäckige Erkältung mit Husten. Das sah damals wie bloßer Zufall aus. Die nächsten sechs Wochen blieb er verschnupft und atmete nachts leicht keuchend. Wir versuchten, die Schleimhäute mit Antihistaminen trockener zu bekommen, und sie halfen auch etwas, doch er brauchte noch lange Zeit, um diese Infektion zu überwinden.

Ein paar Monate später, um die Zeit seines vierten Geburtstags, und dann noch zweimal im Verlaufe des folgenden Jahrs litt Jeff unter langwierigen Infektionen der oberen Luftwege. Nach der zweiten Erkrankung bat ich die Eltern, alle Allergene aus seinem Zimmer zu entfernen. Zunächst ging es um einfache Dinge: Sie sollten das Daunenkissen und die Stofftiere aus seinem Bett entfernen und die Roßhaarmatratze in eine Plastikfolie einwickeln. Ich versuchte ihnen zu erklären, daß seine Erkältungen angesichts der familiären Geschichte möglicherweise durch eine leichte Form allergischer Verstopfung der Atemwege verlängert wurden, die andauerten, nachdem die Infektion bereits überwunden war. Sie versicherten mir, er könne gegen keines der Dinge allergisch sein, um deren Entfernung ich sie gebeten hatte, da er schon lange mit ihnen zusammenlebe, ohne daß sie ihm je Schwierigkeiten bereitet hätten. Ich erklärte ihnen, daß die Manifestation einer Allergie in Form von Asthma, Ekzemen oder chronisch laufenden Nasen ein kumulativer Prozeß sein kann, etwa so, als errichte man einen Turm aus Bauklötzen. Viele kleine Klötze kann man Jahr um Jahr aufeinandersetzen, ohne daß sie umfallen. Ein Kind kann jahrelang auf Roßhaar und Federn schlafen (beides häufige Allergene). Doch wenn man zu viele Klötze hinzufügt oder einen großen – eine akute Infektion der Atmungsorgane, ein spezielles Allergen (Katzen sind ein typisches Beispiel) oder auch emotionalen Streß –, dann wird der Turm aus Bauklötzen umstürzen. In Jeffs Fall schien die Erkältung der Auslöser zu sein. Ich merkte im Gespräch, daß die Scotts nichts von meinen Vorschlägen hielten. Ich drängte sie nicht, da Jeffs Allgemeinzustand damals noch nicht sonderlich beeinträchtigt war und die verschriebenen Antihistamine halfen. In der Rückschau frage ich mich allerdings, ob die Eltern nicht einige von Jeffs Schwierigkeiten hätten verhindern können, wenn sie früher gehandelt hätten.

Als er nachts zu schnarchen begann, forderte ich die Eltern nachdrücklicher auf, die vorgeschlagenen Maßnahmen in Angriff zu nehmen. Das Schnarchen war ein Symptom für die Wucherung des adenoiden Gewebes. Ich nahm an, daß die lange sich hinschleppende Verstopfung der Atemwege der Grund für diese Wucherung war. Jeff war jetzt blasser und müder als früher und wirkte so niedergeschlagen, wie ich ihn noch nie gesehen hatte. Ich befürchtete, daß er anfing, sich selbst als Krüppel zu sehen.

Wieder überlegten wir, welche potentiellen Allergene aus seinem Zimmer entfernt werden könnten, wobei wir uns klarmachten, daß er dort die Hälfte seines Vierundzwanzigstundentages verbrachte. Es schien leicht zu sein, das Federkissen durch ein synthetisches zu ersetzen, seine Matratze mit einer Plastikfolie einzuschlagen und die Stofftiere zu entfernen (oder ihre Füllung durch Schaumgummi zu ersetzen). Ich empfahl den Eltern, Staubfänger wie zum Beispiel Bettvorleger aus seinem Zimmer zu entfernen und den Boden zweimal wöchentlich feucht aufzuwischen. Den Ventilatorschacht des Heißluftofens konnte man in seinem Zimmer mit einem Filter aus mehreren Lagen Mullstoff bedecken. Ich erklärte den Eltern, daß wohl keine dieser Veränderungen eine wesentliche Besserung seines Zustands bringen würde, daß dadurch aber einige der kleinen Bausteine aus dem Turm entfernt würden, der sich langsam aufbaute. Dann hörte ich, daß seit der Geburt der Schwester die Katze in seinem Bett schlafen durfte – gewissermaßen als Entschädigung. Wir alle wollten ihm die Katze nicht wegnehmen. Aber ich wies darauf hin, daß sie möglicherweise wesentlich zu seinen Beschwerden beitrug. Katzen und andere Felltiere sind äußerst allergen – einerseits wegen des Fells, andererseits wegen der Staubpartikel und Pilze, die sie im Fell tragen. Die meisten Kinder, wenn sie überhaupt zu Allergien neigen, sind gegen Pelztiere allergisch. Die Scotts weigerten sich, Jeff von der Katze zu trennen. Deshalb schlug ich vor, sie sollten erst mal mit den einfacheren Methoden beginnen, um zu sehen, ob sie halfen. Es mag lästig sein, die Umgebung eines Kindes relativ staubfrei zu halten, aber es kann sicherlich dazu beitragen, die Erkrankungen der Atmungsorgane auf ein Minimum zu beschränken. In der verschmutzten Luft einer Großstadt gibt es gewiß viele unsere Atemwege belastende Reizstoffe, die nicht beseitigt werden können, aber für das Zimmer oder Bett eines Kindes ist das zu schaffen.

Danach besserte sich Jeffs Zustand ein wenig, und wir waren alle froh: Die Katze brauchte ihm nicht weggenommen zu werden. Als wir ihm Antihistamine gaben, legten sich Schnarchen und Nachthusten. Jeff war wieder das aufgeschlossene, fröhliche Kind von ehedem. Im Frühling sprang er buchstäblich aus meiner Praxis. Wir alle hofften, daß damit die Probleme seiner Atmungsorgane erledigt waren.

Anfang Oktober erschien er wieder mit einer schweren Erkältung in meiner Sprechstunde. Er keuchte beim Atmen. Er mußte sich sehr anstrengen, um die Luft in die Lungen zu bekommen, und kräftig pressen, um sie wieder hinauszubekommen. »Ich kann nicht laufen«, klagte er. Dies schien er als erschreckende

Beeinträchtigung zu empfinden. Wir zogen den Gedanken in Erwägung, daß es sich bei dem Keuchen um ein leichtes Asthma handeln könnte, das sich zu der akuten Infektion der Atmungsorgane hinzugesellt hatte. Wir wendeten eine doppelte »Behandlungsmethode« an – ein krampflösendes Mittel gegen das Keuchen und ein Antibiotikum für die zugrundeliegende Infektion. Im allgemeinen setze ich antibiotische Mittel so selten wie möglich ein, weil ich der Meinung bin, daß Kinder eigene Abwehrkräfte gegen Infektionen entwickeln müssen. Antibiotika greifen in diesen natürlichen Prozeß ein. Doch bei einem allergischen Kind kommt es zu einer Wechselwirkung zwischen Allergie und Infektion, so daß beide stärker werden. Infektion und Allergie müssen jede für sich gleichzeitig behandelt werden. Für die meisten allergischen Kinder ist eine Infektion ein schweres Problem; sie wirkt wie ein großer Baustein. Oft löst sie einen Asthmaanfall aus und ist von einem asthmatischen Kind ohne besondere Hilfe nur schwer zu überwinden.

Bei diesem Besuch setzte ich mich mit Jeff und seiner Mutter zusammen und bat sie, zu Hause nun doch energischere Maßnahmen zu ergreifen. Da der Junge nach jeder Erkältung heftigere allergische Rekationen erkennen ließ, stand zu befürchten, daß ihm nach jeder Infektion der oberen Atemwege Asthma drohte. Ich ging mit ihnen durch, was aus seiner Nähe verbannt werden mußte. Dabei ließ ich auch die Katze nicht aus und schlug vor, Jeff solle entscheiden, welches nicht-allergische Spielzeug oder Schmuseobjekt er an ihrer Stelle mit ins Bett nehmen wollte. Ich erläuterte noch einmal meine Theorie des Bauklotzturms und der Erkältung als eines großen zusätzlichen Klotzes. Es bestünde die Gefahr – so legte ich dar –, daß es zu einer immer wiederkehrenden, chronischen Allergiereaktion seiner Atemwege käme. Ich hoffte, daß sie mir zugehört hatten und sich an meine Vorschläge halten würden. In einem solchen Falle überweise ich das Kind nicht immer gleich an einen Allergiespezialisten, weil ich weiß, daß er das gleiche empfehlen wird wie ich. Wenn die Familie allerdings nicht auf mich hört, schalte ich den Allergiespezialisten ein, damit dessen Expertenurteil zusätzlichen Druck auf den elterlichen Entscheidungsprozeß ausübt. Denn von diesem Punkt an müssen die allergischen Reaktionen sehr ernst genommen werden.

Einbeziehung des asthmatischen Kindes in Vorbeugung und Behandlung

Zum ersten Mal hatte ich das Gefühl, daß die Scotts aufmerksam zuhörten. Als ich nachfragte, stellte ich fest, daß sie meine bisherigen Vorschläge nicht ernst genommen hatten. In diesem Gespräch wandte ich mich auch an Jeff, da ich der Meinung war, daß er das Was und Wie der Maßnahmen unbedingt verstehen müsse. Zum Schluß erinnerte ich Jeff daran, daß wir eine Medizin hatten, die sein Keuchen beseitigte, wenn er sie bei einer Erkältung früh genug einnahm. Aufmerksam lauschte er meinen Worten. Ich wollte ihm das Gefühl vermitteln, daß er die Sache selbst in der Hand hatte. Außerdem forderte ich ihn auf, mich anzurufen, wenn er noch Beschwerden haben sollte. Während ich sprach, hörte er so verständig und ernsthaft zu, daß ich ziemlich sicher war, er hatte mich verstanden.

Durch die Medizin brachten wir diesen Anfall unter Kontrolle. Als die Beschwerden nachließen, rief Jeff mich an, um mir mitzuteilen, daß es ihm besser ging. Ich bat ihn, nahe am Hörer zu atmen. Ich vernahm kein Keuchen und sagte es ihm. Fröhlich erklärte er: »Wir haben alles in Ordnung gebracht. Das Bett ist neu und das Zimmer sauber, Dr. B.!« Die Freude und Begeisterung in seiner Stimme waren herzbewegend. Er hatte das Empfinden, dies alles selbst getan zu haben, Herr der Situation zu sein. Seither hat er einige Erkältungen gehabt. Am zweiten oder dritten Tag stellte sich fast immer ein leichtes Keuchen ein. Jedesmal haben die Eltern angerufen, und wir sind gemeinsam die Dosierung der Medikamente durchgegangen. Außerdem wurde festgelegt, unter welchen Umständen sie mich noch einmal anrufen müßten. Dies schien ihnen einen Großteil ihrer Angst zu nehmen. Dann bat ich, mir Jeff ans Telefon zu holen, damit ich diese Dinge auch mit ihm besprechen konnte.

Die beste Waffe gegen den psychischen Anteil der Krankheit ist die Einbeziehung des Kindes in die Vorbeugung. Auf diese Weise kann es allmählich die eigene Krankheit verstehen und kontrollieren. Kommt es zu einer ernsteren Reaktion, kann das Kind ebenso in die Therapie miteinbezogen werden. Wenn sich der Zustand bessert, merkt es, daß wir wissen, was zu tun ist, um ihm zu helfen.

Im Laufe der Zeit wird Jeff seine Krankheit immer besser in den Griff bekommen. Die Ängste und das Gefühl der Schuld und Hilflosigkeit werden die Situation nicht mehr komplizieren. Jeff, seine Eltern und ich – wir alle werden zuversichtlicher werden und allmählich die Gewißheit gewinnen, daß wir mit den Allergien fertigwerden können.

Ganz entscheidend ist, daß man die Allergien eines Kindes in den Griff bekommt, bevor es sich der Pubertät nähert. Ich habe in meiner Praxis festgestellt, daß Kinder ihre allergischen Krankheiten in der Adoleszenz sehr oft überwinden, falls sie nicht chronisch sind oder sich jeglicher Behandlung entziehen. Viele Kinder mit solchen Neigungen zeigen als Jugendliche keine Anfälligkeit mehr für Verstopfung der oberen Atemwege oder für Bronchial- und andere Allergien. Dieses Ziel zu erreichen ist der Mühe wert.

Schlagen diese Hausmittel nicht an, sollte ein solches Kind einer eingehenden Untersuchung durch einen Allergiespezialisten unterzogen werden. Hauttests und Desensibilierung gegen bestimmte Allergene helfen bei einigen Kindern, nicht bei allen. Eine bestimmte Gruppe von allergischen Kindern kann sich durch ständige Einnahme von aminophyllinähnlichen Mitteln schützen. Bei akuten Anfällen hilft unter Umständen Inhalieren, und es gibt neue Entwicklungen auf dem Gebiet der Immunologie, von denen solche Kinder möglicherweise profitieren werden. Auf dem Gebiet der Allergie wird viel getan, und wer Hilfe sucht, gibt damit keine Niederlage zu. Ich empfehle, daß der Allergiespezialist seine Ratschläge an die Familie, den Kinderarzt und vor allem auch das Kind richtet. Dem Kind kann das Gefühl, an der eigenen Therapie beteiligt zu sein, entscheidend bei der Bewältigung der Krankheit helfen. Das Ziel ist jede Mühe wert.

Richtlinien

1. Man vermeide in allergischen Familien von Anfang an allergene Nahrungsmittel. Wenn beispielsweise einer von den Eltern in der Kindheit eine Milchallergie hatte, sollte man dem Kind keine Milchspeisen geben, bevor es nicht ein halbes Jahr alt ist. Am sichersten ist Muttermilch. Die nächstbeste Möglichkeit sind Ersatzmittel aus Sojabohnen. Wenn das Kind noch nach einem halben Jahr auf Milch allergisch reagiert, muß auch weiterhin auf Milch verzichtet werden.
2. Feste Nahrungsmittel sollten erst nach fünf Monaten gegeben werden. Die Diät darf jeweils nur um ein neues Nahrungsmittel erweitert werden – mit einem zeitlichen Abstand von mindestens einer Woche –, so daß Sie an einer möglichen Reaktion (Erbrechen, Durchfall oder Ausschlag) die Empfindlichkeit des Babys gegen diese bestimmte Speise erkennen können. In diesem Falle muß das Nahrungsmittel wieder abgesetzt werden.
3. Häufige Allergene – wie etwa Staub, Pilze, Gräser, Pollen, Tierhaare oder Pelze, Spielsachen oder Stofftiere, die mit Kapok oder Federn ausgestopft sind, Federkissen, Wolldecken, Roßhaarmatratzen – sollten aus dem Bett des Babys entfernt werden. Sie können zur Auslösung einer allergischen Reaktion beitragen.
4. Wenn bei Kleinkindern Infektionen der Atemwege länger als eine Woche dauern, zu keuchender Atmung führen oder ungewöhnliche Verengung der Atemwege verursachen, müssen die Eltern die Möglichkeit in Betracht ziehen, daß Allergien die Fortdauer des Infektionsprozesses begünstigen. In diesem Falle empfiehlt sich bei jeder Infektion der oberen Atemwege eine wirksame und präventive Behandlung.

5. Asthmatisches Keuchen sollte nachdrücklich behandelt werden – mit einer Säuberung der Umgebung von allen Reizstoffen und mit wirksamen Medikamenten. Antibiotika sind unter Umständen für die Infektion erforderlich, doch ganz gewiß sind antiallergische Mittel angezeigt. Man sollte dem Kinde vorher erklären, warum sie verschrieben werden, und es, wenn sie gewirkt haben, daran erinnern. Wenn man ihm bewußtmacht, daß »wir wissen, was zu tun ist«, gibt man ihm das Gefühl, daß es Herr der Situation ist. Es kann dann leichter die natürliche Panik bekämpfen, die sich bei asthmatischer Atemnot rasch einstellt.
6. Wenn Hausmittel bei einem asthmatischen Anfall keine Wirkung zeigen, müssen sie mit Adrenalin oder Aminophyllin behandelt werden, damit der Anfall nicht zu lange dauert. Unter anderem ist es leichter, den Teufelskreis von Atemnot und Panik zu durchbrechen, wenn man frühzeitig mit der Behandlung beginnt. Die Gewißheit, daß die Menschen in seiner Umgebung etwas gegen seinen beunruhigenden Zustand zu tun vermögen, ist ungeheuer beruhigend.
7. Das Gefühl, die Situation zu beherrschen, kann das Kind auch gewinnen, wenn man es einbezieht, indem man ihm erklärt, was geschieht und wie man es zu behandeln gedenkt. Die Eltern müssen ihre eigene Panik in den Griff bekommen, damit sie die des Kindes nicht verstärken. Das kann der erste und schwierigste Schritt sein.
8. Wenn auch die herkömmlichen medizinischen Mittel nicht anschlagen, dann ist es an der Zeit, einen Allergiespezialisten zu konsultieren, damit er die verursachenden Faktoren herausfindet und eine Behandlung vorschlägt. Einer der wichtigsten Aspekte allergischer Erkrankungen in der Kindheit ist die frühzeitige Behandlung, damit die Krankheit nicht chronisch werden kann und sich beim Kind das Gefühl der Hilflosigkeit einstellt. Das Gefühl, der Krankheit nicht ausgeliefert zu sein, ist das entscheidende Gegenmittel für die psychosomatischen Aspekte von Allergien.

9. Wenn man Allergien eine Zeitlang unter Kontrolle halten kann, verringert man die Gefahr häufiger Wiederkehr und einer Verschlechterung des Krankheitsbildes. Das Jugendalter kann zum entscheidenden Wendepunkt werden. Viele Kinder schütteln ihre Allergien ab, wenn sich die typischen Veränderungen dieser Altersstufe einstellen. Aus dieser Möglichkeit sollten Kinder wie Eltern Mut und Hoffnung schöpfen.

Kapitel 13
Bettnässen: Wer ist schuld?

»Ab wann muß ich mir Sorgen um Bobs Bettnässen machen? Ihm scheint das nasse Bett nichts auszumachen. Wenn ich darüber spreche, wechselt er das Thema. Ich weiß, daß ihm das peinlich ist oder daß er es vergessen möchte. Jedenfalls habe ich Angst, daß alles, was ich tue, die Sache nur noch schlimmer macht. Und doch finde ich, daß er mit fünf Jahren nachts trocken sein müßte. Alle seine Freunde sind es. Habe ich schon etwas falsch gemacht? Ich mache mir viel Sorgen um ihn, und er weiß es.«

In diesen Worten hat eine besorgte Mutter all die Belastungen zusammengefaßt, unter denen kleine Jungen stehen, wenn sie es zu einem bestimmten Zeitpunkt noch nicht geschafft haben, nachts trocken zu sein. Unsere Gesellschaft hat das Alter von fünf Jahren willkürlich zu dem Zeitpunkt erklärt, von dem an Bettnässen zum »Problem« wird. Einer der häufigsten Gründe, warum Jungen im Vorschulalter von ihren Eltern in psychologische Beratungsstellen gebracht werden, ist dieses Bettnässen (*Enuresis*). Sobald die magische Grenze von fünf Jahren überschritten ist, werden die Sorgen der Eltern rasch größer, obwohl noch viele Jungen dieses Alters ins Bett machen. Wie ist das, muß Mrs. Latham besorgt sein, wie sie oben erklärt? Und wenn, verschlimmert sie dann das Problem? Die Antwort auf die zweite Frage lautet: Ja. Was die erste angeht, so machte sie sich bereits Sorgen, und Bob wußte es. Seine Versuche, ihre und die eigene Angst zu bewältigen, indem er das Thema wechselte oder sich nicht darum scherte, waren die ziemlich tapferen Bemühungen eines Fünfjährigen, mit den Mißerfolgsgefühlen umzugehen, die ihm aus dieser Frage erwuchsen. Natürlich ist es traurig, daß sich ein Fünfjähriger wegen eines solchen Problems bereits als Versager fühlen muß. Ich hatte kleine Jungen in meiner Sprechstunde, die mich flehentlich fragten: »Werde ich es je schaffen?« »Es schaffen«, das hieß, nachts trocken zu bleiben. Ein Gefühl der Hoffnungslosigkeit verschleierte ihre Augen, wenn sie mich hilfesuchend anblickten. Es tat mir in der Seele weh, wenn ich sie so sah.

Mädchen scheinen mit der Sauberkeitserziehung in unserer Gesellschaft weniger Schwierigkeiten zu haben. Bettnässen ist fast ausschließlich ein Problem von Jungen. Am Tage scheint sich die Sauberkeitserziehung bei Mädchen wie bei Jungen wesentlich leichter durchführen zu lassen. Nachts ist die Blasenkontrolle schwieriger. Nach einer Langzeituntersuchung, die ich im Jahre 1961 durchführte, sind Mädchen am Tage 2,46 Monate früher sauber und lassen sich auch nachts sehr viel leichter zur Sauberkeit erziehen. Aus allen Studien, ganz gleich welcher Nationalität, geht hervor, daß Bettnässen bei Mädchen seltener als bei Jungen vorkommt. Mädchen, die ins Bett machen, haben oft organische Gründe – eine Blaseninfektion oder eine physische Beeinträchtigung der Blasenkontrolle. Jedes Mädchen, das mit sechs Jahren noch unter Enuresis leidet, sollte sorgfältig auf mögliche organische Ursachen untersucht werden.

Gründe für die Zwänge

Es gibt viele Gründe für diesen Unterschied der Geschlechter. Mädchen sind in der Regel disziplinierter in ihrem Verhalten und bewältigen die Anforderungen der Sauberkeitserziehung am Tage leichter als Jungen. Gleichzeitig setzen wir Jungen in allen Bereichen einem größeren Erfolgsdruck aus als Mädchen. Ihrem Erfolg wird höherer Wert beigemessen. Ein bettnässendes Mädchen ist für Eltern und Gleichaltrige nicht so ein Skandal wie ein bettnässender Junge. In den Augen der Gesellschaft ist der Erfolg der nächtlichen Sauberkeitserziehung gleichzusetzen mit dem künftigen Erfolg als Mann. Das mag ziemlich unwahrscheinlich klingen, aber es entspricht zweifellos meiner Erfahrung. Dieser unausgesprochene Erwartungsdruck verstärkt natürlich den psychosomatischen Aspekt des Problems. Infolgedessen entwickeln Jungen ein anderes Verhalten und andere Gewohnheiten. Viele Jungen, die ihr Sauberkeitsverhalten am Tage unter Kontrolle haben, sind noch für einen längeren Zeitraum unfähig, nachts trocken zu bleiben. Die Eltern erklären, die Kinder würden »zu tief schlafen«, hätten »eine zu kleine Blase« oder: »Es ist ihm völlig gleich«. Das sind zum größten Teil bloße Rechtfertigungen, aber sie zeigen doch, welcher Art die Schwierigkeiten sind, mit denen sich Jungen auseinanderzusetzen haben.

Die beiden ersten Begründungen können durchaus zu den Schwierigkeiten beitragen. Letztere dürfte kaum eine richtige Einschätzung der Reaktion des Kindes sein. Die Erwartungen unserer Gesellschaft sind so eindeutig, daß jedem Fünfjährigen, der noch ins Bett macht, längst zu verstehen gegeben worden ist, daß er ein Versager ist. Selbst wenn seine Eltern ihn schonen, wird er sich vor den Gleichaltrigen schämen. Mit vier Jahren setzt im Kindergarten der Gruppendruck der Gleichaltrigen ein. Vierjährige, die hart an ihrem Erfolg arbeiten, haben ihre Leistungen natürlich im Blick und müssen sie zwangsläufig vergleichen. »Ich mach nicht mehr ins Bett, und du?« »Meine Mama sagt, ich mach das Bett nur noch einmal in der Woche naß.« »Machst du *noch immer* ins Bett? Ich nicht!« Das sind Vergleiche, die Vierjährige sehr häufig anstellen. Der Gruppendruck der Gleichaltrigen, der von dem Kind verlangt, »sauber und trokken« zu sein, zeigt bereits steigende Tendenz.

Mit fünf beginnt das Kind schon deutlich die Sorge der Erwachsenen in seiner Umgebung zu spüren und »versteckt« das Manko. Wenn es damit Erfolg hat, wissen nur die Eltern von seinem Versagen. Doch es kann bei keinem seiner Freunde übernachten. Ein Besuch bei den Großeltern ist ihm ein Greuel, denn dann würden ja auch sie ihn verachten. Es muß seinen Wert auf anderen Gebieten unter Beweis stellen. Der Junge sieht seine Konkurrenzfähigkeit im Sport, in der Schule und in der Gruppe der Gleichaltrigen immer unter dem verzerrenden Blickwinkel dieses Symptoms. Eltern sind bemüht, den Druck zu übergehen oder ihn um des Jungen willen zu verharmlosen. Mrs. Lathams Äußerungen zeigten, daß ihr diese Gefahr bewußt war. Sie wollte ihm helfen, bevor sein ganzes Verhalten darunter litt. Bob spielte in meinem Sprechzimmer, als wir uns unterhielten. Sein Erscheinungsbild wechselte zwischen Besorgtheit und »machohaft« lautem und aggressivem Spiel, während wir über sein nasses Bett sprachen. Seiner Mutter und mir wurde plötzlich klar, daß wir uns darüber besser unter vier Augen unterhalten hätten, obwohl ich häufig feststellen kann, daß ein Kind spürt, wenn seine Probleme hinter verschlossenen Türen besprochen werden, und genauso ängstlich wird, wie wenn es dabei wäre. Aus diesem Grunde bitte ich die Eltern meist, mich am Morgen des geplanten Besuchs anzurufen, damit wir uns unterhalten können, ohne daß das Kind dabei ist. Ich weiß dann, um welche Probleme es geht, kann sie einordnen und dann entscheiden, ob ich sie mit dem Kind erörtern will, wenn es in der Sprechstunde ist. Ein Gespräch in seinem Beisein ist eine Hilfe, wenn man es dadurch ermuntern kann, seine Gefühle zu äußern und ihm ein bißchen das Empfinden zu nehmen, daß es ein Versager ist. Doch wenn seine Abwehrmechanismen zu stark sind und wenn sich die Angst hinsichtlich seiner selbst schon zu sehr festgesetzt hat, kann dieser Versuch scheitern. In Bobs Fall konnte ich nichts sagen, bevor ich ihn untersucht hatte. Als ich mit der Untersuchung begann, hatte er offensichtlich Angst. Während ich sein Herz abhörte und den Leib abtastete, zeigte er sich besorgt: »Ist mit mir alles in Ordnung?« Als ich versuchte, seine Unterhose herunterzuziehen und seinen Penis zu untersuchen, verlor er völlig die Fassung. Er wimmerte und weinte. Krampfhaft hielt er die Unterwäsche fest und kreuzte die Beine, damit ich ihn nicht untersuchen konnte. Bisher war er mir gegenüber stets unbefangen gewesen. Jetzt zeigte er, wie verletzlich er sich fühlte. Unzweifelhaft hatte er das Gefühl, daß er »schlecht« sei und daß »etwas mit ihm nicht stimmte«.

Was ist das für ein grauenhafter Druck für ein Kind von fünf

Jahren! Wie konnte er in einer liebevollen, besorgten Familie entstehen? Mrs. Latham empfand bereits die gleichen Mißerfolgsgefühle wie Bob. Ihre Empfindungen verstärkten sich gegenseitig, ganz gleich, wie sehr Mutter und Sohn sie auf der Ebene des Bewußtseins zu verleugnen versuchten. Wann also sollte sie das Bettnässen ernst nehmen als Störfaktor in der Entwicklung des Jungen? Wann mußte sie ihn auf physische oder psychische Defekte untersuchen lassen, die zu dieser Störung beitragen konnten? Und wie konnte sie ihn beruhigen?

1973 schrieb Ronald MacKeith in London eine Monographie zu physiologischen Aspekten des Bettnässens.* Er war davon überzeugt, daß die Blasen vieler Kinder zu klein sind und jahrelang unterentwickelt bleiben im Vergleich zu den Harnblasen der Kinder, denen die Kontrolle leichtfällt. Diese Jungen (es waren nur wenige Mädchen darunter) mußten tags und nachts häufiger urinieren. Um ihnen die nächtliche Kontrolle zu ermöglichen, schlug MacKeith vor, sie tagsüber zu längerer Verhaltung des Harns zu ermuntern, damit es zu einer »Dehnung der Blase« käme und sie im Wachzustand lernten, den Schließmuskel zu kontrollieren. Diese bewußte Kontrolle sollte auf die Stunden des Schlafes übertragen werden. Bei einigen der Kindern klappte das, bei vielen jedoch nicht. Es blieb eine sehr große Zahl, bei denen alle organischen Entwicklungsverzögerungen überlagert waren von dem psychologischen Faktor des Mißerfolgsgefühls, das sie entwickelt hatten. Die Tageskontrolle ließ sich nicht auf die Nacht übertragen. Zum Unglück für diese Kinder haben wir noch nicht einmal zuverlässige Techniken, mit denen wir feststellen könnten, bis zum welchem Grade ihr Problem organischer Natur ist. Röntgenstrahlen geben keinen hinreichenden Aufschluß, und andere Untersuchungsverfahren, anhand derer sich eine solche organische Unreife ermitteln ließe, haben wir noch nicht. Wenn bei diesen Kindern eine Enuresis

* Kelvin, I., MacKeith, R. C., und Meadow, S. R., »Bladder Control and Enuresis«, *Spastics International*, Monographie Nr. 48/49, 1973.

diagnostiziert wird, haben sie sich wahrscheinlich schon längst als Versager eingestuft.

Grundlagen der Sauberkeitserziehung

Ich habe in meiner Tätigkeit als Kinderarzt stets versucht, dieses Mißerfolgsgefühl *gar nicht erst aufkommen zu lassen.* Das Verfahren, das ich Eltern zu empfehlen pflege, hat sich bei Tausenden von Kindern bewährt. Ein vernünftiger Beginn der Sauberkeitserziehung kann spätere Probleme verhindern. Wenn das Kind 18 Monate alt ist, kann man einen »Topf« als besonderen »Stuhl« des Kindes einführen. Es wird eine sprachliche Beziehung zwischen dem Topf und der Toilette der Eltern hergestellt. Jeden Tag zu einer bestimmten Zeit läßt die Mutter das Kind mit voller Bekleidung auf diesem Sitz Platz nehmen. Die Bekleidung ist erforderlich, damit das unangenehme Gefühl, das der kalte Sitz verursacht, nicht die weitere Bereitschaft des Kindes untergräbt. Während dieser Zeit sitzt die Mutter bei dem Kind, liest ihm vor oder gibt ihm einen Keks. Da es auf einem »Stuhl« sitzt, kann es aufstehen, wann es will. Es darf für das Kind niemals der Zwang oder Druck enstehen, sitzenbleiben zu müssen.

Wenn die »Sitzungen« mindestens eine Woche in dieser Form stattgefunden haben, kann die zweite Phase beginnen: Die Windeln werden abgenommen, aber das Verfahren bleibt das gleiche. Es wird noch immer keinerlei Versuch gemacht, den Stuhl oder Urin des Kindes zu »fangen«. Dieses »Fangen« seines Stuhls könnte es jetzt noch erschrecken und dazu veranlassen, ihn »zurückzuhalten«. Die stufenweise Einführung der Verrichtungen soll dem Kind die Angst vor der Fremdheit und dem Verlust eines Teils seiner selbst ersparen.

Wenn das Interesse an diesen Schritten hergestellt worden ist, kann man das Kind auch ein zweites Mal am Tage auf den Topf setzen, am besten wenn die Windeln schmutzig sind. Sie werden auf dem Topf gewechselt. Die Mutter läßt die schmutzigen Windeln unter ihm in den Topf fallen und zeigt ihm so, welche Aufgabe der Topf eigentlich hat.

Kommen Verständnis und Bereitwilligkeit zusammen, wird das Kind den Topf eines Tages bei einer der routinemäßigen Sitzungen zweckentsprechend verwenden. Von nun an kann es mehrmals am Tag auf den Topf gesetzt werden, um seinen Harn oder Stuhl zu »fangen«, immer vorausgesetzt, daß seine Bereitwilligkeit Bestand hat.

Mit wachsender Leistungsbereitschaft des Kindes kann der nächste wichtige Schritt in Angriff genommen werden. Alle Windeln und Hosen werden für kurze Zeit ausgezogen, der Topf wird dem Kind ins Zimmer oder in den Spielbereich gestellt, und man erklärt ihm, daß es alleine auf den Topf gehen kann, wann es will. Man kann es auch regelmäßig daran erinnern. Allein auf den Topf zu gehen wird für das Kind eine faszinierende Fähigkeit. Deshalb nehmen an diesem Punkt viele Kinder die Funktion völlig in eigene Verantwortung. Man kann spezielle Windelhosen benutzen, dem Kind zeigen, wie sie ausgezogen werden und ihm so die selbständige Kontrolle ermöglichen. Die Freude und der Stolz, die das Kind zeigt, wenn es diese Schritte selbst ausführen kann, sind Grund genug zu warten, bis es dazu fähig ist.

Wenn man einem Jungen zeigt, daß er beim Urinieren stehen kann, so bietet man ihm einen zusätzlichen Anreiz. Er kann sich mit dem Vater und mit anderen Jungen identifizieren und findet darin ein Ventil für seinen normalen Exhibitionismus. Das Urinieren im Stehen lernt der Junge am leichtesten, indem er andere Jungen und Männer beobachtet und nachahmt. Doch sollte man sich diesem Aspekt erst zuwenden, wenn die Sauberkeitserziehung im Hinblick auf den Stuhlgang abgeschlossen ist. Sonst versucht der Junge unter Umständen alle Funktionen im Stehen zu verrichten.

Die Sauberkeitserziehung während des Mittagsschlafs und der Nacht sollte unterbleiben, bis das Kind von sich aus ein Interesse an der Kontrolle seiner Schließmuskel zeigt. Das kann ein bis zwei Jahre später der Fall sein, häufig bemüht sich das Kind aber auch schon, wenn es diese Fähigkeiten am Tage erworben hat. Zeigt das Kind ein Interesse daran, nachts sauber und trocken zu bleiben, können die Eltern ihm helfen, indem sie es am frühen Abend wecken und ihm noch einmal Gelegenheit geben, auf die Toilette zu gehen. Ein mit Leuchtfarbe angestrichener Topf neben dem Bett erweist sich oft als nützlicher »Trick«. Das Kind wird daran erinnert, daß ihm dieser Einrichtungsgegenstand auch zur frühmorgendlichen Benutzung zur Verfügung steht. Einige Kinder, die nachts unbedingt trocken bleiben wollen, müssen von ihren Eltern in den frühen Morgenstunden geweckt werden. Wenn dies nicht geschieht, scheitern sie in ihrem Bemühen, verlieren das Interesse und entwickeln Schuldgefühle wegen ihres Versagens. Das Ergebnis kann »Aufgeben« und Enuresis sein.

Jeder Fortschritt wird als Erfolg des Kindes gefeiert, doch wenn es zum Rückfall kommt, sollten die Eltern das ganze Unternehmen vorläufig abbrechen und das Kind beruhigen. Ihm muß klargemacht werden, daß es nicht »schlecht« ist, weil es sein Vorhaben noch nicht geschafft hat, und daß sich alles ergeben wird, wenn es »so weit« ist. Die Ergebnisse in der Gruppe der Kinder, in der man sich nach meinen Vorschlägen richtete, zeigten, daß die Rate der Mißerfolge (Enuresis, chronische Verstopfungen und psychosomatische »Symptome« im Bereich der Ausscheidungsfunktionen, die in Zusammenhang mit den Methoden der Sauberkeitserziehung stehen konnten) nur 1,4 Prozent betrug. Diese Zahl ist sehr klein, vergleicht man sie mit den Statistiken, die in den Vereinigten Staaten und Europa vorliegen. In den Vereinigten Staaten, wo in der Sauberkeitserziehung nicht ganz soviel Druck ausgeübt wird, tritt Enuresis bei etwa 5 bis 8 Prozent der Jungen auf. In England lagen die Zahlen 1965 bei 15 Prozent. Englischen Autoren zufolge ist dieser Unterschied auf eine zu frühe und zu nachdrückliche Sauberkeitserziehung zurückzuführen, denn die Eltern setzen die Kinder schon im ersten Jahr unter Druck. In den Vereinigten Staaten hat man gelernt, bis zum zweiten Jahr zu warten und sich um das Interesse und die Mitarbeit des Kindes zu bemühen.

Ich bin mir heute sicher, daß der Erfolg im Sauberkeitsbereich eine selbständige Leistung des Kindes sein muß, nicht ein Erfolg der Eltern, die die richtige Technik aussuchen, um es zu »erziehen«. Bis zu dem Zeitpunkt, da das Kind die Sauberkeit als wünschenswert empfindet, werden ihm alle elterlichen Bemühungen als Zwang erscheinen. Wenn man andererseits ein Verfahren entwickeln kann, durch das sich das Interesse des Kindes gewinnen und sich seine zunehmende Unabhängigkeit fördern läßt, wird die Freude am Erfolg zu einem zusätzlichen wichtigen Antrieb für das Kind. In dem Buch *Doctor and Child* habe ich die Eltern aufgefordert, sich ehrlich zu fragen, inwieweit sie selbst unter dem Erwartungsdruck der Gesellschaft stehen, wenn sie sich zu einer frühzeitigen Sauberkeitserziehung ihres Kindes entschließen.

Bei der Entscheidung, ob das Kind reif für diesen Schritt ist, können Eltern auf folgende Punkte achten: (1) der Wunsch, andere nachzuahmen und sich mit ihnen zu identifizieren (1 bis 1½ Jahre); (2) der Wunsch nach Selbständigkeit und die Entscheidung, wo und wann man sich von wichtigen Teilen seiner selbst (wie Urin und Stuhl) trennt – ein Wunsch, der sich mit dem Begriff von der Dauer wichtiger Personen und Gegenstände einstellt (Ende des zweiten Jahres); (3) ein Gefühl für die Ordnung und den angestammten Platz der Dinge (2 Jahre); (4) die motorischen Voraussetzungen, um auf die Toilette zu kommen und wieder herunter (18 bis 24 Monate); (5) die allmähliche Beherrschung des Negativismus und die damit einsetzende Selbständigkeit (Ende des zweiten Jahres); (6) wachsende Bedeutung der Gleichaltrigen und ihrer Leistungen auf diesem Gebiet (2 bis 3 Jahre); und (7) die Fähigkeit, über die komplexen Sachverhalte zu sprechen, die auf diesem Gebiet erforderlich sind, und sie begrifflich zu verarbeiten – das Empfinden für den Stuhl- oder Harndrang und die Fähigkeit, ihn so lange zurückzuhalten, bis der Ort erreicht ist, den die Gesellschaft für solche Funktionen vorsieht (3 bis 5 Jahre). Mit diesen Entwicklungen ist erst Ende des zweiten Jahres zu rechnen. Vorher kann die Sauberkeitserziehung nicht der Initiative des Kindes überlassen werden, sondern muß ihm von anderen aufgedrängt werden.

Dem Kind die Initiative überlassen

Heute sind sich die Eltern in den Vereinigten Staaten sicherlich bewußter als früher, daß sie das Interesse und die Mitwirkung des Kindes brauchen. In den dreißig Jahren meiner Berufstätigkeit sind die Mißerfolge in der Sauberkeitserziehung deutlich zurückgegangen, was mir die Vorteile eines kindorientierten Ansatzes zu belegen scheint. Einige Fachleute bieten Methoden an, »wie ein zweijähriges Kind in vierundzwanzig Stunden zur Sauberkeit erzogen werden kann«, ein Programm negativer Verstärkung, bei dem im Bett des Kindes Signalvorrichtungen angebracht werden, die bei Feuchtigkeit Alarm auslösen, oder ein System positiver Verstärkung, wo das Kind im Erfolgsfalle einen Keks oder einen Bonbon erhält. Das alles sind elternorientierte Programme, die von der Voraussetzung ausgehen, daß es Sache der Eltern ist, für den Erfolg des Kindes zu sorgen. Hat einer der Beteiligten Mißerfolg, haben alle – Eltern und Kind – versagt. Da solche Programme im übrigen voraussetzen, daß sie bei allen anderen Erfolg haben, fühlen sich Familien, die »versagen«, um so unzulänglicher und isolierter.

Alle Eltern sollten sich über ihre Ziele in der Sauberkeitserziehung Klarheit verschaffen, bevor das Kind 18 Monate alt ist. Wenn es ihnen gelingt, sich den Erfolg des Kindes, und nicht den eigenen zum Ziel zu setzen, dann können sie die eigene Beteiligung an dem Prozeß reduzieren. Unser viertes Kind, ein Junge, machte noch mit sechs Jahren ins Bett. Ich war persönlich betroffen und hatte das Gefühl, als Vater versagt zu haben. Ich befürchtete einen bleibenden Schaden für sein Selbstbewußtsein. So »schonte« ich seine Gefühle, indem ich ihm jeden Morgen half, das nasse Laken zu wechseln, womit ich ihm natürlich unterschwellig zu verstehen gab, wie mir wirklich zumute war. Eines Tages meinte der zurückhaltende Sechsjährige: »Warum bist du eigentlich so böse wegen meines Bettnässens, Papa?« Empört erklärte ich: »Das bin ich *nicht*!« Er bekräftigte: »Doch, das bist du!« Er fügte nicht hinzu, was der Wahrheit entsprochen hätte: »Das brauchst du doch gar nicht.« Ich habe das

Thema nie wieder angesprochen. Ich hörte nur auf, ihm zu »helfen«, und nach einer Woche war er nachts trocken. Er hatte mir bewiesen, daß ich genau das machte, was ich anderen seit Jahren als falsch predigte: daß ich *sein* Problem zu *meinem* gemacht hatte.

Wenn das Kind Erfolge zu verzeichnen hat, müssen sie natürlich anerkannt werden, doch zuviel Begeisterung könnte dem ganzen Bereich überproportionale Bedeutung verleihen. Mit anderen Worten, können Sie beurteilen, was Ihr Kind bei Erfolg oder Mißerfolg fühlt? Mir ist klar, daß das ein schwieriger Rat ist, da jedes Kind anders ist und da es keine allgemeingültigen Richtlinien gibt. Doch ein Kind, dessen Reifungsprozeß sich auf diesem Gebiet – physisch oder psychisch – langsam vollzieht, braucht unter Umständen Unterstützung. Vielleicht muß es verstehen, daß es sich langsam – aber sicher – entwickelt. Es ist auf jedem Gebiet schwer, langsamer zu sein als die Altersgenossen. Doch die Erkenntnis, daß man auf einem Gebiet ruhig etwas langsamer sein und die anderen dann doch noch einholen kann, ist erstaunlich tröstlich. Das Kind hat instinktiv das Gefühl, es sei »schlecht«, wenn ihm auf einem Gebiet der Erfolg versagt bleibt. Da kann die Einsicht, daß diese Tatsache ungewöhnlich ist und möglicherweise auch Schwierigkeiten bereitet, aber keinesfalls *schlecht* ist, sicherlich von großer Bedeutung sein. Man muß dem Kind, das noch ins Bett macht, unbedingt die Erkenntnis vermitteln, daß der Erfolg zwar in seinem Fall länger auf sich warten läßt, daß er aber bestimmt kommen wird und daß jedes Kind eben sein eigenes Tempo hat.

Wenn man einen solchen Jungen für seinen Reifungsprozeß und seine Leistungen auf anderen Gebieten lobt, so kann das eine zwar indirekte, aber doch bedeutsame Art und Weise sein, ihm zu helfen. Wie bei vielen der Probleme, die wir erörtert haben, sollte man den Jungen und Mädchen lieber mehr Gelegenheit geben, sich mit dem gleichgeschlechtlichen – und auch jeweils dem gegengeschlechtlichen – Elternteil zu identifizieren. Wahrscheinlich würde man damit mehr erreichen als mit allen Bemühungen, die dem Symptom selbst gelten.

Richtlinien

Wenn das Kind signalisiert, daß es bei dem Versuch, nachts trokken zu bleiben, Ihre Hilfe wünscht, so gibt es ein paar Maßnahmen, die helfen könnten. Es sind keine Zaubermittel, und man hüte sich vor dem Glauben, der Erfolg des ganzen Unterfangens könnte von ihnen abhängen.

1. Die Eltern können das Kind wecken, bevor sie zu Bett gehen, damit es noch einmal Wasser läßt. Es muß selbst aufstehen und auf den Topf oder die Toilette gehen. Es nützt nichts, wenn man das noch halb schlafende Kind dorthin bringt und es seine Blase entleeren läßt. Wenn es den festen Vorsatz hat, lernt es, von alleine wach zu werden. Man kann es dann darauf hinweisen, daß auch der frühe Morgen ein geeigneter Zeitpunkt wäre, um wach zu werden. Ein Wecker oder Radio mag hilfreich sein, obwohl ich selten erlebt habe, daß sie von Nutzen waren. Wenn das Kind wirklich die Absicht hat, wach zu werden, sobald es eine volle Blase hat, wird es das auch aus tiefstem Schlaf schaffen.
2. Wenn sich der Vater mit dem Kind auf den Weg macht, um einen Nachttopf zu kaufen, der ans Bett gestellt wird, so symbolisiert das die Bereitschaft des Vaters, dem Kind bei diesem schwierigen Schritt zu helfen. Gemeinsam können sie ihn mit Leuchtfarbe bestreichen, die auch nachts zu sehen ist. Wenn der Vater es nachts weckt, kann es diesen Topf benutzen, so daß ihm der Weg zum Badezimmer erspart bleibt. Allerdings darf das auf keinen Fall zu einem weiteren Zwang werden.
3. Unauffällig muß verhindert werden, daß das Kind zu starke Schuldgefühle entwickelt – etwa indem ihm die Windeln so lange gelassen werden, bis es wirklich bereit ist, trocken zu bleiben. Es ist peinlich, wenn man feststellen muß, daß man das Bett naß gemacht hat, ohne es zu merken.
4. Wenn das Kind darüber sprechen möchte, können die Eltern seine individuelle Entwicklung erörtern, die Zwänge, denen es unterliegt, und organische Reifungsverzögerungen der Blase, die einen Erfolg auf diesem Gebiet verhindern. Wenn es ein

echter Dialog ist, kann das Gespräch überaus beruhigend für das Kind sein. Die Eltern können ihm durch ihre Haltung und ihren Tonfall zeigen, daß sie keine Angst haben. Das kann sehr tröstlich für das Kind sein, das allzusehr dazu neigt, sich mit seinen erfolgreicheren Altersgenossen zu vergleichen.

5. Wir alle müssen eine neue Einstellung zu dem »magischen« Wendepunkt des fünften oder sechsten Jahres gewinnen. Aus diesem erwachsen viele gesellschaftliche Zwänge für Kinder, deren Reifungsprozeß aus physischen oder psychischen Gründen langsamer verläuft – und noch mehr Zwänge für die Eltern. Wir dürfen Erfolge oder Mißerfolge in der Entwicklung des Kindes nicht so bewerten, daß darunter seine Zukunft leidet. So dürfen wir nicht zulassen, daß sich ein Kind der Gesellschaft gegenüber als Versager vorkommt, weil es sich mit dem Symptom des Bettnässens auseinanderzusetzen hat, wenn man daraus doch ebensogut einen Anlaß für Leistungsfreude und Stolz machen könnte.

Kapitel 14
Ein Sonderfall des Zuhörens: Das Kind im Krankenhaus

»Tommy müssen nächste Woche die Polypen herausgenommen werden. Er hat Angst, und ich habe Angst. Wie bereite ich ihn vor? Muß ich es überhaupt? Soll ich versuchen, bei ihm zu bleiben? Auf was muß ich mich gefaßt machen, wenn er nach Hause kommt? Wird er böse und schwierig sein? Ich könnte weinen, wenn ich nur daran denke!«

Mrs. Landis war eine ernsthafte, tüchtige junge Mutter, die für ihre Kinder das beste wollte. Tommy war fünf Jahre alt und hatte so viele Ohrengeschichten und Probleme mit entzündeten Mandeln und Polypen hinter sich, daß wir alle verzweifelt waren. Den ganzen Winter über hatte er Antibiotika bekommen, weil eine Ohrinfektion auf die andere folgte. Er sah blaß und erschöpft aus. Infolge der vergrößerten Polypen konnte er nicht mehr durch die Nase atmen, und nachts wurde das Haus von seinem Schnarchen erschüttert. Wenn man ihn ansprach, verstand er kaum etwas. Jetzt saß er ruhig auf einem Stuhl in der anderen Ecke des Sprechzimmers und schien sich damit abgefunden zu haben, krank zu sein und von den Gesprächen in seiner Umgebung nichts mitzubekommen. Er war nur noch ein trauriger Schatten des gesunden, fröhlichen Kindes, das ich vom letzten Jahr kannte. Trotz all unserer Versuche, eine Operation zu vermeiden, sah es jetzt so aus, als ließe es sich nicht umgehen, die riesigen Polypen zu entfernen, die seine Atmung behinderten und die Innerohrkanäle blockierten. Seine verzweifelten Eltern waren bereit, alles zu tun, um eine Wiederholung des Winters zu verhindern, den wir gerade hinter uns hatten. Sogar Tommy, der sich danach sehnte, wieder gesund zu sein, schien zu verstehen, daß es keine andere Möglichkeit gab als die Operation. Seine ruhige Passivität hätte einem sehr viel älteren Menschen besser zu Gesicht gestanden, der geduldig auf Besserung wartet – *ganz gleich*, mit welchen Mitteln.

Das Krankenhaus als positives Erlebnis

In Mrs. Landis Fragen spiegelten sich die Sorgen einer klugen, liebevollen Mutter, die sich und das Kind auf das traumatische Erlebnis vorbereiten wollte, das die Einweisung ins Krankenhaus bedeutete. Dank einer Reihe englischer Autoren wie John Bowlby und den Robertsons wissen wir ziemlich genau, wie sehr das Gefühlsleben eines Kindes unter einem Krankenhausaufenthalt leiden kann. Die Trennung von den Eltern und dem Zuhause sowie Krankheit und Schmerzen können der Entwicklung des Kindes unter Umständen schweren Schaden zufügen. In den letzten Jahren haben sich die Kinderkrankenhäuser deshalb tiefgreifend gewandelt. Eltern dürfen auf den Kinderstationen bleiben, und man hat Programme entwickelt, die den emotionalen Bedürfnissen der Kinder gerecht werden sollen. So versucht man, die potentiellen psychischen Auswirkungen von Krankheit und Trennung zu mildern. Amerikanische Eltern haben sich in Organisationen wie *Parents Concerned for Hospitalized Children* oder *Children in Hospitals* * zusammengeschlossen, um dafür zu sorgen, daß in den Krankenhäusern die Kinder nach ganzheitlichen Gesichtspunkten behandelt werden, daß also auch ihre Reaktionen auf die Tatsache, daß sie krank sind und im Krankenhaus liegen, berücksichtigt werden, statt daß man sich wie bisher nur um die Krankheit kümmert.

Unausgesprochen klang in Mrs. Landis Fragen die Überzeu-

* Diesen Initiativen vergleichbar ist hier am ehesten die Aktion »Kind im Krankenhaus« (Kontaktadresse: Chr. Grafensohn, Vor dem Kirchforst 1, 6204 Taunusstein 4).

gung an, daß sie Tommy den Schock ersparen könnte, wenn sie das richtige täte. Ich stimmte ihr da völlig zu und versicherte ihr, nach meiner Meinung könne ein Kind sogar sehr viele positive Dinge aus einer Operation und einem Krankenhausaufenthalt lernen, wenn man sich richtig verhält. Vieles von dem, was Kinder über sich selbst lernen, erfahren sie in schwierigen Situationen. Wenn ein Kind die Erfahrung macht, daß es Schmerzen aushalten, daß es sich mit der Trennung von Zuhause und mit einem fremden, furchteinflößenden Ort abfinden kann, daß es eine Zeitlang allein zurechtkommt, daß Ärzte und Schwestern ihm helfen wollen, auch wenn sie ihm manchmal weh tun, und daß es ihm durch die Operation besser geht – dann kann all dies zu einem positiven Abschnitt des Lernprozesses werden, der das Kind befähigen soll, seine Welt zu meistern. Ich bin davon überzeugt, daß sogar Kleinkinder durch ein solches Erlebnis Vertrauen zu sich selbst und zu den Menschen in ihrer Umgebung gewinnen können und das auch tatsächlich tun.

Wir haben nicht nur festgestellt, daß wir traumatische Reaktionen auf Trennung und Schmerzen im Krankenhaus vermeiden können, wenn Kleinkinder in geeigneter Form darauf vorbereitet werden, sondern wir waren auch beeindruckt von dem Umstand, daß viele Kinder das Krankenhaus zu einer positiven Erfahrung zu machen verstehen. Wenn solch ein Kind die Zeit gut übersteht und sie – mit seelischer Unterstützung – verarbeitet, so kann es daraus unter Umständen das Gefühl gewinnen, es habe *selbst* etwas geschafft. Mit anderen Worten, das Kind kann die Erfahrung als persönlichen Erfolg begreifen. Dazu müssen wir dem Kind verhelfen.

Bereiten Sie das Kind vor

Es ist wichtig, daß die Erwachsenen dem Kind so gut helfen, wie sie können, und Mrs. Landis wußte das. So konnte ich ihr die erste Frage ohne Zögern beantworten. Natürlich sollte und mußte sie Tommy so eingehend wie möglich vorbereiten. Sie sollte ihm über das, was ihn erwartete, alles erzählen, was sie selbst wußte. Die meisten amerikanischen Kinderkrankenhäuser geben Broschüren heraus, die in allen Einzelheiten berichten, was für Maßnahmen in den verschiedenen Fällen zu erwarten sind. Diese Broschüren sind sehr anschaulich und erklären Mutter und Kind, welche Schritte vor einer Krankenhauseinweisung erforderlich sind. Nun müssen die Eltern näher auf die Einzelheiten eingehen und beschreiben, was das Kind in seinem speziellen Fall erwartet. Wenn die Eltern es nicht wissen, sollten sie den Chirurgen anrufen, um es von ihm zu erfragen. Für das Kind ist es ungeheuer wichtig, daß es *von den Eltern* auf jeden dieser Schritte vorbereitet wird.

Mein Wunsch wäre, daß alle Krankenhäuser Besuche für Kinder ermöglichen könnten, denen eine Einweisung bevorsteht. Wir praktizieren dies am Children's Hospital in Boston bereits mit ausgezeichnetem Erfolg. Wenn Kinder das furchteinflößende Umfeld vor der Zeit in Augenschein nehmen können, so kann dies, vor allem in Begleitung der Eltern, sehr beruhigend auf sie wirken. Wir wissen, daß Kinder, die sich einer Herzoperation unterziehen müssen, den kritischen postoperativen Zeitraum sehr viel besser überstehen, wenn man ihnen vorher ein Sauerstoffzelt gezeigt und ihnen erlaubt hat hineinzukrabbeln, wenn man sie in ein Krankenzimmer und ein Behandlungszimmer geführt *und* wenn man sie mit einem Kind zusammengebracht hat, das eine solche Operation schon hinter sich hat und sich auf dem Wege der Besserung befindet. Sie können mit der Angst und den Schmerzen leichter fertig werden, wenn sie sich mit jemandem identifizieren können, der all dies durchgemacht hat. Auch Kindern, denen es nicht so schlecht gehen wird wie denen, die gerade eine Herzoperation hinter sich haben, wird es guttun zu wissen, was sie erwartet, und daß andere es gut überstanden haben. Ich erinnere mich an einen völlig verschreckten kleinen schwarzen Jungen, der aufrecht in seinem Bettchen saß und sich hin und her wiegte, den Daumen im Mund und im Arm ein Kleidungsstück der Mutter, das sie ihm dagelassen hatte. Während er sich so wiegte und wimmerte, gab er einen leisen

Singsang von sich. Als ich mich hinunterbeugte, um den Wortlaut zu verstehen, hörte ich: »Meine Mama hat mir gesagt, was passieren wird.« Tatsächlich hatte sie ihm einige der Dinge beschrieben, die er zu erwarten hatte, aber nicht alle. Doch die Tatsache, daß sie ihn auf einige davon vorbereitet hatte, genügte, um ihn die Zeit ihrer Abwesenheit überstehen zu lassen. Er klammerte sich an diejenigen ihrer Worte, die er im Gedächtnis behalten hatte, und an ihren Schal – und das ersetzte ihm ihre Gegenwart. Die vorbereitenden Gespräche erwiesen sich als entscheidende Hilfe zu dem Zeitpunkt, da der Junge sich mit dem Krankenhaus und dem postoperativen Zustand abfinden mußte. Als er dann wieder nach Hause kam, durfte die Mutter zwar nicht aus seinem Blickfeld verschwinden. Aber er hatte eine bemerkenswerte Entdeckung gemacht. Er erinnerte sich später, daß sie die »meiste Zeit« dagewesen sei.

Unser Boston Children's Museum hat eine beliebte Ausstellung – eine Art Vorbereitung für die vielen hundert Kinder, die ohne Vorwarnung ins Krankenhaus eingeliefert werden müssen. Die Ausstellung umfaßt eigentlich nicht mehr als ein Krankenhausbett, eine Reihe weißer Kittel und ein paar Stethoskope, so daß die Kinder in einem Krankenhauszimmer Arzt und Kranker spielen können. Das Zimmer ist stets überfüllt, und immer gibt es dort irgendein Kind, das den ehrfürchtig lauschenden Kameraden stolz von seinen Krankenhauserfahrungen berichtet. Ich bin sicher, daß selbst eine so dürftige Ausstellung wie die unsere zu einer außerordentlich tröstlichen Erinnerung wird für ein Kind, das mit Schmerzen in ein Krankenhaus eingeliefert werden muß.

Mrs. Landis zuckte gequält zusammen, als ich erwähnte, sie müsse Tom auf die Spritzen vorbereiten und die Halsschmerzen nach der Operation. »Aber mache ich ihm dann nicht erst recht Angst, wenn ich ihm das vorher erzähle? Ist es nicht leichter, ihn hinterher zu trösten und ihm *dann* zu helfen?« Richtig sei, so sagte ich, es ihm nicht zu früh zu erzählen (höchstens einen Tag vorher). Doch wenn sie die eigene Angst bezüglich der unvermeidlichen Ereignisse unterdrücken könne, würde ihm später die Erinnerung an ihre Erklärungen helfen. Das Unbekannte und

Unerwartete ist für Kinder viel erschreckender als die Furcht vor Schmerzen, auf die man sie vorbereitet hat, auch wenn sie anfangs heftig protestieren mögen. Abgesehen davon, daß die Angst durch die sorgfältige Vorbereitung auf jede ärztliche Maßnahme verringert wird, wird das Vertrauen des Kindes in die Fähigkeit der Eltern, ihm Schutz zu bieten, größer werden, wenn es sieht, daß sie sich von diesem unbekannten, neuen Ereignis nicht überwältigen lassen.

Bei einer Stichprobe von Eltern, die Kleinkinder zu einer stationären Behandlung ins Boston Children's Hospital brachten und die man aufgefordert hatte, ihre Kinder mit Hilfe einer von dem Krankenhaus herausgegebenen Broschüre vorzubereiten, stellten wir fest, daß nur 15 Prozent der Eltern ihren Kindern die Broschüre vorgelesen hatten. Wir versuchten festzustellen, warum diese anscheinend gutwilligen Eltern den Rat, ihre Kinder vorzubereiten, in den Wind geschlagen hatten. In jedem Falle gaben sie nach einigem Zögern zu, daß sie selbst den Gedanken an die bevorstehende Trennung und das Trauma nicht ertragen und deshalb dem Kind gegenüber jedes Gespräch über dieses Thema vermieden hätten. Da wir wußten, wie wichtig es für das Kind war, mit den Eltern darüber zu sprechen, sorgten wir dafür, daß ein Mitglied unserer Arbeitsgruppe bei den Eltern saß, während sie dem Kind – oft mit Tränen in den Augen – die Broschüre vorlasen. Die Vorteile, die das Kind davon hatte, wenn es hinterher auf der Kinderstation des Krankenhauses lag, waren so augenfällig, daß wir heute alle Eltern dazu anhalten, ihre Kinder vorzubereiten. Wenn Kinder auf solche Weise von den eigenen Eltern vorbereitet werden, haben sie weniger Angst und ziehen sich auch nicht so leicht von ihrer Umgebung zurück. Im Krankenhaus und nach der Rückkehr in die häusliche Umgebung essen, schlafen und erholen sie sich besser.

Ich forderte Mrs. Landis auf, möglichst viele Einzelheiten herauszufinden – was Tommy tun müßte, wo er liegen, welche Medikamente und welche Narkose er bekommen würde, wie lange er bleiben würde. Sie versprach mir, ihm soviel wie möglich darüber zu erzählen – am Tage vor seiner Einweisung. Wenn er ihr

Fragen stellte – was wir hofften –, sollte sie sie ihm so wahrheitsgemäß und eingehend beantworten, wie sie konnte. Ich bat sie, mich anzurufen, wenn sie das Gefühl hatte, daß ihr Entschluß ins Wanken geriet, damit ich ihr ins Gedächtnis rufen konnte, wie wichtig es für Tommy war.

»Kann ich für ihn noch andere Vorbereitungen treffen, die ihm vielleicht helfen?« Tommy hatte einen über alles geliebten Teddybären, der verschlissen und voller Löcher war und seine Füllung verlor. Ich riet ihr, ihn zu waschen und zu stopfen, so daß er seine Füllung nicht überall im Krankenhausbett verstreuen würde. Das Krankenhauspersonal würde ihn hoffentlich als wichtigen Helfer in der Not für Tommy respektieren. Dinge, die dem Kind wichtig sind – seine Kleidung oder auch ein Bild der Familie –, können in solcher Zeit ein großer Trost für das Kind sein.

Eltern im Krankenhaus

Ihre Frage, ob sie bei ihm im Krankenhaus bleiben sollte, beantwortete ich mit aller Entschiedenheit: »Natürlich müssen Sie das. In dieser Zeit braucht das Kind ein besonderes Maß an Sicherheit und Trost. Und warum soll Tommy die nicht von Ihnen und seinem Vater bekommen?« Sie erwiderte, daß in dem Krankenhaus, in das Tommy eingeliefert werden sollte, die Eltern nicht erwünscht waren. Es heiße dort, die Schwestern und Ärzte wüßten am besten, wie man ein krankes Kind zu behandeln habe, und Eltern störten oft nur, weil sie zu nervös und ängstlich seien und die eigene Angst auf das Kind übertrügen. Das Pflegepersonal habe sogar festgestellt, daß die Kinder häufiger weinten, wenn die Eltern dagewesen seien, und daß sie ruhiger und ausgeglichener seien, wenn sie keinen Elternbesuch bekommen hätten. Da es sich nur um einen kurzen Zweitageaufenthalt handelte, war die Krankenhausleitung der Meinung, es sei besser für das Kind, wenn es alleine bliebe und sich erholte. Als ich Mrs. Landis fragte, was sie davon halte, sagte sie: »Nun, ich kann das einfach nicht glauben. Aber es ist *meine* Schuld, daß Tommy so oft krank war, und da erholt er sich vielleicht wirklich besser, wenn er von tüchtigem Krankenhauspersonal betreut wird. Ich würde sicherlich nicht wissen, wie ich ihn pflegen muß. Er würde bestimmt viel mehr weinen, wenn ich da wäre. Deshalb haben mich die Argumente der Ärzte dort überzeugt – bis ich mit Ihnen gesprochen habe. Jetzt habe ich ein schlechtes Gewissen, daß ich nicht darum gekämpft habe, bei Tommy bleiben zu können.«

In dieser ziemlich traurigen Hinnahme der Krankenhausanordnungen entdeckte ich all die ohnmächtigen Schuldgefühle der Mütter, die sich für jede Krankheit ihres Kindes verantwortlich fühlen. Ich habe den Eindruck gewonnen, daß sich fürsorgliche Mütter für alles verantwortlich fühlen, was ihren Kindern zustößt, ob sie nun tatsächlich daran schuld sind oder nicht. Zu der Fürsorge, die man einem Kind entgegenbringt, gehört das Gefühl, daß für alles, was schiefgeht, der Erwachsene verantwortlich ist. Sehr häufig – so auch in Mrs. Landis Fall – entspricht dieses Gefühl der Schuld und Unzulänglichkeit nicht den Tatsachen. Unter Umständen hindert es die Eltern auch, notwendige Schritte für das Kind zu unternehmen. Ein solches Gefühl der Hilflosigkeit ist natürlich verständlich, wenn die Mutter es mit der Übermacht eines sachkundigen Krankenhauspersonals zu tun hat, das sich ihre Gefühle der Schuld und Unzulänglichkeit zunutze macht. Väter empfinden das gleiche. Da kann es dann passieren, daß Eltern angesichts solcher Gefühle auch überreagieren und mit dem medizinischen Personal herumstreiten, das noch nicht einmal den Versuch macht, sie zu verstehen. Unter diesen Umständen können Eltern tatsächlich zu einem Problem auf den Krankenstationen und zu einem Hindernis für die optimale Pflege ihres Kindes werden. In Krankenhäusern, wo das Personal geschult ist, diese völlig natürlichen und gesunden Gefühle ohnmächtiger Eltern zu verstehen, und wo man Vorkehrungen getroffen hat, um die Eltern in die Pflege des kranken Kindes einzubeziehen, können die eben noch so »hilflosen« Eltern zu einem Faktor werden, der bei dem Heilungsprozeß des Kindes äußerst positiv zu Buche schlägt. Die Abteilung für Elternbeteiligung des Riley Children's Hospital in Indianapolis hat nicht nur die Krankenhauskosten um die Hälfte verringert, sondern die Kinder erholen sich auch rascher, und die Eltern *lernen* es, ihr krankes Kind zu pflegen, während es (und sie) sich unter der beruhigenden Aufsicht eines verständnisvollen medizinischen Personals befindet. Natürlich haben die Eltern Angst und fühlen sich ungeschickt und hilflos angesichts ihres kranken Kindes, aber mit ein bißchen Hilfe lernen sie durchaus, mit dieser Situation fertig zu werden. Die Vorteile für das kranke Kind liegen auf der Hand – es hat nicht nur die Eltern bei sich, sondern es erlebt sie auch in der vertrauten Rolle derer, von denen es Zuwendung und Pflege erhält. So lebt in seiner Vorstellung unter Umständen das gesunde Selbstbild fort, statt durch das eines Kranken ersetzt zu werden. Sicherlich wird es die Krankheit besser bewältigen.

Ich glaube *nicht*, daß Kinder sich besser bei Fremden erholen, mögen dies auch noch so gute Fachleute sein. Ich glaube nicht, daß Eltern ihre Angst auf das Kind übertragen, es sei denn, man bietet ihnen kein anderes Ventil. Das Krankenhauspersonal muß die Angst erkennen und den Eltern helfen, mit ihr fertig zu werden. Ich bin sicher, daß es Kindern, die sich schlecht fühlen oder Schmerzen haben, nichts schadet, wenn sie weinen. Manchmal denke ich sogar, daß es ihnen in solchen Situationen gut tut. Weinen regt Kreislauf und Atmung an und beschleunigt möglicherweise den Heilungsprozeß. Außerdem gibt es ihnen das Gefühl, sie täten etwas gegen ihre üble Lage, sie könnten protestieren und auf Tröstung hoffen. Wenn sie Trost bekommen und sich allmählich erholen, so meinen sie vielleicht, es liege auch an ihrem Protest. Protest ist ein gesunder Mechanismus. Der namhafte englische Kinderanalytiker John Bowlby nannte drei kindliche Reaktionsphasen bei Krankheit und Krankenhausaufenthalt: (1) Protest; (2) Verzweiflung – oft bei Kindern, die »zu brav« sind und alles, was an sie herangetragen wird, zu bereitwillig hinnehmen; und (3) Apathie und schwere Depression – Kinder, die sich buchstäblich zur Wand drehen, fort von der gefährlichen, unfreundlichen Umgebung. Diese drei Stadien der Reaktion auf eine überwältigende Situation kennzeichnen einen immer ernster werdenden Zustand. Anhand ihrer läßt sich vorhersagen, wie das Kind das traumatische Erlebnis überwinden wird. Kinder, die Stadium 3 erreicht haben, werden nach Abklingen der organischen Krankheit ernste psychopathologische Symptome zeigen – schweres Bettnässen, Ängste, Depressionen usw. Bei den Kindern in Stadium 2 kann die Einstellung zur Umwelt einen schweren Knacks bekommen. In der Regel geben sie sich für alles, was geschieht, die Schuld, als sei es eine Strafe für ihre Schlechtigkeit. Eine Vierjährige mit Gelenkrheumatismus erklärte mir, sie wäre niemals krank geworden und ins Krankenhaus gekommen, wenn sie brav gewesen wäre. Diese Art der Selbstbestrafung in der Kindheit kann im Erwachsenenalter zu schweren emotionalen Verkrüppelungen führen. Solange ein Kind protestiert, um sein Recht kämpft, weint, wenn es kann, verhält es sich nach meiner Überzeugung auf die gesündeste Art, die sich denken läßt. Sicherlich wird es das traumatische Ereignis so am ehesten ohne allzu großen seelischen Schaden überstehen.

Wenn man Mrs. Landis in dem Krankenhaus mitgeteilt hat, daß zwei Tage zu kurz seien, um Schaden anzurichten, so bin ich ganz anderer Meinung. Für ein Kind ist jede Trennung – zumal wenn sie unter so erschreckenden und schmerzhaften Umständen stattfindet – zu lang und muß deshalb mit großer Behutsamkeit behandelt werden. Ich bat Mrs. Landis deshalb, darauf zu bestehen, daß sie bei Tommy bleiben dürfe. In den meisten Krankenhäusern ist man sich heute bewußt, wie veraltet manche Vorschriften sind – wozu auch das Fernhalten der Eltern gehört. Sie sollten unbedingt zu bleiben versuchen, auch ohne ein Bett oder ein Zimmer im Krankenhaus zu bekommen. Die Mutter kann die Nacht auf einem Stuhl verbringen und sich vom Vater ablösen lassen. In Tommys Fall brauchte die Mutter die zweite Nacht möglicherweise gar nicht mehr im Krankenhaus zu bleiben, wenn sich das Kind erst einmal an das Krankenhaus gewöhnt hatte. Aber ich forderte sie auf, sich die Entscheidung offenzuhalten und sie nicht dem voreingenommenen Krankenhauspersonal zu überlassen. Ich bereitete sie darauf vor, daß die Leute im Krankenhaus ihr wahrscheinlich auch weiterhin wenig freundlich begegnen und sie nicht an Tommys Pflege beteiligen würden. Aber auch wenn sie zwei Tage lang aller Verantwortung als Mutter enthoben wäre, würde ihre tröstliche Gegenwart doch von lebenswichtiger Bedeutung für ihn sein. Wenn sie dem Krankenhauspersonal beweisen könnte, daß sie ein Trost für das Kind sei und die Leute dort nicht an ihrer Arbeit hindere, so würde sie vielleicht die künftige Elternpolitik des Krankenhauses verändern. Es ist sicherlich an der Zeit, daß alle Krankenhäuser ihre Besuchsvorschriften für Eltern überdenken. Ich finde, wir wissen heute genug über die kindlichen Reaktionen auf Trennung und Krankenhausaufenthalt, um Eltern grundsätzlich die Möglichkeit zu geben, bei ihren Kindern bleiben zu können, statt uns weiterhin an vordergründig praktischen und nützlichen Gesichtspunkten zu orientieren. Natürlich gibt es viele Situationen, in denen Eltern nicht bleiben können – etwa wenn eine Mutter noch weitere Kleinkinder hat, für die sie keinen Babysitter findet. Oder wenn ein Kind für lange Zeit ins Krankenhaus muß; dann wäre die ständige Anwesenheit eines Elternteils im Krankenhaus eine zu große Belastung für die übrige Familie – finanziell wie psychisch. In diesen Fällen gibt es andere Möglichkeiten, dem Kind bei der Überwindung der Krise zu helfen. Man kann auf den Stationen für Ersatzmütter sorgen, Großeltern oder Ersatzgroßeltern *, Erzieherinnen, die bemüht sind, das Kind für therapeutische Spiele zu interessieren, die sich mit dem Problem von Krankheit und Trennung beschäftigen. Alle Beteiligten müssen um die seelische Gesundung des Kindes genauso bemüht sein wie um die körperliche.

Wenn eine Mutter nicht die ganze Zeit anwesend sein kann, muß sie das Kind auf ihr Weggehen vorbereiten. Sie sollte dem

* In der BRD gibt es verschiedene Organisationen (z.B. den »Kinderschutzbund«, die »Grünen Schwestern«), deren Mitglieder Kinder im Krankenhaus betreuen.

Kind auch sagen, wann sie zurückkommt, und das nach Möglichkeit auch einhalten. Wenn sie geht, sollte sie ihm ein »Schmuseobjekt« dalassen oder irgend etwas anderes, an das sich das Kind halten kann. Sie kann versuchen, jemanden zu holen, der dem Kind über den akuten Trennungsschmerz hinweghilft. Wenn sie zurückkommt, kann sie dem Kind helfen, künftige Trennungen gefaßter zu ertragen, indem sie es daran erinnert, daß sie ihr Versprechen gehalten hat: »Da bin ich!«

Die Mütter sind häufig selbst so hilflos, daß sie dazu neigen, ihre Kinder ohne Vorwarnung im Stich zu lassen. Das ist dem Kind gegenüber nicht fair. Wenn das Kind eine solche Situation allein bewältigt, kann das eine positive Lernerfahrung sein – doch nur, wenn sie in eine vertrauensvolle Beziehung eingebettet ist. Wer das Kind anlügt oder in dieser Situation unvermittelt im Stich läßt, wird gewiß kein Vertrauen für die Zukunft schaffen.

Unterschiede je nach Alter

Die Sorgen und Befürchtungen des Kindes, das ins Krankenhaus muß, hängen auch vom Alter ab. Für Kinder unter fünf oder sechs Jahren kann die Trennung von zu Hause und von den Eltern schlimmer sein als Schmerzen und Krankheit. Die Trennung verstärkt die Angst, und entsprechend verringert sie sich durch die Anwesenheit von Mutter oder Vater. Ab vier Jahren gewinnt die Angst vor Beschädigung oder Verletzung zunehmend an Bedeutung. Die Anwesenheit der Eltern gibt dem Kind unter Umständen das Gefühl, da sei jemand, der es vor Verstümmelung bewahren kann. Wenn das Kind in die Voradoleszenz kommt, ist die Anwesenheit der Eltern vielleicht nicht mehr annähernd so wichtig wie die Bemühungen des Krankenhauspersonals, ihm die Angst vor körperlichem Schaden zu nehmen. Bei älteren Kindern sind Programme, die das Selbstbild der Kinder stärken und ihnen das Gefühl geben, daß sie die Situation beeinflussen können, von entscheidender Bedeutung. In Tommys Alter kann sowohl die Angst vor Trennung als auch die vor körperlichem Schaden zum Tragen kommen. Wenn die Eltern ihm bei seiner Angst vor Verstümmelung oder dem Verlust eines Teils seiner selbst helfen wollen – also auch bei der Angst vor einer Operation, die einen solchen Teil entfernen soll –, dann müssen sie sich klarmachen, daß die Sorge des Kindes in erster Linie der Frage gilt, ob es intakt bleibt. Das müssen sie offen ansprechen, um dem Kind den Unterschied klarzumachen zwischen seinen Ängsten und der Wirklichkeit, die darin besteht, daß es einen völlig überflüssigen Teil seiner selbst verloren hat.

Reaktionen auf das Krankenhaus

Die übrigen Fragen von Mrs. Landis waren schwerer zu beantworten, jedenfalls bevor das Kind wieder zu Hause war. Jedes Kind reagiert auf ein solches Erlebnis anders. Vielleicht ist es böse, wenn es nach Hause kommt, und dankt den Eltern ihre Bemühungen, es zu trösten und zu beruhigen, mit Groll und Zurückweisung. Mrs. Landis war besorgt, daß Tommy sich gegen sie wenden könnte, und ich befürchtete, daß sie sich darüber sehr aufregen würde. Deshalb versuchte ich ihr zu erklären, daß er keine andere Möglichkeit hatte, seiner Angst und seiner aufgestauten Wut Luft zu machen. Im Krankenhaus können Kinder sich zwar heftig wehren und protestieren, aber sie werden ihre Gefühle nur selten offen zeigen. Erst wenn sie wieder zu Hause und von den Bezugspersonen umgeben sind, bei denen sie sich am sichersten fühlen – den Eltern –, wagen sie einen offenen Gefühlsausbruch. Das ist gesund und kann den Eltern zeigen, wie ihren Kindern zumute ist. Auch wenn sie solche Wutausbrüche richtig einordnen, sind sie unter Umständen verletzt, weil sie schwer einsehen können, daß sie eine solche Wut für ihre Bemühungen verdient haben, dem Kind über die schwere Zeit hinwegzuhelfen.

Viele der Reaktionen, die Tommy zeigen wird, lassen sich unter der Bezeichnung »Regression« zusammenfassen. Vielleicht fängt er an, sich wie ein Baby zu verhalten: Er weint viel mehr als sonst und hängt sich an den Rockzipfel der Mutter oder beider Eltern; vielleicht schlägt er den jüngeren Bruder heftiger und hemmungsloser; er macht wieder ins Bett oder lutscht am Daumen; er möchte getragen oder gewiegt werden wie zu Zeiten, da er viel jünger war. Solch regressives Verhalten ist völlig normal und dient einem konkreten Zweck. Wenn Tommy auf eine frühere Verhaltensebene zurückkehrt, spart er Energie und erhält mehr Aufmerksamkeit von den Menschen in seiner Umgebung. Mrs. Landis wird sein Verhalten richtig einordnen müssen. Sie wird eine Zeitlang darauf eingehen, das Kind trösten und ermutigen müssen, bis es seine Erlebnisse aufgearbeitet hat und sich wieder in der Lage fühlt, seine Entwicklung fortzusetzen. Bei Bestrafung wird das Kind die babyhaften Verhaltensweisen sicherlich ablegen, doch auf höchst ungesunde Weise. Es wird die Gefühle vor sich selbst verstecken, so daß sie im verborgenen weiterwirken und viel Schaden anrichten können. Tommy braucht Hilfe und Ermutigung, um sein angeschlagenes Selbstbild zu restaurieren. In einer Untersuchung an normalen Kindern stellte sich heraus, daß sich mehr als 50 Prozent der Kinder nach einem Krankenhausaufenthalt – auch wenn er nur ganz kurz war – ein halbes Jahr lang regressiv verhielten. Es ist normal und gesund, wenn Kinder einen Schritt zurück tun, um Energie zu sammeln für die nächsten Schritte nach vorn.

Ich bat Mrs. Landis, auch nach der Rückkehr mit Tommy über seine Erlebnisse zu sprechen und ihm zu helfen, sie im Spiel und, wenn er könne, im Gespräch zu verarbeiten. Vor allem müßten sie und ihr Mann sich darauf einstellen, daß sie das Kind noch so gut vorbereiten und möglicherweise doch nicht verhindern könnten, daß die Operation zu einer schrecklichen Erfahrung würde. Aber wenn Tommy hinterher das Gefühl haben würde, daß er diese Zeit, mit dem Beistand der Eltern, allein überstanden hatte, dann könnte sie zu einer wichtigen Lernerfahrung für ihn werden. Kinder, die in solcher Weise unterstützt werden, lernen, mit ihrem Leben allein fertig zu werden, ganz gleich, was es für sie bereithält.

Richtlinien

1. Bereiten Sie das Kind vor, indem Sie ihm vorher so genau wie möglich schildern, was im Krankenhaus geschehen wird. Wenn Sie nicht alles wissen, können auch ein paar Maßnahmen, eingehend beschrieben, genügen. Die Stationsschwestern oder die Assistenzärzte werden Ihnen sicherlich einige der Dinge beschreiben können, auf die sich das Kind gefaßt machen muß. Übrigens bereiten Sie sich auf diese Weise auch selbst vor.
2. Nehmen Sie sich vor, nach Möglichkeit bei dem Kind im Krankenhaus zu bleiben. Wenn Sie hin und wieder fort müssen, sagen Sie ihm, warum sie es allein lassen müssen und wann Sie zurück sein werden. Sorgen Sie dafür, daß Sie zum angegebenen Zeitpunkt auch wirklich wieder da sind.
3. Halten Sie sich immer vor Augen, daß Ihr Kind seinen Gefühlen auf gesunde Weise Luft macht, wenn es bei Ihrem Weggehen oder bei Schmerzen schreit und weint und wütend ist. Machen Sie ihm keine Vorwürfe und versuchen Sie nicht, es zum Schweigen zu bringen. Wenn es sehr lange weint, dann erklären Sie ihm, daß das an sich nichts Schlimmes ist, daß aber die Menschen in seiner Umgebung es schwer ertragen können.
4. Begleiten Sie das Kind, wenn möglich, in den Operationssaal und in das Behandlungszimmer, wenn eine schmerzhafte Prozedur bevorsteht. Wenn Sie nicht mit hinein können, um ihm die Hand zu halten, dann sagen Sie ihm das vorher. Versprechen Sie ihm, daß Sie warten werden. Erklären Sie ihm, daß Sie dort nicht für alles zuständig sind wie zu Hause. Erklären Sie auch, warum das so ist. Machen Sie ihm immer wieder klar, daß ihm die schmerzhaften Maßnahmen keinen bleibenden Schaden zufügen, daß sie aber weh tun und ihm Angst machen werden. Erlauben Sie dem Kind, »Dampf abzulassen« und seine Ängste vor körperlichem Schaden zu äußern – sie sind universell. Erklären Sie ihm, daß ihm genau diese Maßnahmen am Ende Besserung verschaffen. Sicherlich dür-

fen Sie nicht erwarten, daß das Kind es Ihnen abnimmt, aber vielleicht wird es sich später daran erinnern. Vertrauen in Bezugspersonen kann ein wichtiges Lernergebnis des Krankenhausaufenthaltes sein.

5. Sprechen Sie zu Hause über die Erlebnisse im Krankenhaus, solange das Kind noch Nachwirkungen zeigt. Machen Sie ihm klar, daß seine Regression eine natürliche Reaktion auf die Krankheit ist und keinesfalls bedeutet, daß es »böse« oder ein »Baby« wäre. Hören Sie ihm zu und helfen Sie ihm, sich selbst zu verstehen.

Sachregister

Dank

Der Autor möchte den Redakteuren der Zeitschrift *Redbook* danken, die zur Entstehung dieses Buches beigetragen haben. Sey Chassler, Amy Levin, Kitty Ball Ross, Jean Evans, Annette Capone und Sara Nelson sind mir eine große Hilfe gewesen.

Bücher zum Thema

Andreas Flitner
Spielen – Lernen
Praxis und Deutung des Kinderspiels. 137 Seiten. Serie Piper 22

Silvia Görres
Leben mit einem behinderten Kind
115 Seiten. Serie Piper 644

Bernhard Hassenstein
Instinkt Lernen Spielen Einsicht
Einführung in die Verhaltensbiologie.
259 Seiten mit 33 Abbildungen. Serie Piper 193

Bernhard Hassenstein
Verhaltensbiologie des Kindes
In Zusammenarbeit mit Helma Hassenstein.
673 Seiten mit zahlreichen Abbildungen. Leinen.

Bernhard und Helma Hassenstein
Was Kindern zusteht
188 Seiten. Serie Piper 169

Elfriede Höhn
Der schlechte Schüler
Sozialpsychologische Untersuchungen über das Bild des Schulversagers.
268 Seiten. Serie Piper 206

Geneviève Jurgensen
Die Schule der Ungeliebten
Als Kindertherapeutin bei Bruno Bettelheim. Mit einem Vorwort von
Bruno Bettelheim und einem Geleitwort von Christa Meves. Aus dem Franz.
von Brigitte Weitbrecht. 227 Seiten. Serie Piper 569

PIPER

Elisabeth Badinter

Ich bin Du

Die neue Beziehung zwischen Mann und Frau
oder Die androgyne Revolution
322 Seiten. Geb.

Ein Buch für Frauen und Männer: Die französische Philosophin zeigt in »Ich bin Du« die tiefgreifende Veränderung in den Geschlechtsbeziehungen auf: Die Männer sind »weiblicher«, die Frauen »männlicher« geworden – der androgyne Mensch entsteht. Nach vier Jahrtausenden Herrschaft des Patriarchats hat sich – so die These der Autorin – in den westlichen Ländern während der letzten 20–30 Jahren ein tiefgreifender Wandel vollzogen, eine dramatische »Mutation«. Zum ersten Mal in der Geschichte der Menschheit haben Männer und Frauen die traditionell ihnen zugewiesenen, trennenden und isolierenden Räume und Rollen verlassen. Sie haben den (offenen oder verdeckten) Kampf gegeneinander aufgegeben, sie haben Zärtlichkeit, Zuneigung und Brüderlichkeit als Grundlage ihrer Beziehung entdeckt. Im Zentrum von Liebe und Zweisamkeit steht weniger das Erlebnis des Fremden, des Anderen, eher die Erfahrung des Ähnlichen: Wir sind »Kompagnons«, »Zwillinge mit unterschiedlichem Geschlecht« (Georges Balandier) geworden. Nach viertausendjähriger Herrschaft ist das Patriarchat nun am Ende. Diese Entwicklung ist Produkt eines langen, vielschichtigen Prozesses, dessen philosophische, psychologische, historische und soziale Wurzeln Badinter freilegt.

Carol Gilligan

Die andere Stimme

Lebenskonflikte und Moral der Frau
Aus dem Amerik. von Brigitte Stein.
222 Seiten. Serie Piper 838

Frauen denken, fühlen, urteilen anders als Männer und orientieren sich an eigenen Wertmaßstäben. Dies ist eine der Grundthesen der amerikanischen Psychologin Carol Gilligan, die sich seit über einem Jahrzehnt den Problemen der Moral und der weiblichen Entwicklungspsychologie gewidmet hat. Gilligan entdeckte, daß Frauen sich nicht auf das männliche Gerechtigkeitsdenken beschränken, wenn sie vor moralischen Konflikten stehen. Statt Rechtsansprüche gegeneinander abzuwägen, wollen sie vor allem vermeiden, andere zu verletzen und Bindungen zu zerstören. In diesem international viel beachteten Buch weist die Autorin nach, daß die traditionelle Psychologie die Motive, die moralischen Ansprüche und das psychologische Wachstum der Frau konsequent und systematisch mißverstanden hat.
Ausgehend von Freud, Piaget und Erikson wurde die Entwicklung der Frau bisher an den Standards gemessen, die am Modell des Mannes und seinem Lebenslauf gewonnen wurden. An diesen männlich geprägten Interpretationsmustern, die dem Urteil der Frauen Infantilität und Unreife bescheinigen, setzt Gilligans Kritik an: Wenn Männer in der Moral vor allem eine Frage unparteilicher Gerechtigkeit sehen – sind Frauen weniger moralisch, wenn sie Moral eher als Aufgabe gegenseitiger Fürsorge begreifen? Wenn Männer bereit sind, um des Erfolgs willen Beziehungen zu opfern – haben Frauen unrecht, wenn sie auf Erfolg verzichten, um Beziehungen zu bewahren? Da Erwachsensein traditionell gleichgesetzt wird mit persönlicher Autonomie und Unabhängigkeit, erscheinen Anteilnahme, Zuwendung, Fürsorge als Schwäche. Dabei kann ebengerade diese »Schwäche« dem Konzept der menschlichen Entwicklung eine ganz neue Dimension hinzufügen.
Das in einer sensiblen und einfühlsamen Sprache geschriebene Buch klingt aus mit der Vision eines bereicherten Verständnisses von Mann und Frau, in dem sich die »geschlechtsspezifischen« Perspektiven von Identität und Intimität gegenseitig ergänzen und befruchten.